Absender: Dein Sohn
Briefe an den Vater

Herausgegeben von
Wilfried Wieck

Deutscher
Taschenbuch
Verlag

Originalausgabe
Mai 1995
© Deutscher Taschenbuch Verlag GmbH & Co. KG,
München
Umschlaggestaltung: Klaus Meyer
Satz: IBV Satz- und Datentechnik, Berlin
Druck und Bindung: C. H. Beck'sche Buchdruckerei,
Nördlingen
Printed in Germany · ISBN 3-423-30466-9

Das Buch

In diesem Buch lassen Männer nicht erinnern, sondern Wilfried Wieck hat dreiundzwanzig Männer dazu gebracht, selbst einzusteigen in die Erinnerung an ihren Vater, sich auseinanderzusetzen mit einer der wesentlichsten Beziehungen ihrer Kindheit, um einen besseren Zugang zu sich selbst zu finden. Vater und Sohn sind ein spezifisches Beziehungsgeflecht, der Vater ist immer auch der Mann, der der Junge einmal werden wird, der Vater ist immer auch Vorbild und Leitfigur. Im guten wie im schlechten. Viele der kindlichen Erwartungen schlagen in Enttäuschungen um. Oft wird, was die Mutter nicht leisten kann, vergeblich beim Vater eingeklagt. Interessanter und abwechslungsreicher bei einer durchgängigen Grundmelodie hat man Männer selten von sich sprechen hören.

Der Herausgeber

Wilfried Wieck, 1938 in Berlin geboren, studierte zunächst Mathematik und Physik und promovierte in Betriebswirtschaft. Danach Ausbildung in Tiefenpsychologie, Psychoanalyse und Individualpsychologie und weitere Promotion. Seit 1980 psychotherapeutische Praxis in Berlin. Veröffentlichungen u. a.: ›Männer lassen lieben‹ (1987), ›Wenn Männer lieben lernen‹ (1990), ›Söhne wollen Väter‹ (1992), ›Meine Tochter und ich‹ (1994).

Inhalt

Ein Teil der Autorennamen sind Pseudonyme.

Aus Franz Kafka
>Brief an den Vater‹

Diese Deine übliche Darstellung halte ich nur so weit für richtig, daß ich auch glaube, Du seist gänzlich schuldlos an unserer Entfremdung. Aber ebenso gänzlich schuldlos bin auch ich. Könnte ich Dich dazu bringen, daß Du das anerkennst, dann wäre nicht etwa ein neues Leben möglich, dazu sind wir beide viel zu alt, aber doch eine Art Friede, kein Aufhören, aber doch ein Mildern Deiner unaufhörlichen Vorwürfe.

Irgendeine Ahnung dessen, was ich sagen will, hast Du merkwürdigerweise. So hast Du mir zum Beispiel vor kurzem gesagt: »Ich habe dich immer gern gehabt, wenn ich auch äußerlich nicht so zu dir war wie andere Väter zu sein pflegen, eben deshalb weil ich mich nicht verstellen kann wie andere.« Nun habe ich, Vater, im ganzen niemals an Deiner Güte mir gegenüber gezweifelt, aber diese Bemerkung halte ich für unrichtig. Du kannst Dich nicht verstellen, das ist richtig, aber nur aus diesem Grunde behaupten wollen, daß die anderen Väter sich verstellen, ist entweder bloße, nicht weiter diskutierbare Rechthaberei oder aber – und das ist es meiner Meinung nach wirklich – der verhüllte Ausdruck dafür, daß zwischen uns etwas nicht in Ordnung ist und daß Du es mitverursacht hast, aber ohne Schuld. Meinst Du das wirklich, dann sind wir einig.

Ich sage ja natürlich nicht, daß ich das, was ich bin, nur durch Deine Entwicklung geworden bin. Das wäre sehr übertrieben (und ich neige sogar zu dieser Übertreibung). Es ist sehr leicht möglich, daß ich, selbst wenn ich ganz frei von Deinem Einfluß aufgewachsen wäre, doch kein Mensch nach Deinem Herzen hätte werden können. Ich wäre wahrscheinlich doch ein schwächlicher, ängstlicher, zögernder, unruhiger Mensch geworden, weder Robert Kafka noch Karl Hermann, aber doch ganz anders, als ich wirklich bin, und wir hätten uns ausgezeichnet miteinander vertragen können. Ich wäre glücklich gewesen, Dich als Freund, als Chef, als Onkel, als Großvater, ja selbst (wenn auch schon zögernder) als Schwiegervater zu haben. Nur eben als Vater warst Du zu stark für mich, besonders da meine Brüder klein starben, die Schwestern erst lange nachher kamen, ich also den ersten Stoß ganz allein aushalten mußte, dazu war ich viel zu schwach.

Wüten und Weinen
Vorwort von Wilfried Wieck

Die ›Briefe an den Vater‹ entstanden in meiner psychotherapeutischen Praxis in der Gruppenarbeit mit Männern. Sie bedeuten vor allem eine Suche nach sich selbst.

Als Steffen Freyberg uns in einer Arbeitswoche in Pisselberg seinen Brief vorlas und anschließend noch den ›Brief des großen Steffen an den kleinen Steffen‹, war ich sehr gerührt, auch deshalb, weil ich sofort wußte und es den anderen Männern sagte: »Ich könnte nicht so liebevoll mit meinem Vater umgehen.« Ich hatte sagen wollen: »Ich könnte nicht so liebevoll mit dem kleinen Wilfried umgehen.« – Weil ich diesen immer auch mit den enttäuschten Augen meines Vaters gesehen hatte. Meine Fehlleistung belegt den engen Zusammenhang.

Ich hoffe immer noch, daß Männer sich verstehen wollen. Das Motto »Erkenne dich selbst« stammt von ihnen. Sie tun dies aber so männlich, das heißt so unbeholfen und so wenig konsequent, daß sich mir der Verdacht aufdrängt, daß sie sich eigentlich nicht verstehen und erkennen wollen.

Vielleicht, weil sie immer Angst vor sich selbst haben. Wenn sie etwas Wahres über sich zu ahnen beginnen, machen sie sich daran, die Erkenntnisspuren zu verwischen, bevor diese zu wirklichen Erkenntnissen führen könnten. Wenn sie etwas über sich äußern, dann tun sie es versteckt, damit die Möglichkeit bleibt, von der Äußerung wieder zurückzutreten, so zu tun, als hätte Mann im Grunde sehr wenig persönlich damit zu tun.

›Briefe an den Vater‹ sind Suche nach sich selbst. Es empfiehlt sich aber, mißtrauisch zu sein, wenn Männer zu suchen vorgeben. Sie gestalten fast jede Suche als grandioses Versteckspiel oder als Selbstbespiegelung, sie behandeln jedes Gefundene, indem sie es, wenn es ihnen nicht zur Zierde dient, sofort, diesmal aber wirkungsvoller, wieder verstecken. Deshalb suchen sich Männer Objekte, auch beim Schreiben. Sie wollen nicht Subjekt ihrer Denkprozesse sein, sie wollen sich auch ihre Gefühle nicht zugestehen.

Eine Variante der männlichen Suche nennt sich frech »Wissenschaft«. Da behaupten Männer, allgemeingültige Aussagen zu machen. Im Bereich der Sozialwissenschaften »erforschen« sie am liebsten anonym und unverbindlich die Gesellschaft, Gruppen, Organisationen, Institutionen, selten Individuen, wenn doch, dann meist Frauen oder Kinder, nicht sich selbst. Diese »allgemeingültigen« Aussagen beziehen sie natürlich nicht auf sich persönlich. Subjektivität ekelt Männer an. Dadurch gelingt es ihnen, Selbsterkenntnis zu vermeiden. Der tiefere Sinn dessen ist, der Selbstveränderung zu entrinnen.

Eine andere Variante der Suche heißt Literatur, besteht aus Erzählungen, Essays, Geschichten, Romanen. Hier finden wir manchmal etwas, was subjektiv ist, gefühlvoll und persönlich, auch ehrlich. Wenn wir aber auf den Schreiber, den Mann, zugehen und unterstellen, daß er (auch) über sich selbst geschrieben hat, dann leugnet er wieder: »Nein. Das alles hat im Grunde mit mir persönlich nur wenig zu tun. – Mehr Dichtung als Wahrheit, mehr Erfindung als Realität, mehr Kunst als wirkliches Leben.« So viel »erfinden« kann der Mann gar nicht, aber er darf das nicht zugeben. Er fürchtet, an den Pranger, zur Rede gestellt zu werden für das, was er geschrieben hat, er fürchtet, dafür einstehen zu müssen, beim Wort genommen zu werden.

Die dritte Variante der männlichen Suche entfaltet sich als öffentliche Rede, zum Beispiel als politische. Hier geht es nun gar nicht mehr um die Wahrheit, sondern darum, andere einzulullen, zu manipulieren, zu beeinflussen. Wieder bezieht der Mann sich selbst nicht ein. Er stellt sich über die, die er anspricht. Er will Macht organisieren, etwas bewegen, Gesellschaftliches verändern. Zu diesem Gesellschaftlichen zählt er nie sich selbst.

Eine vierte Variante der fingierten Suche entwickelt so mancher schreibende soziale Helfer, Arzt, Sozialarbeiter, Guru oder Therapeut. Er meint – zwanghaft – helfen zu müssen, deshalb wähnt er das auch zu können. Der andere ist sein Klient, Patient oder Analysand und muß verändert werden. Ebenfalls eine männliche Möglichkeit, sich herauszuhalten, alles beim alten Selbst zu belassen.

Selbstverständlich gibt es Ausnahmen von diesen Klischees und Typenbeschreibungen, auch bei Männern. Aber die meisten beteiligen sich an der Unterdrückung der Frau, auch, weil die Frau ehrlicher ist, persönlicher und verbindlicher. Weil die Frau mutiger ist im Sich-selbst-Einbeziehen, im Über-Gefühle-Sprechen, im Für-das-Lebendige-Eintreten, auch wenn es fehlerhaft, noch bruchstückhaft, schwach und entwicklungsbedürftig ist.

In diesem Buch versuchen dreiundzwanzig Männer einen subjektiven Such-Anfang. Sie schreiben an ihre Väter, teilen Gefühle mit, begeben sich in schwierige emotionale Untergründe hinein. Sie offenbaren sich, zeigen Schwächen und Verletzlichkeiten, machen sich angreifbar.

Weil ich mit allen im Gespräch war, zum Teil jahrelang, und weil ich versucht habe, mit ihnen einen gemeinsamen Weg zu finden, dessen Richtung ich mitunter vorgeschlagen habe, möchte ich andeuten, wie es zu diesem Such-Projekt gekommen ist. In meinem Buch ›Söhne wollen Väter‹ (Hamburg 1992) und in meinem eigenen Brief an meinen Vater im vorliegenden Buch habe ich geschildert, in welcher Weise mein Vater seine Abwesenheit konstruierte, wie alleingelassen und verzweifelt meine Mutter sich den »Wir-Beide«-Ersatz mit mir, ihrem Sohn, aufgebaut hat. Ich wurde Muttersohn: »Der Junge ist schwach, unreif, er ist noch nicht so weit, besser bei Mädchen als bei Jungen aufgehoben, er muß geschont werden.« Mein Vater hat sich gegen diese Schonungsmaximen meiner Mutter nicht gewehrt, und ich »beherzigte« sie, die ganze Schulzeit bis zum Abitur hindurch und auch in der Studentenzeit noch.

Erst in der Studentenbewegung, ab 1968, begann ich, männliche Lebensweisen und -perspektiven attraktiver zu finden. Aber jetzt machten mir auch ihre Widersprüche zu schaffen. Freiheitlich-sozialistische Ansprüche und die Realität der Führungsansprüche der Männer, die Frauen und Kinder im Stich ließen, kollidierten nicht miteinander, wurden verdrängt. Viele Genossen lebten zwanghaft den traditionellen Männlichkeitswahn, Machtmißbrauch und Selbsterkenntnisphobie.

Auch in der Kinderladen-Arbeit fehlten Menschenkenntnis und das Bewußtsein für die typischen Probleme der Männer. Eine erste Unterstützung bot mir seit 1970 die von Josef Rattner geleitete Großgruppe in Berlin-Charlottenburg. Ich lernte, eine gute Partnerschaft mit Irmgard Hülsemann zu führen, meine Dissertation anzufertigen und trotz meiner Angst öffentlich etwas flüssiger zu sprechen. Das war schon sehr viel, aber anderes fehlte: Die Gruppenführung lief monarchistisch-männlich, und die Gruppe lief Gefahr, zur Sekte zu werden. Als ich, einer Anregung folgend, versuchte, Franz Kafkas ›Brief an den Vater‹ zu lesen, gab ich nach etwa zehn Seiten auf. Zwei Jahre später kam ich bis Seite fünfzehn. Den Brief habe ich erst zu Ende lesen können, nachdem ich die Gruppe verlassen hatte. Zu sehr strapazierte das traditionelle »väterliche Prinzip« auch diese Gruppe.

Der Leiter traf einsame Entscheidungen, wies Kritik autoritär zurück, ignorierte feministische Ansätze. Er führte die Gruppe durch Bevorzugung der »braven Töchter« und Stimulierung der Konkurrenz unter den »Söhnen«. Ganz und gar männlich.

Bildungsintentionen und Rationalität wurden gefördert, männlich-rationalistisch wurden Gefühle möglichst unberücksichtigt gelassen. Mein Lehrer sagte mir manchmal allen Ernstes, ich käme doch in meinem Leben gut vorwärts, und die Erforschung meiner Kindheitserlebnisse sei nicht erforderlich.

Schließlich verließen Irmgard Hülsemann und ich 1980 diese Gruppe und emanzipierten uns von der einseitig männlichen Gruppendiktion. Wir erlebten eine anstrengende, aber sehr schöne Zeit des Aufbaus unserer eigenen Praxis. Es dauerte noch drei Jahre, bis ich eine erste Männergruppe gründete. Anfangs kamen die Hälfte der Männer nur, wenn ihre Partnerin drohte, die Partnerschaft andernfalls zu beenden.

Männlichen Widerstand gegen meine manchmal euphorisch »feministisch« genannte Männergruppen-Initiative bekam ich bereits 1985 zu spüren, als ich versuchte, mein erstes Buchmanuskript zum Thema »Die Reaktion des Mannes auf die sich befreiende Frau« bei Verlagen unterzubringen. Lektoren meinten: »Das Thema ist out«, der Chefredakteur einer populären Psychologie-Zeitschrift nannte meine Erkenntnisse eine »larmoyante Selbstbespiegelung«.

Irrtum! Das Thema war brandaktuell und wird es bleiben, aber es erfordert engagierten und mutigen männlichen Einsatz. Es gibt Männer, die sich das zumuten. Die Erfahrungen auf meinen Lesereisen ließ mich ihre Zahl auf etwa viertausend schätzen.

Einige davon sind über lange Zeit mit mir und untereinander im Gespräch geblieben und haben sich auch darum bemüht, den Frauen, mit denen sie zu tun haben, die Freude zu machen, sich als Männer wirklich tatkräftig, nicht nur mit Wort und Schrift, zu helfen. Wir versuchen, das männliche »kraftlos, aber Herrscher« zu durchbrechen.

Auf unseren Therapiereisen zum Beispiel gelang es uns seit 1985 immer häufiger, uns der Nöte mißbrauchter und gewalttätig behandelter Frauen anzunehmen, ihnen zuzuhören, ihre Schmerzen und ihre

Trauer zu teilen. Frauen sagten uns, daß dies schon viel Trost für sie bedeutete.

Wir Männer entwickelten das Gefühl, zu diesem veränderten Mannsein stehen zu können, auch um die Nachteile zu vermeiden, die die »Krankheit Mannsein« bisher in unser Leben gebracht hat. Und wir begriffen, wie zerstörerisch die traditionell männlichen Werte in unserer Kultur sind, wie menschenfeindlich Macht, Herrschaft und Gewalt sind, die höchsten männlichen Werte im Patriarchat (vergleiche unser Buch ›Die geheimen Verbote‹, Stuttgart 1988). Uns genügt es nicht, schlicht zu erklären: »Ich bin kein Mann«, wie das zum Beispiel Volker Pilgrim tut.

Vielmehr bedarf es nicht nur unseres ganzen persönlichen Einsatzes, die Werte, so vorhanden, zu bewahren, die traditionell eher als männliche gelten – wie zum Beispiel Risikobereitschaft und Mut, Abgrenzungsvermögen und Trennungsbereitschaft, Fragen, Zweifel, Konfrontieren, Fordern und Führen, Konsequenz, Direktheit, Expansion, Selbstbehauptung, Wehrhaftigkeit, Begeisterungsfähigkeit. Es gilt nicht nur auch die Werte, die Männer liebenswert machen könnten, zu verstärken – wie Versöhnungsfähigkeit, Fröhlichkeit, Humor, Selbstkritik, Offenheit, Gesprächsbereitschaft, Werben und Sehnen-Können. Sondern es bedarf darüber hinaus auch des Mutes der Männer, weibliche Werte im bewußten alltäglichen Einsatz für sich persönlich lebbar zu machen: Schwäche, Verletzlichkeit und Hilflosigkeit, mangelndes Zutrauen als Quelle von Wachstum erleben, Angst aushalten, Einfühlungsvermögen lernen, kooperativ an der Entwicklung anderer teilnehmen, anstatt zu konkurrieren, einen Sinn für seelisches Wachstum entwickeln und damit sich zu entwickeln, indem Mann andere Menschen unterstützt, Geduld, Bemühung und das Durchstehen von Rückschlägen zu üben.

Einige Wurzeln meiner Arbeit verbinden mich mit der von Sigmund Freud geschaffenen Psychoanalyse. Dabei handelt es sich um die Verdrängungslehre, die Bedeutung von Widerstand und Übertragung, und das heißt ganz allgemein, die Anerkennung der Wirksamkeit unbewußter psychischer Prozesse und der unbewußten Motivation. Ich kann hier nur die Grundlagen erwähnen, die für mich unverzichtbar sind, weil alle Gefühle, Stimmungen, Einstellungen und Verhaltensweisen der Männer, von alltäglichen Entscheidungen bis zu höchsten ethischen Wertungen subtilster Art, auch von ihrem Unbewußten determiniert werden.

Eine weitere Übereinstimmung zwischen unserer Männerforschung und Praxis mit Freud und der Neopsychoanalyse, damit meine ich vor allem Karen Horney und Erich Fromm, besteht in der Überzeugung, daß die frühe Kindheit des Mannes, die dem erwachsenen Mann fast schon unbewußt wird, für die psychische Prägung des Mannes mitbestimmend ist. Es gibt zwar nicht überwiegend, wie Freud meinte, eine sexuelle Bindung der Mutter an den Sohn, schon gar nicht hat er sie zur sexuellen Intimität »verführt«, aber sein Vater hat sich zumindest partiell seiner Mutter entzogen, und diese Abwesenheit des Vaters wurde auch für den Sohn zu einer entscheidenden »Lücke« im Persönlichkeitsaufbau. Die Homophobie des Vaters gegenüber seinem Sohn korrespondiert mit einer Mutter-Sohn-Symbiose. Daraufhin kam es zur Identifikation des Sohnes mit dem Vater (vergleiche dazu den ersten Teil von ›Söhne wollen Väter‹) und zur Polarisierung, der Nicht-Identifikation des Sohnes mit der Mutter und deren weiblichen Werten. Weil die Mutter ihren Sohn zudem verwöhnt, das heißt, ihn an Unselbständigkeit gewöhnt, lernt er nicht lebensbejahend zu fühlen, sich Hilfe zu holen und anderen zu helfen, über Erlebnisse und Stimmungen zu sprechen und eigenverantwortlich für sich zu sorgen. Der heranwachsende Sohn braucht immer die Frau, entwickelt eine regelrechte Frauensucht, genau wie sein Vater (vgl. dazu ›Männer lassen lieben‹, Stuttgart 1987, Kapitel 6 und 7). Durch die Distanz zu seinem Vater lernt er außerdem, homophobisch zu reagieren, was ihn wiederum auf die symbiotisch-parasitäre Beziehung zu Frauen festlegt.

In diesem sozialen Milieu, diesem charakteristischen emotionalen Klima bildet sich der Geschlechts- und Sozialcharakter »Mann«. Sein weiteres Leben wird durch einen Wiederholungszwang bestimmt, immer wieder will er alles emotional Wichtige nur von der Frau, und das erhält er durch die Regression zum verantwortungslosen Knaben, der Symptome von Frauensucht nicht nur entwickelt, sondern zwanghaft festhält in dem neurotischen Anspruch: »Wenn ich einen Wunsch habe, muß er mir unbedingt von einer Frau erfüllt werden.«

Weil der Mann in seinen späteren Erlebnissen und ihrer Bewältigung hauptsächlich frühere wiederholt, muß es ein Anliegen der Männergruppe sein, die Kindheit zu erforschen, Kindheitserlebnisse wiederholbar zu machen, und das heißt vor allem, sich zu erinnern. Wir erfahren, daß diese Erinnerungen stets von den nämlichen Gefühlen begleitet sind, die auch schon früher entwickelt wurden. Auch das Durchhalten aktueller Widerstände gegen die Erkenntnis und das Akzeptieren des typisch Männlichen in uns gehört dazu. Jede wiederhergestellte infantile Erfahrung steht in einer für den Mann charakteristischen Weise in Beziehung zu seinem aktuellen Angst- und Konflikterleben.

Seit 1983 frage ich mich immer wieder, was ich als Psychotherapeut tun kann, um mir selbst und anderen Männern dabei zu helfen, gewaltloser, lebendiger und stärker zu werden. Folgende Ziele ergaben sich: Sorge für den Menschen tragen, Respekt vor dem Leben entwickeln, mehr Wahrnehmung der eigenen Gefühle, Wärme und Nähe zwischen Menschen stiften (vergleiche ›Wenn Männer lieben lernen‹, Stuttgart 1990).

Was habe ich in der Männergruppe seit 1983 erlebt? Ich möchte kurz einige der Hauptstrukturen angeben:

1. Der Mann arbeitet viel, rackert sich im Beruf ab, vernachlässigt seine Partnerin, seine Kinder und sich selbst. Er spürt den Arbeitsstreß nicht, den er selber mitherstellt, und wird eher schwer krank, als daß er einen Fachmann konsultiert.

2. Der Mann braucht seine Frau oder/und andere Frauen auch deswegen so dringend, weil er fast keine (oder zu wenig) männliche Freunde hat, die ihm helfen, seine Einsamkeit und Beziehungslosigkeit zu mildern. Andere Männer scheinen ihm uninteressant oder bekämpfenswert.

3. In der Gruppe bewegt der Mann sich zunächst sehr vorsichtig, ist mißtrauisch, fühlt sich fremd und wird unsicher, wenn andere Männer auf ihn zukommen. Die anderen interessieren ihn nicht, er wehrt sie ab: »Ich kann besser mit Frauen sprechen«, oder er entwertet sie: »Alles Weichlinge, Softies, Drückeberger« oder »Alles unfreundliche Ehrgeizlinge und verpanzerte Kämpfer, die mich ablehnen«.

4. Einige Männer richten überstarke Wünsche auf mich als Leiter der Gruppe, sie wollen »Lieblingssohn« oder Freund sein, andere beginnen Konkurrenz und Rivalität, wollen die Führung übernehmen und erfinden sadomasochistische Distanz- und Machtspiele.

5. Nach meiner Erfahrung gibt es genügend Männer, die bald das Gefühl entwickeln, endlich eine männliche Gemeinschaft gefunden zu haben, die produktiv, freiheitlich und antiautoritär organisiert zu sein bemüht ist. Sie entwickeln Interesse für die Männerarbeit und gute Kooperation.

6. Vor Rückfällen sind wir nicht sicher: Manche der Partnerinnen können eifersüchtig auf die Männer werden oder die traditionelle Mutter- oder Weibchenrolle so gut spielen, daß sie dem Mann gegenüber die Oberhand behalten und ihn der Gruppe wieder abspenstig machen.

In den Gesprächen der Gruppe geht es immer zunächst um die Bearbeitung aktueller Lebensschwierigkeiten – in Arbeit, Liebe und Gemeinschaft – und um die Herstellung einiger, für den Mann neuartiger, realer zwischenmenschlicher Beziehungen zu anderen Männern und dem Therapeuten. Es kommt zu tragfähigen Freundschaften unter den Männern.

Weil es nicht immer gelingt, ein neutrales und freundschaftliches Arbeitsklima herzustellen, müssen wir uns den vorhandenen Widerständen zuwenden. Männer bringen dem Therapeuten und anderen Männern aber immer auch Gefühle entgegen, die nicht oder nicht allein aus der aktuellen Situation in der Männergruppe verstehbar sind. Dann haben wir es mit Übertragungen aus der Kindheit zu tun, die nicht nur störend sind, sondern konstruktiv werden können, wenn wir sie durcharbeiten und verstehen. Es kommt selten vor, daß diese Übertragungen den Fortgang der Zusammenarbeit ernsthaft gefährden.

Allerdings ist es zu einem Grundprinzip meiner Arbeit geworden, daß die Männer auch immer wieder ihre Gefühle mir gegenüber wahrnehmen, rückhaltlos aussprechen und mit den anderen Männern zusammen durcharbeiten. Die Bearbeitung der gegenwärtigen Konflikte und Probleme aber, in der Familie, der Partnerbeziehung, im Beruf und in der Männergruppe, reicht nicht aus. Wir können kaum je auf eine Vertiefung der Kindheitssituation des Mannes verzichten.

Es wäre zwar ein Irrtum anzunehmen, die lückenlose Bewußtmachung der männlichen Vorgeschichte würde den Mann von seinen männlichen Defiziten befreien, aber eine Befreiung gewisser verdrängter Gefühle kann dazu helfen, aktuelle Beziehungskonstellationen zu verbessern. Es gibt Kindheitserinnerungen und Gefühle aus der Kindheit, die typisch für diesen Mann sind und sein Lebensgefühl sowohl wiedergeben als auch – falls sie aktuell wiederbelebt werden können – verändern helfen.

Aufschlüsse über Beziehungen zum Vater zum

Beispiel erlauben Korrekturen der aktuellen Beziehungsstruktur zu anderen Männern und zu sich selbst. Mit den anderen Männern können Kooperation und Kommunikation verbessert werden, wenn zum Beispiel im Vorgang des Vater-Brief-Schreibens, ob dieser nun noch lebt oder lange tot ist, eine »korrigierende emotionale Erfahrung« möglich wird.

Sigmund Freud sah die Abreaktion unbewußter Gefühle, die sogenannte Katharsis, als Heilungsfaktor, als er noch die Methoden der Hypnose und der freien Assoziation anwandte. Darauf aufbauend, wurden neopsychoanalytische Methoden entwickelt, die kathartische Erlebnisse, »Seelenreinigungen«, innere Krisen mit anschließenden Wandlungen – Affekte und ausgleichende Harmonisierung – allmählich in den Hintergrund treten ließen.

Wir sind uns klar, daß kathartische Erlebnisse in der Männergruppenarbeit nicht ausreichen, um Männer lernen zu lassen, humaner zu reagieren und zu leben, aber wir können auf diese nicht verzichten.

Gewisse Vorarbeiten sind freilich nötig. Der Mann braucht die Erfahrung, von anderen Männern »angenommen« zu werden, seine Schwierigkeiten, chauvinistischen Haltungen und Ängste äußern zu dürfen, ohne verurteilt oder lächerlich gemacht zu werden. Er wird dabei allerdings nicht ohne Rückhalt akzeptiert, sondern gegebenenfalls auch kritisiert, wenn deutlich wird, daß er zum Beispiel Frauen oder Kinder ausbeutet, mißbraucht oder anders gewalttätig behandelt.

In der Männergruppe sollte dem Mann auch sein unbewußter Kooperationsstil, die Art und Weise deutlich gemacht werden, mit der er mit anderen Männern in Beziehung tritt. Dazu gehört es, ihn auf seine individuellen Abwehrmechanismen, wie Regression, Ehrgeiz, Konkurrenz, Verpanzerungen, Schweigen, Eifersucht und Kraftlosigkeit, aufmerksam zu machen und ihm vielfältige Akte der Zusammenarbeit zu ermöglichen, Defizite dieser Art ein Stück weit abzulegen. Andere Abwehrmechanismen müssen mitunter auch gestärkt werden, zum Beispiel:

1. Angstfähigkeit, Bereitschaft, Angst als wichtigstes Warngefühl wahrzunehmen, auszuhalten und darüber zu sprechen, Angst vor Gewalt, Zerstörung der Welt und der Mitmenschen, vor Krieg und so weiter,

2. die Fähigkeit, Scham darüber zu entwickeln, ein typischer Mann geworden zu sein, frauensüchtig und gewalttätig, oder

3. Betroffenheit zu entwickeln angesichts des Widerstandes, den der typische Mann jeglicher Arbeit an der eigenen Person entgegenbringt.

Die Annahme dieser notwendigen Abwehrvorgänge wird die männliche Kraftlosigkeit allmählich auflösen und das Ich des Mannes stärken, seine Gewissensbisse vermindern und Taten an deren Stelle setzen, seine Schwächen produktiv als Gesundungsmöglichkeiten erkennen lassen, seinen Perfektionismus durch die Möglichkeit, Fehler zu machen und zu korrigieren, mildern.

Nach einiger Vorarbeit dieser Art kann sich der Mann der Aufgabe stellen, einen Brief an den Vater zu schreiben. Hierbei wird es zu kathartischen Wiederholungen von Gefühlen kommen, die dem Mann helfen, mit bestimmten bisher abgespaltenen Kindheitstraumata fertig zu werden.

Das Schreiben dieses Briefes dauert unterschiedlich lange, je nach dem, welche »Vorarbeit« dieser Mann in der Männergruppe geleistet hat. Einige Autoren dieses Buches haben ihren Brief in wenigen Wochen geschrieben, andere haben bis zu einem Jahr gebraucht. Je mehr Vorarbeit geleistet wurde, desto schwieriger und anstrengender wurde der Brief.

Zum ersten Mal im Leben mutet der Briefschreiber seinem Vater, das heißt, im Endeffekt vor allem sich selbst, »seine« ganze Wahrheit zu und teilt diese mit, hält sich diese vor Augen. Durch diese Mitteilung gewinnt der Mann eine große Nähe zu sich selbst, diese aufgeschriebenen Gefühle sind durchlebte Gefühle, und durch die Katharsis verlieren sie an depressiver und kräfteverzehrender Kraft. Der Mann heilt sich, indem er seinem Vater, das heißt sich selbst, alles zumutet und dies anderen Männern mitteilt. Im Vorgang des Briefeschreibens wird vieles formulierbar und damit auch verstehbar und veränderbar, was ohne diesen Brief kaum oder viel schwerer ans Licht gekommen wäre. Durch den Brief wird ein Bezirk sichtbar, der vorher verdrängt war und dessen Existenz den Mann von anderen Männern, auch dem Gruppenleiter, isoliert hat. Der Mann wurde von seinem Vater oft nicht anerkannt, seine Leistungen wurden mißbilligt, seine Gedanken und Gefühle wurden nicht ernstgenommen, seine »Missetaten« bestraft.

Es ist ungeheuer befreiend und tröstlich, diese Erlebnisse einmal aufzuschreiben, vorzubringen und damit anzuklagen. Mann fühlt sich von Mißbilligung und Nichtachtung befreit und erfährt neue Erlebnisse der Zugehörigkeit. Die Vater-Geschichte kann die eines Opfers sein, eines Mißbrauchs oder eines autoritären Übergriffs, sie kann schuldhafte Episoden enthalten, vermeintliche Verfehlungen, Gemeinheiten, Racheakte, jedenfalls Strebungen, die der Mann bisher nicht zu erinnern wagte, weil er Angst hatte, erneut ausgegrenzt, in die Isolation getrieben zu werden. Aber die Briefe zeugen auch von mißlungenen Liebesgeschichten zwischen Vater und Sohn.

Die entscheidenden, im Grunde erst Katharsis ermöglichenden Gruppengeschehnisse sind das Betroffensein der anderen Männer, das Erfühlen des Gemeinsamen im Vater-Erlebnis, das Erlebnis der empathischen Berührung und die gemeinsame Durcharbeitung in Toleranz. Männer verurteilen den Sohn im Mit-Mann nicht, machen ihn nicht verantwortlich und wenden sich nicht überheblich von ihm ab. Sie identifizieren sich miteinander, können intuitiv die Qual des anderen erfassen und deshalb auch stützende Deutungen formulieren, die nicht abgehoben und abstrakt bleiben. Moralische Haltungen und unsolidarische Kritik können auf Dauer nicht bestehen.

Im Prozeß der Durcharbeitung des Briefes an den Vater (schreiben, vorlesen, durchsprechen, anerkannt werden, getröstet werden...) wird außerdem deutlich, wie intensiv und weitgreifend der Mann bisher die anderen Männer und den Leiter im Sinne früherer Vater-Erfahrungen erlebt hat. Dies Erlebnis entsprach dem der Übertragung in der Psychoanalyse. Wenn der Mann aber zum Beispiel

Vater-Erfahrungen mit dem Leiter wiederholt, zeigt das nicht nur Wahrnehmungsverfälschungen. Der Leiter hat auch Züge des eigenen Vaters. Aber welche? Das herauszufinden gelingt in der Männergruppe besser als in der klassischen Zweiersituation Analysand-Therapeut, in der die alte Vater-Sohn-Verzweiflung häufig einfach wiederholt wird, ohne erkannt und differenziert werden zu können.

Die Männergruppe löst unbewältigte Haß-, Eifersuchts- und Ressentimentskonflikte unbelasteter und direkter. Die Arbeit am »Brief« erlaubt die systematische Analyse der Übertragung (aus der Vergangenheit) sowie eine ähnliche an der realistischen Neuauflage des »Vater-Traumas«.

In der Männergruppe fühlt sich der Mann dem Leiter gegenüber außerdem nicht mehr so ohnmächtig und ausgeliefert wie in der Einzeltherapie. Deshalb wird er von dieser männlichen Vater-Figur nicht so abhängig. Dadurch ist er andererseits eher in der Lage, berechtigte Kritik von autoritären Reaktionen zu unterscheiden. Der Mann sieht viele männliche Erlebnisweisen und Reaktionen bei anderen, für die er am Anfang immer ein besserer Menschenkenner ist als für sich selbst.

Durch schlechte Erfahrungen mit dem Vater sind wir Männer auf viele Situationen mit Männern schlecht vorbereitet. Oft kann der Mann deshalb seine Ansprüche nicht gut durchsetzen, er wiederholt sich oder schweigt, wenn unbedingt gesprochen, beziehungsweise gestritten werden müßte. Dieses Schweigen ist nur ein Merkmal einer gestörten Vater-Beziehung. Es wird durch Kompensationsmechanismen wie Dominanzstreben, Starallüren, Besserwisserei und Wichtigtuerei verdeckt.

Festlegungen auf solche aktualisierten Sohnes-Rollen genügen den vielfältigen, wechselnden Anforderungen in der Männergruppe nicht und führen wieder zu Hilflosigkeit, Unbeholfenheit und Abdankungen – auch in anderen Lebenssituationen. Die Durcharbeitung des Vater-Briefes läßt Erkenntnisse dieser Störungen und ihrer unproduktiven Kompensation zu, auch deshalb, weil es eine gewisse Entlastung darstellt, nicht zum Beispiel an einen anderen der Männer aus der Gruppe zu schreiben, sondern eben an den Vater, der ja im allgemeinen inzwischen sozial wesentlich weiter entfernt ist.

Durch die Arbeit am Brief erlebt der Mann andere Männer deutlich realistischer und reifer, er erlebt zum Beispiel nicht mehr jede Gruppe von Männern wie seine Familie, weil er beim Schreiben des Briefes gestützt wird, in die Gefühle zum Vater hineingehen kann, weil er dem nicht mehr alleine und hilflos ausgesetzt ist. Die Gruppe ihrerseits fühlt sich den Aggressionen und Haßausbrüchen des Sohnes nicht so ausgesetzt, wie der Vater dies notwendigerweise fühlen müßte, der einen solchen Brief von seinem Sohn erhielte. Die Männergruppe kann die Belastung, die von dem Brief ausgeht, tragen, weil sich die Männer in jeder Phase der Brief-Arbeit gegenseitig identifizieren und unterstützen können.

Auch ich als Leiter spiele meine Rolle, soll einigermaßen kraftvoll und umgänglich sein, dem »Ideal der seelischen Gesundheit« näherkommen. Von solchen Gesundheitszielen haben die meisten Männer anfangs nur nebulöse Vorstellungen. Ihre Vorstel-

lungen davon entsprechen meist dem konventionel-
len Männerbild, ähneln chauvinistischen »Helden«-
Bildern – angepaßt ans Patriarchat, nicht »beeinträchtigt« durch weibliche Werte.

Männer wollen erst immer nur störende Symptome loswerden: Arbeitsstörungen, Impotenz,
Kontakthemmungen, Müdigkeit, Erfolglosigkeit,
Schwäche. Ihre Grundstruktur, die Entwertung des
Gemeinschaftsgedankens und der Frau, die Nichtachtung des Prinzips der gegenseitigen Hilfe, wollen
sie nicht angehen. Daran vor allem aber krankt die
männliche Charakterstruktur: am fast völligen Fehlen von Seins-Qualitäten einer sozial-produktiven
Orientierung.

Als Gruppenleiter werde ich die Aufbauarbeit der
Männer desto besser fördern können, oder an-
spruchsloser ausgedrückt: weniger stören, je mehr
ich um meine eigene männliche Unvollkommenheit
und Unbeholfenheit weiß und je ehrlicher ich an ihnen arbeite.

Als ich vor zwanzig Jahren mit meiner eigenen
therapeutischen Berufsarbeit begann, dominierte das
psychoanalytische und individualpsychologische
Instrumentarium. Etwa ab 1982 wurden mir die Anliegen der Frauenbewegung wichtig, und ich merkte,
daß den spezifisch männlichen Problemen in der traditionellen Tiefenpsychologie viel zu wenig Beach-
tung geschenkt wurde, weil bis dato die Psychologie
überhaupt eine »Wissenschaft mit männlichem For-
schungsblick« war und diese durch typische Parata-
xen getrübt wird.

Männer kommen mit total anderen Lebenserfah-
rungen in die Männergruppe als Frauen in die Frau-

engruppe, vor allem sind Männer deutlich weniger an der Erhaltung und Vervollkommnung ihres Lebens interessiert. Zwischenmenschliche Beziehungen, auch die zum eigenen Vater, erscheinen ihnen marginal oder bedeutungslos. Was es wirklich bedeutet, in dieser Kultur als Mann aufzuwachsen, zeigt in hervorragender Weise die Arbeit eines Mannes an diesem Brief: die Vorbereitung auf die Duldung einer zwar sehr fernstehenden, aber doch gefürchteten und respektierten irrationalen Autorität. Das Fehlen des liebevollen Vates bewirkt immer eine charakteristische Art der Selbstverleugnung als fühlendes Wesen mit der psychologischen Kompensation durch eine technische, also nicht fühlende Roboter-, beziehungsweise Maschinenexistenz, die zudem mit einer deutlichen Tendenz zur Selbstüberhöhung ausgestattet ist.

Bei männlichen Hilfesuchenden registrieren wir zunächst massive Widerstände gegen die Wiederwahrnehmung und Wiederbelebung der schon in früher Kindheit verdrängten, abgespaltenen, weicheren und lebenserhaltenden Gefühle aus Beziehungs- und Liebesbereichen. Bei der Arbeit des Briefes können Widerstände viel leichter aufgegeben werden als in allen anderen mir bekannten psychotherapeutischen Prozeduren.

Die Sprache der Freundschaft zum verlorengegangenen Vater wird wiederentdeckt, Konkurrenzhaltungen lösen sich auf. Gefühle des Vertrauens, der Geborgenheit und der Heimat leben auf und lassen die verdrängte Homophobie und Haßgefühle gegen Männer wenigstens phasenweise verschwinden. Dazu muß der Männergruppenleiter (oder Therapeut) selbst ein väterlicher Begleiter sein, der die männliche Haltung des direktiven und aktiven Führens und Eingreifens nicht ständig zwanghaft reproduziert. Auch muß er in der Lage sein, in diesem Lernprozeß, der viel mehr umfaßt, als einfach im landläufigen Sinne einen Brief zu schreiben – Gemeinsamkeit und Gemeinschaftsgefühl walten zu lassen, also nicht eindimensional zu kommunizieren, sondern auch vom »Sohn« lernen zu können.

Nicht spitzfindige Analysen und Deutungen, nicht Belehrungen und Kontrolle, sondern das schlicht menschlich Väterliche ist gefordert. Gerade das wird bisher in psychotherapeutischen anderen Schulungen von Männern übersehen oder, besser gesagt, wieder verdrängt. Ein guter »Vater« läßt seinen Sohn an seiner gesamten Welterfahrung teilhaben, an dem umfänglichen Fühlprozeß der Bemühung, nun ein zugewandter Vater zu werden. Wenn ihm das gelingt, ermutigt er den »Sohn«, seine große Angst vor der Autorität, dem Fehlermachen und der Bestrafung aufzugeben und sich psychisch in Bewegung zu setzen. Unter dem Druck der Angst vor der erneuten Bestrafung durch den Vater nämlich hatte der Sohn darauf verzichtet, weibliche Werte wie Schwächen zuzugeben, zu fragen, Hilfe zu suchen, sich mit anderen Menschen zusammenzutun. So ist er »männlich« geworden, das heißt, etwas sicherer vor dem Vater.

Die fehlende Anerkennung durch den Vater – im weitesten Sinne – hatte Getrenntheitsgefühle beim Sohn erzeugt, die ihm wiederum verboten, Minderwertigkeitsanteile und kindlich männliche Persönlichkeitsanteile zu leben: Der Sohn durfte nicht wie eine Frau, nicht wie die Mutter werden.

Sogar das Schreiben eines Briefes an den eigenen Vater scheint Söhnen verboten zu sein, vor allem selbstverständlich Söhnen von prominenten oder berühmten Vätern. Im Juli 1992 fragte ein Verlag bei mir an, ob ich einen »Brief an den Vater« schreiben könnte. Er hatte etwa dreißig prominente Männer um einen solchen gebeten, wollte einen originellen Beitrag zur Männer-Literatur leisten. Drei Männer lieferten einen Brief ab, die anderen nur einen unverwertbaren oder gar keinen. Mir gelang der Brief nur, weil ich mich für das Buch ›Söhne wollen Väter‹ mit dem Thema bereits monatelang intensiv befaßt hatte. Dann sprach ich Männer aus meinen Männergruppen an, und wir arbeiteten etwa ein Jahr lang an dem Thema. Es entstanden die hier nun vorgelegten Beiträge. Mir erscheinen sie intensiv, zeugen von Einfühlungsvermögen, Trauer, Schmerzen, Wut und Sehnsucht nach dem Vater.

Ich erlebte, daß Männer ihr Schweigen aufgaben, sich anderen Männern gegenüber öffneten. Bei fast allen stand am Anfang die Distanz zu ihrem Vater und Wut auf ihn, bei vielen aber kam es zu kathartischen Erlebnissen.

In der Männergruppe durften die Autoren zu ihren Gefühlen stehen, sich schwach, weich und bedürftig zeigen und die anderen Männer »brauchen«. Sie durften weinen (Trauerarbeit) und wüten (Haßarbeit). Aber sie durften auch erste zartere Sehnsuchtsgefühle nach dem Vater entwickeln, weil ihre Bedürfnisse nach ihm und seinem Schutz durch Freundschaft in der Männergruppe teilweise befriedigt worden waren. Sie haben diese Sehnsucht nach dem schützenden Mann auch deshalb fühlen, männliche Werte schätzen dürfen, weil sie auf die Hilfe von Frauen verzichten lernten, ihre Frauensucht aufgaben, wenigstens teilweise.

Zum Abschluß möchte ich mich bei allen Autoren für ihren Beitrag bedanken und den männlichen Lesern wünschen, sich von diesen Briefen anregen zu lassen und den Mut aufzubringen, sich ihren eigenen Vater-Sohn-Erfahrungen zu nähern.

Andreas Goosses

Ich bin am 6. Juli 1962 in Duisburg geboren,
studiere Lateinamerikanistik, Altamerikani-
stik und Politologie und arbeite nebenbei an
der Universität. Ich bin der Jüngste von vier
Geschwistern. Meine Eltern führten bis 1995
ein Einzelhandelsgeschäft und sind sehr mit
der evangelischen Kirche verbunden. Bis ich
mit zwanzig zum Zivildienst nach Köln ging,
lebte ich zu Hause in Duisburg. 1984 begann
ich mein Studium in Berlin, brach es ab, als
meine Freundin schwanger wurde, und zog
zu ihr und ihrem kleinen Sohn nach Köln, wo
im Mai 1986 mein Sohn Tiago geboren
wurde. Seit 1988 lebe ich wieder in Berlin.

Lieber Vater,

als ich Dich an Deinem 65. Geburtstag einlud, mich
in Berlin zu besuchen, warst Du sehr überrascht.
Sechs Monate später bist Du tatsächlich gekommen,
und Du warst vier Tage bei mir. Es war etwas Neues
für uns beide: Du hattest noch nie eines Deiner vier
Kinder allein, ohne die Mutter, besucht, und ich war
schon lange zu Euch auf Distanz gegangen. Dein Besuch hat mich sehr beschäftigt. Deshalb möchte ich
Dir heute schreiben – wie es dazu kam, wie ich Deinen Besuch erlebte und über vieles mehr, worüber
ich Dir erzählen möchte, seit ich über Dich und mich

nachdenke. Bisher habe ich mit Dir nur wenig darüber gesprochen, wie es mir mit Dir, meinem Vater, als kleiner Junge, als Heranwachsender und jetzt als Erwachsener ergangen ist.

Ich habe schon einmal begonnen zu schreiben. Damals lag ich mit großen Schmerzen im Krankenhaus, lebensbedrohlich erkrankt, meine schwerste Lebenskrise überhaupt. Ich schrieb Euch zwei lange Briefe. Im Krankenhaus hatte ich viel Zeit, auch zum Grübeln darüber, warum ich so selbstzerstörerisch gelebt hatte, so daß mein Körper nun so krank war.

Ich wußte, daß ich nicht weiterleben konnte wie bisher, daß ich etwas ändern mußte. Deshalb wollte ich herausfinden, warum ich so geworden war, bat Euch in den Briefen um Unterstützung, wollte mehr über meine Kindheit erfahren. Ich hatte das Gefühl, daß meine Art zu leben auch mit Dir zu tun hatte. Ich wollte, daß Du mir hilfst, gemeinsam die oft unkonkreten Dinge, Eindrücke, Ahnungen, die Jahre zurücklagen, aufzuspüren.

Ich hatte Dir damals unter anderem geschrieben: »Ich weiß, daß ich Dir sehr ähnlich bin, wollte aber früher nie so sein wie Du. Allmählich habe ich das zwar halbwegs akzeptiert, etwa so: Gut, ich habe viel von Dir, aber trotzdem bin ich ich. Mit Dir auseinandergesetzt habe ich mich nie. Ich weiß fast nichts über Dich, Dein Leben, was Du fühlst, welche Träume Du hast...«

Ich zog Parallelen zwischen Deiner und meiner Lebensweise: Streß und Hektik ohne Pause, alles unbedingt zu Ende bringen, sich keine Zeit nehmen, um über etwas zu sprechen, Konflikte unter den

Teppich kehren oder hinunterschlucken. Ich schrieb Dir damals von meinen Kleinheitsgefühlen als Jüngster, von meinem mangelnden Selbstbewußtsein, meinem Rückzug. Und ich schrieb davon, wie sehr ich verletzt gewesen war, als Du wortlos das Zimmer verlassen hattest bei meiner Ankündigung, daß ich nun selbst Vater werde.

Deine Antwortbriefe enttäuschten mich maßlos und machten mich wütend. Ich fühlte mich nicht im mindesten verstanden. Zwar schriebst Du, daß Du damals nicht anders gekonnt hättest, als aus dem Zimmer zu gehen, daß Du sehr geweint und die Nacht wachgelegen hättest. Aber ansonsten schriebst Du, daß ich doch eigentlich alles über Dich wüßte, und liefertest mir eine Art Lebenslauf.

Am meisten brachte mich Deine Frömmigkeit auf die Palme. Ich solle einmal wieder die Hände falten und mich daran erinnern, daß es einen Vater im Himmel gebe. So hast Du die Verantwortung abgegeben. Weder damals noch heute teile ich mit Dir den Glauben an eine höhere Instanz, die alles zum Guten wendet. Ich habe es Dir bis heute nicht gesagt: Ich bin schon lange aus der Kirche, mit der Du so verbunden bist, ausgetreten.

In diesen Briefen hatte ich es zum erstenmal in meinem Leben gewagt, Dich um Hilfe und Unterstützung zu bitten, habe zum erstenmal etwas von Dir gefordert. Lange hatte ich mich darin geübt, ganz ohne Euch auszukommen, nichts von Euch zu wollen, Geld schon gar nicht, da Ihr mit meiner Lebensweise sowieso nicht einverstanden wart. Ich hatte mich von Euch abgegrenzt, wollte Euch nicht mehr an meinem Leben teilhaben lassen.

Nun wollte ich etwas von Euch. Du schriebst mir zwar, daß Du mir helfen wolltest, wo Du könntest – aber im selben Satz stand, daß Du für vier Wochen wegfährst. Du warst nicht da, als ich Dich brauchte. Ich war sehr enttäuscht.

Wenn ich mich heute daran erinnere, kommen die Gefühle von damals wieder hoch. Beim Wiederlesen der Briefe spüre ich neben Deiner damaligen Hilflosigkeit jetzt aber auch Dein Bemühen, mir zu helfen. Aber ich war nicht offen dafür, weil ich mir etwas anderes wünschte. Im Krankenhaus fehlte mir die Kraft, einen neuen Anlauf zu versuchen, die Enttäuschung zu überwinden.

Fünf Jahre später erst machte ich mit meiner Einladung nach Berlin den zweiten Versuch, auf Dich zuzugehen. Während dieser fünf Jahre ist viel geschehen. Insgesamt war ich acht Monate im Krankenhaus, danach kam die Trennung von Liza und die Angst um den Verlust der Kinder. Die Krankheit gab mir die Chance, neu mit mir selbst umzugehen, auf mich zu achten, meine Gefühle, Wünsche und Bedürfnisse ernstzunehmen.

Ich habe ein Bild von Dir, das sehr subjektiv ist, geprägt von unserem eher fremden Umgang miteinander, als ich noch zu Hause war. Was für ein Bild habe ich mir damals von Dir gemacht?

Ich erlebte Dich als autoritär, strafend, manchmal cholerisch, gereizt, voller Sorgen, arbeitend, schweigend. Die Verantwortung für die Familie gabst Du an Mutter ab. Sie bestimmte unser Familienleben.

Du stecktest Deine ganze Energie in Deinen Betrieb, um die sechsköpfige Familie ernähren zu können. Du warst zwar immer da, irgendwo im Haus, aber die Arbeit bestimmte Dein Leben. Unsere Kontakte beschränkten sich darauf, daß wir Dich möglicherweise bei Deiner Mittagsruhe störten oder Dir sonstwie das Leben schwer machten. Ich erlebte Dich nie glücklich. Deshalb wollte ich nie so werden wie Du.

Ich versuche mich an unser Leben unter einem Dach zu erinnern. Lange bin ich morgens zu einem von Euch ins Bett gekrochen, wenn Ihr endlich wach geworden wart. Meist kroch ich zu Mutter, und wir verhielten uns leise, damit Du im anderen Bett weiterschlafen konntest. Nur manchmal, sonntags, kam ich zu Dir ins Bett. Ich erinnere mich an Deinen Geruch, Deinen gestreiften Schlafanzug und an Deine Bartstoppeln. Diese Sonntage bei Dir im Bett gefielen mir sehr, wir erzählten und alberten herum. Zärtliche Augenblicke gab es jedoch ansonsten kaum. An einen erinnere ich mich nur aus einer Erzählung von Euch. Ich sei einmal bei einer Fahrradtour hinter Dir auf dem Sitz eingeschlafen und Du hättest mir den Kopf gehalten. Diese Geschichte habe ich nie vergessen.

Als ich in die Pubertät kam und der Bart zu sprießen begann, hätte ich gern von Dir das Rasieren gelernt. Du aber hast Dich nur über mich lustig gemacht und gesagt, ich bräuchte mich nicht zu rasieren, ein nasses Handtuch würde genügen. Irgendwann hast Du mir dann Deinen alten Rasierapparat vererbt. Das Naßrasieren habe ich erst Jahre später von einem Freund gelernt.

Ich erinnere mich heute nur an wenige Situationen mit Dir. Zwei Ereignisse fallen mir ein, wo Du Dich um mich gekümmert hast. Wir waren in Ferien in

Holland. Ich fuhr abends mit Dir auf dem Fahrrad vom Strand nach Hause. Du riebst mir den Sand von den Füßen, um mir die Strümpfe anzuziehen. Das tat weh. Die andere Erinnerung ist, wie Du mir das Fahrradfahren beibrachtest. Ich hatte Angst, den kleinen Berg beim Gartenhaus hinunterzufahren. Du hieltest meine Hand am Lenker so fest, daß es schmerzte. In beiden Situationen habe ich Dich als grob und ungeduldig in Erinnerung.

Sonntags und in den Ferien hast Du Dir Zeit für die Familie genommen. Auf Spaziergängen und Wanderungen erzähltest Du uns spannende Geschichten, auch selbsterfundene Räubergeschichten. Aber ich habe keine genauen Erinnerungen mehr. Hatten wir so wenig miteinander zu tun? Ich hatte viel von Dir lernen wollen, ich hatte mir gewünscht, daß Du mich unterstützt, Dich mit meinen Problemen auseinandersetzt, mich fragst, mir zuhörst, mir hilfst, mich beschützt, mir Sicherheit und Selbstvertrauen gibst, mich förderst, ansponst, wachsen läßt... Muß ich Dich für all das Ausgebliebene entschuldigen, weil es schwer war als Vater, sich auch um die Kinder zu kümmern?

Wie sah unser Alltag aus? Du warst zwar immer im Haus, aber wir durften Dich nicht im Geschäft stören. Auf uns paßte ein Kindermädchen auf. Es konnte aber immer sein, daß Du plötzlich in der Wohnung standest. Mittags aßen wir immer zusammen, aber wir Kinder mußten Ruhe geben, weil Du meist etwas mit Mutter zu besprechen hattest. Danach hast Du Zeitung gelesen und Dich ausgeruht. Um drei Uhr bist Du wieder nach unten verschwunden und hast bis in die Nacht gearbeitet.

Im Alltag hattest Du niemals Zeit für uns. Als wir größer waren, sollten wir im Geschäft helfen, Prospekte stempeln, Waren einräumen, bei der Inventur helfen. Wenn ich oben mit meinen Hausaufgaben fertig war, hatte ich oft ein schlechtes Gewissen, daß ich nicht hinunterging, um zu helfen. Samstag morgens, wenn wir länger im Bett lagen, lauschten wir immer, ob Du oder Mutter die Treppe heraufkämen.

Ihr habt beide sicher zwölf Stunden am Tag gearbeitet, dennoch hing immer das Damoklesschwert des Konkurses über dem Geschäft. Wenn Du besonders mißmutig und sorgenvoll warst, hielt ich den drohenden Ruin für unser aller Untergang.

Du hast das Geschäft von Deinem Vater übernommen, hast dafür Dein Studium abgebrochen. Mutter sagte immer, daß alles nur für uns sei. Ihr wolltet es offensichtlich nicht für Euch. Waren wir also schuld an Eurer Plackerei? Heute kann ich das zwar mit anderen Augen sehen, aber Ihr müßt auch Vorteile davon gehabt haben, im eigenen Geschäft arbeiten zu können. Für andere dasein, sich aufopfern, sich selbst nichts gönnen. Diese christlich-altruistische Grundhaltung habe ich mir von Dir abgeguckt. Erst in den letzten Jahren ist mir das eigene Glück wichtiger geworden.

Damals in meinen Krankenhausbriefen fragte ich Dich auch nach Deinen Träumen. Du schriebst: »Meine Träume? Nach all der angespannten Zeit bisher vielleicht noch einmal in Gesundheit mit Deiner Mutter etwas mehr Zeit haben für andere Dinge. Im übrigen habe ich so viele Träume, Vorstellungen, Pläne in die Brüche gehen sehen und damit leben gelernt. Wichtig ist mir immer wieder, ein Ziel vor Augen zu haben und danach zu trachten, dies zu schaffen.«

Mein Ziel ist anders! Ich will mich nicht damit abfinden, wenn etwas in die Brüche geht, sondern es neu versuchen. Ich möchte mich nicht dem Schicksal ergeben, sondern die Verantwortung für mich selbst übernehmen. Das heißt nicht: egoistisch sein. Ich habe lange gebraucht, mir eigene Lebensziele und -träume zuzugestehen. Du hast mir vorgelebt, daß das Glück darin liegt, für andere dazusein. Statt Glück Pflichtbewußtsein, Aufopferung für andere, die eigenen Bedürfnisse zurückstecken bis zur Selbstverleugnung. Glück als ein Geschenk Gottes? So habe ich die evangelische Moral verstanden.

So hatte ich zum Beispiel immer ein schlechtes Gewissen, wenn ich mir etwas Teures kaufte. Hier in Berlin wollte ich mir einmal Aquarellpapier kaufen. Ich hatte eine Auswahl wunderbarer, aber teurer Papiere. Das Fach mit dem billigeren Papier für Schüler war leer. Da nahm ich ein noch billigeres, das sich später als unbrauchbar erwies. Jedem anderen hätte ich eines der teuren Papiere gekauft, nur mir selbst nicht. Ich war nicht einmal knapp bei Kasse. Es war einfach meine »Krämerseele«.

Deine Erziehung zur Sparsamkeit war äußerst erfolgreich. Jahrelang mußten wir Kinder über unser Taschengeld Buch führen. Du hast mir beigebracht hauszuhalten. Ich kann tatsächlich mit Geld umgehen, ich komme immer mit dem aus, was ich habe, sei es auch noch so wenig. Ich wollte finanziell immer von Euch unabhängig sein.

Aber ich wollte nicht nur kein Geld von Euch, auch sonst wollte ich nichts von Euch. Ich hatte mich zurückgezogen, deshalb weißt Du kaum etwas von meinem Leben, ich habe kaum über wichtige Entscheidungen mit Dir gesprochen. Ja, bei meinem Entschluß zur Kriegsdienstverweigerung, da hast Du mich unterstützt, daran erinnere ich mich.

Aber als Du Großvater werden solltest, als ich Dir erzählte, daß Liza schwanger ist, gingst Du wortlos hinaus und weintest die Nacht über, wie Du mir später geschrieben hast. Du hättest mir erzählen sollen, wie es für Dich war, Vater zu werden, eigene Kinder zu haben. Ins Krankenhaus hast Du mir geschrieben, daß Du mir gewünscht hast, ein einfacheres Leben zu führen. Aber ich erfuhr nicht von Dir, was Du unter schwer verstehst. Ich mußte den Eindruck haben, daß es Dir nur darum ging, daß ich mein Studium noch nicht abgeschlossen, noch keinen Job hatte, nicht verheiratet war. Hast Du mir nicht zugetraut, Vater zu sein?

Als einige Jahre früher meine Freundin Charlotte schwanger war, habe ich Euch nichts davon erzählt. Ich war damals völlig überfordert. Sie entschied, daß sie das Kind nicht wollte. Zum Glück hatte sie ihre Frauengruppe, die sie bei dieser Entscheidung unterstützte. Auch ich half ihr, wo ich konnte, und war beim Schwangerschaftsabbruch dabei.

Damals hätte ich jemanden zum Reden gebraucht. Aber Du hast mit mir nie über Sexualität gesprochen. Meine Aufklärung habt Ihr der Schule überlassen. Und Du warst der Schreck meiner

Freundinnen. Manchmal hast Du sie gleich an der Tür weggeschickt. Ich mußte sie immer irgendwie an Dir und Mutter vorbeischleusen.

Auch meine Entscheidung, nach Köln und dann nach Berlin zu gehen, habe ich ganz ohne Euch getroffen. Ins Krankenhaus schriebst Du mir: »Ja, es stimmt, daß wir uns sehr ähnlich sind. Auch mir fällt es schwer, meine Gefühle zu äußern. Wir haben vielleicht deshalb viel zu wenig miteinander gesprochen. Ich habe mich sehr zurückgehalten, weil ich mich nicht aufdrängen wollte. Das ist mir nicht leicht geworden, war vielleicht auch falsch.«

Wir waren beide nicht zu offenen Gesprächen in der Lage. Deshalb war ich besonders verletzt, wenn die wenigen Versuche schief gingen. Heute brauche ich Deine Unterstützung nicht mehr. Ich habe Freunde, mit denen ich alles besprechen kann. Dennoch will ich Dir von mir erzählen und mehr über Dich erfahren.

Weil ich bereit war, das Bild, das ich von Dir habe, in Frage zu stellen, habe ich Dich nach Berlin eingeladen. Ich wollte genau hinschauen, auch wenn es schwer fiel. Ich wollte ausprobieren, ob wir uns als zwei erwachsene Männer begegnen können.

Ich hatte viele Fragen, ehe Du kamst. Was ist, wenn wir nur aneinander vorbeireden oder uns anschweigen würden? Würdest Du verstehen und akzeptieren, wie ich lebe? Dein Besuch war tatsächlich ein Anfang, Dein Leben kennenzulernen und mich Dir mitzuteilen.

Ich war auf ein Buch aufmerksam geworden über den Widerstand und die Verfolgung im Dritten Reich in Duisburg, der Stadt, in der sowohl Du als auch ich aufgewachsen sind. Ich erzählte Dir von dem Buch. Ich muß Dir noch einmal erklären, warum mich dieses Buch so sehr berührt hatte.

Mir waren schon immer die unvorstellbare Grausamkeit und die Menschenverachtung des Faschismus sehr nahe gegangen. Aber das Buch über Duisburg hatte eine besondere Bedeutung: Plötzlich hatte all das bekannte Namen! Ich sah auf den Fotos die Straßen und Häuser, die ich seit meiner Kindheit kannte. Ich stieß auf Firmen, die Zwangsarbeiter beschäftigten, die es heute noch gibt. Viele Familiennamen waren mir vertraut. Das Buch beschrieb die Zeit, in der Du in Duisburg aufgewachsen bist. Beim Lesen stellte ich mir Deine damalige Zeit vor, stellte mir nicht meinen Vater, sondern den kleinen Jungen vor, der Du damals warst. Im Buch fand ich sogar ein Bild Deines Vaters. Auch mein anderer Großvater wird erwähnt, im Zusammenhang mit oppositionellen Kirchenkreisen.

Als wir in Berlin zusammen spazierengingen, fragte ich Dich nach Deinen Erlebnissen damals. Du erzähltest. Ich erfuhr vieles, wovon Du bis dahin nie gesprochen hattest. Daß Du aus der Hitlerjugend ausgetreten warst, nicht am Religionsunterricht des nationalsozialistischen Klassenlehrers teilgenommen hattest, daß Du von ihm beschimpft wurdest und sich Dein Vater beim Direktor beschwert hatte, worauf sich der Lehrer bei Dir entschuldigen mußte, sich aber mit Schikanen rächte.

Warum hattest Du mir nie davon erzählt? Auch nicht davon, daß Du Dich als einziger der Klasse nicht freiwillig zur Wehrmacht gemeldet hattest und daraufhin als erster eingezogen wurdest.

Auf unserem Spaziergang saßen wir erschöpft auf einer Bank am Landwehrkanal, da erzähltest Du von den schrecklichen Erlebnissen im Krieg und von Deiner Angst. Alles war für Dich noch lebendig. Du erzähltest, wie Du es vorher nie getan hattest. Da sah ich nicht mehr den Vater, der mich immer nur eingeschränkt hatte, von dem ich mich abgegrenzt hatte. Ich lernte Dich kennen. In diesen Tagen in Berlin haben wir zum erstenmal seit dreißig Jahren offen miteinander gesprochen.

Das wünsche ich mir auch weiterhin von Dir, die offene Auseinandersetzung. Du hast einmal gefragt, was ich darunter verstehe. Ich hoffe, durch diesen Brief jetzt ist es Dir deutlich geworden. Ich würde mich freuen, wenn Du mir antwortest, und ich möchte, daß Du mich wieder einmal für ein paar Tage in Berlin besuchst.

Dein Andreas.

Max Räuber

Ich bin fünfundfünfzig Jahre alt, verheiratet, habe drei Kinder und arbeite im Umweltschutz. Meine Mutter sagte beim Tod meines Vaters: »Er war ein zwingender Mann.« Er war erfolgreich und gesellschaftlich geachtet. Er war pflichtbewußt und sorgte materiell für die Familie. Aber er war autoritär. Ich selbst bin Vater, Chef und Wissenschaftler, also Autorität, und praktiziere autoritäres Verhalten.

Lieber Papa,

ich schreibe Dir diesen Brief, weil mich viele Dinge beunruhigen, die ich Dir mitteilen muß. Ich habe Dir selten geschrieben, und noch seltener habe ich einen Brief von Dir bekommen. Du hast Mutter das Briefeschreiben überlassen.

Trotzdem mußt Du schöne Briefe geschrieben haben. In Deiner Korrespondenz fanden sich Briefe von Frauen, die sich bei Dir überschwenglich bedanken für Briefe voll Zartheit der Gefühle, voll Aufmerksamkeit und Anerkennung. Warum hast Du mir nie solche Briefe geschrieben?

Ich hätte solcher Briefe bedurft, aus denen ich Deine Zuneigung und Unterstützung gespürt hätte. Statt dessen haben wir uns immer nur gegenseitig bestätigt, wie gut wir sind und welche Berge des Erfolgs wir wieder erklommen hatten. Wir waren Konkurrenten. Noch kurz vor Deinem Tod hast Du zu mir gesagt: »Max, es ist so kalt, wenn wir zusammen sind.« Warum ging ich in Opposition zu Dir? Warum konnte ich mich Dir nicht anschließen?

Mir brennt das deshalb so auf den Nägeln, weil meine Kinder, Otto und die beiden Mädchen, auf dem besten Weg dazu sind, in dieselbe Rolle hineinzuwachsen, in Opposition zu mir zu gehen. Du hast mich nicht gelehrt, Beziehungen aufzubauen und sie zu pflegen.

Du hast mich viel Nützliches gelehrt, Künste und Fertigkeiten, die mich viel Schweiß und Kraft gekostet haben, auf die ich aber auch heute stolz bin. Doch ich muß heute mit über fünfzig Jahren mühsam etwas lernen oder wiederentdecken, was andere mit der Muttermilch bekommen haben. Ich weiß bis heute nicht, ob ich überhaupt fähig bin, tiefe Gefühle zu haben. Was ist das: »Gefühl«? Was heißt es, Beziehungen zu haben? Wo lernt man das? Wer lehrt es Kindern, wenn nicht Vater und Mutter.

Ich erinnere mich an viele Erlebnisse und Geschichten, über die wir nie gesprochen haben, die mich aber tief bewegten. Elisabeth, meine jüngere Schwester, war eigentlich Dein geliebter Sohn. Sie war, wie Du Dir einen Jungen vorstelltest: sportlich, geschickt, frech, spritzig. Ich dagegen war das Pummelchen, der Stubenhocker, der immer Zögernde, der Einzelgänger. Ich wollte stark sein, war aber immer krank. Seit einer Blinddarmoperation mit drei Jahren hatte ich alle möglichen Kinderkrankheiten. An meinem Krankenbett warst Du nie. Später plagten mich chronische Krankheiten, schließlich eine richtige Gastritis. Ich fand das gut, denn schließlich hatte auch Mutters Vater, mein stilles Vorbild, unter Gastritis und Magengeschwüren gelitten.

Zweimal wurde ich als Kind wegen meiner Schwächlichkeit zu Verwandten zur Erholung geschickt. Ich erinnere mich noch an den Schmerz, von Euch weg und in eine fremde Umgebung gehen zu müssen. Auch später war es für mich immer wie eine Entwurzelung, wenn ich woanders hin mußte: weggehen, ohne Trauer zeigen zu dürfen, ohne Platz für Trennungsschmerz, ohne mit jemandem darüber sprechen zu können. Sei ein braver Sohn, wer nicht weggeht, kommt nie heim…

Jede Rückkehr machte es mir schwerer. Plötzlich waren Plätze besetzt, neue Platzhirsche, frühere Anerkennung schlug in Spott um. Ich fand immer nur unter den Außenseitern neue Freunde, nicht die, die ich mir wünschte.

Um »attraktiv« zu sein, stahl ich einmal Mutter hundert Mark und brachte sie als Beute in die begehrte Clique ein. Es wurde entdeckt, und ich beschuldigte den Anführer der Gruppe. Erinnerst Du Dich noch an die Aufregung? Der Vater des Jungen kam zu Dir und forderte Genugtuung wegen der falschen Beschuldigung. Du hast mich nicht verstanden, hast mich verhauen, nicht wegen des Diebstahls, sondern wegen dieser Clique, und hast mich ganz allein zu diesem anderen Vater geschickt, bei dem ich mich entschuldigen mußte. Du hast mich nicht beschützt, nicht getröstet. Du hast mich allein gelassen, was sehr weh getan hat.

Eine andere Geschichte, die mit dem Stern von Bethlehem. Erinnerst Du Dich noch daran? Es war Weihnachten 1946, die Wohnung voller Flüchtlinge.

Du maltest an einem Ölbild: die Heiligen drei Könige, es stand auf der Staffelei. Während Mutter und Du nebenan das Weihnachtszimmer herrichteten, begutachtete ich Dein Bild, und mit der mir damals schon eigenen künstlerischen Sehweise entschied ich, daß der Stern einen Kometenschweif brauchte. Von ihm wurde schließlich in der Weihnachtsgeschichte erzählt. Deine Reaktion war alles andere als weihnachtlich. Ich gestand meine Missetat natürlich nicht, daraufhin packtest Du alle meine Weihnachtsgeschenke weg, auch Kurts Modelleisenbahn, auf die ich mich so gefreut hatte, und Weihnachten verlief für mich in Schimpf und Schande. Ich empfand Dein Strafmittel als völlig unangemessen. Ich spürte den Zorn des Rächers, der mich wegen einer Lappalie traf. Und das zum Fest der Liebe! Und was machte Mutter? Sie versuchte zu schlichten, zu vermitteln, aber erfolglos. Sie steckte mir dann später ein paar Geschenke zu, die Du beim Wegräumen vergessen hattest.

Ich war ein ängstliches Kind. Den Heimweg vom Kindergarten empfand ich als lang und gefahrenvoll. Ständig hielten mich stärkere Jungen auf und fragten mich aus. Einmal warf ich in einem Anflug von Tollkühnheit den Kinderwagen der Nachbarsfamilie mitsamt Inhalt um, um dem Jungen, der aufpassen sollte und mich sonst immer trietzte, einen Beweis meiner Stärke zu liefern.

Ich hatte immer Angst. Angst vor den Bomben, vor den menschenfressenden Russen, vor dunklen Wegen, vor den Mutproben der Cliquen, später vor Eurer möglichen Trennung, die in der Luft lag.

Ich genierte mich bei jeder Gelegenheit. Ich genierte mich, mich ins Gras zu setzen und zu kacken. Ich genierte mich, die rote Mütze aufzusetzen, die so praktisch war und warm hielt. Ich genierte mich, bei Regen den Kapuzenmantel anzuziehen, weil mich die Dorfjungen damit hänselten.

Ich hatte Angst vor Not und Hunger. Für mich gehörte es zu den grauenvollsten Vorstellungen, nichts zu essen zu haben. Ich habe heute Angstphantasien vor hohen Türmen, vor Leuten, die mich im Aufzug mit einem Messer kitzeln, vor dem Erdrücktwerden in Menschenmassen, vor dem Sprechen vor einem Auditorium. Ich fürchtete mich vor der Trennung von meiner Frau. Ich fürchtete ihre Kritik an diesem Schritt. Ich bekam Herzschmerzen beim Gedanken, daß die benötigten Kapazitäten für die Ablagerung von Abfällen überfüllt sein könnten und kein Ersatz zur Verfügung steht. Ich fürchtete, aus der Männergruppe ausgeschlossen zu werden. Ich fürchtete im Konfliktfall Liebesentzug und Aufkündigung der Solidarität. Ich gelte als diplomatisch und konsensfähig. Ich bin versöhnlich.

Diese Bekenntnisse meiner Ängste, dies so hinzuschreiben, hat mich viel Kraft gekostet. Du bist der erste, dem ich es aufgeschrieben habe. Ich nehme mir vor, mit anderen Menschen darüber zu sprechen. Seltsamerweise empfinde ich keine Ängste angesichts der fortschreitenden Zerstörung der Umwelt, obwohl ich täglich damit befaßt bin. Auch die anonyme Gewalt des technischen Fortschritts ängstigt mich nicht. Den Ursachen dafür muß ich noch weiter nachgehen.

Du fragst, was das mit Dir zu tun hat? Schließlich hast Du Dir doch viel Mühe gegeben, das physische

Überleben der Familie zu sichern und ein treusorgender Vater zu sein. Du warst nicht in Krieg und Gefangenschaft, Du warst immer anwesend und immer präsent – wenn es um technische und praktische Fragen ging.

Wenn ich mich recht erinnere, hast Du mich nur ein einziges Mal geschlagen. Aber ich weigere mich, Dich zu entlasten. Ich klage Dich an. Das fällt mir sehr schwer. Die Anklage lautet: Du hast stets Gewalt ausgeübt, weil Du meine Gefühle unterdrückt und mich nicht ernst genommen hast.

Mich hat nicht körperliche Gewalt geschmerzt, sondern die Gewalt der Nichtachtung. Ich fühlte mich nicht gemocht, nicht verstanden, nicht verteidigt. Ich wollte ohne Gegenleistung geliebt werden.

Ich weiß heute, daß ich Sproß einer Vernunftehe bin. Der Herr Direktor heiratete des Fabrikdirektors Töchterlein. Welch ein Aufstieg für Dich. Deine Großeltern waren noch einfache Bauern gewesen. Du kamst durch Deine Heirat plötzlich in die besseren Kreise. Aber für welch einen Preis! Ich erahne ihn allmählich. Es gibt viele Indizien für Deine Überforderung. Doch ich kann Deine Nöte nicht als Entschuldigung für meine Nöte gelten lassen.

Mir wurde erzählt, daß Dein Vater Dich grenzenlos bewundert hat. Du seist der ersehnte Sohn nach drei Mädchen gewesen. Du seist zart und schwächlich gewesen. Deine Mutter starb sehr früh. Du machtest Abitur, studiertest und bekamst in der Wirtschaftskrise 1929 einen guten Job. Dein Vater war stolz auf Dich und trug Dich auf Händen. Was hast Du mit mir gemacht?

Du hast für die Familie ein Haus gebaut. 1952 zogen wir ins eigene Haus, damals eine große Leistung. Das Haus war Dein Stolz, Du hast es mir später vererbt. Heute ist es unser Haus, und wir sind dankbar dafür. Ohne Dich gäbe es das Haus nicht. Es hat viele Geschichten.

Der Hausbau wurde finanziert durch den Tausch Schwiegermutter gegen Bares. Schwager Wilhelm gab Geld, dafür bekamst Du die Schwiegermutter ins Haus als Mitbewohnerin. Du hast erst später gemerkt, was Du Dir eingehandelt hattest. Sie war die Frau Direktor, die dem Fahrer, dem Gärtner und der Köchin nachtrauerte. Was hattest Du ihr zu bieten? Es herrschte Krieg im Hause Räuber. Das Haus war viel zu klein. Die Gesellschaft war zu popelig. Die Karriere nicht steil genug. Kultur nicht vorhanden. Und die Kinder waren sowieso völlig falsch erzogen, schließlich hatte Schwiegermutter Erzieherin gelernt.

Deine Schwiegermutter, meine Großmutter, hat Deine Leistung nicht anerkannt, sie hat sich über Dich lustig gemacht, Dich nicht ernst genommen. Sie hielt sich für etwas Besseres. Von ihr habe ich gelernt, die Welt von oben zu sehen. Ihre Arroganz, ihr Hochmut waren stilbildend für mich. Wer sind die anderen schon? Ich bin wichtig! Entscheidend waren die Einstellung und das Bewußtsein, nicht die Leistung. Diese hast Du gefordert, aber ich hatte sie nicht nötig. Ich lernte kommandieren. Ich ließ prügeln. Unverletzlich werden, Siegfried, der Hornhäutige, war mein Ziel. Nie mehr schwach und verwundbar sein, Gefühle abprallen lassen. Autark sein, die anderen nicht mehr brauchen. Nichts preisgeben. Verletzen statt verletzt zu werden. Der Große, der

Einsame, der Führer, das wollte ich werden. Du hast das nicht gemerkt.

Als wir in das neue Haus zogen, verlor ich erneut meine Freunde. Wieder erzwungenes Abschiednehmen, Trauer über den Verlust. Ich war allein, fühlte mich bittereinsam, ein lähmendes, ängstigendes Gefühl. Aber ich war doch zum Führer geboren, also mußte ich Einsamkeit aushalten, Distanz einnehmen, dann tat alles nicht so weh.

Erinnerst Du Dich an meinen selbstgebastelten Hofstaat? Aus Sperrholz habe ich die Figuren ausgesägt, sie bemalt und geschmückt. Meine Phantasie machte sie lebendig, sie waren meine Wünsche und Sehnsüchte. Du fandest das albern, hast nichts begriffen. Erst als Großmutter, Mutter und Deine Freunde mich dafür bewunderten, Deinen so phantasievollen Sohn, hat Dein Vaterstolz gesiegt.

Dir war anderes wichtig, meine Schulnoten zum Beispiel. Aber mich interessierte nicht, wann und warum König Ludwig im Sterben lag oder Hagen von Tronje einen Aufstand anzettelte. Wozu sollte ich das lernen, wozu brauchte ich gute Schulnoten? Ich war schließlich zum Direktor geboren, wie Großmutter zu sagen pflegte, und ich war sicher, einer zu werden.

Überhaupt warst Du mit anderem beschäftigt. Du machtest Deinen Doktor. Du bautest die Fabrik auf. Du wurdest Fachschuldirektor, Prüfamtsleiter, Forschungschef und schließlich Honorarprofessor an der Technischen Hochschule. Du wurdest eine Autorität und eine wichtige Persönlichkeit. Du wurdest eine uneinnehmbar erfolgreiche Festung. Ich konnte da nicht mehr hineingelangen.

Von Großmutter habe ich gelernt, wie man in diese Festung eindringen kann: andere lächerlich machen, verächtlich machen, herabsetzen. Damit kann man verletzen, durch Verachtung die Autorität zerstören. Großmutter war mir eine erfolgreiche Lehrmeisterin. Es herrschte Krieg in Deinem Haus, und Mutter bekam regelmäßig Gallenkoliken. Ich wurde zum Instrument, ließ mich als Rächer und Speerspitze einsetzen. Die Atmosphäre war eisig und aggressiv. Unsere Unterhaltungen waren wie Kriegsgeschrei auf dem Schlachtfeld, je lauter desto erfolgreicher. Gewalt lag in der Luft. Unablässig versuchte ich Dich zu reizen, Dich zu quälen, Dich lächerlich zu machen. Du hast Dich gewehrt, warst enttäuscht, daß ich Deine Leistungen nicht anerkannte, aber ich war stolz, mich im Egoismus zu perfektionieren. Lieber Schmerzen verursachen, als Schmerzen fühlen.

Meine Laufbahn war freilich nicht auf Sieg programmiert: Ich hatte Schwierigkeiten, meine Phantasien mit der Realität in Einklang zu bringen. Ich kämpfte mit den Niederlagen. In der Schule war ich schlecht, und der Umgang mit dem anderen Geschlecht ging voll daneben. Auch hier ersetzte ich die Realität durch Phantasien. Ich schrieb Liebesbriefe an die ferne Geliebte, erfand erotische Geschichten, onanierte. Ich übte mich darin, Distanz herzustellen, autark zu sein. Ich malte wie besessen und hielt mich für ein kommendes Talent. Die Welt wartete auf mich.

Ganz erfolglos war ich nicht einmal. Mein Zeichenlehrer förderte mich, und ich bekam zweimal den Kunstpreis der Schule. Ich frönte meiner Einsamkeit, das hielt mir die Leute vom Hals. Als Künstler war ich für die Leute interessant, sie kamen zu mir, ich brauchte nicht zu ihnen zu gehen. Wann ich wollte, konnte ich Beziehungen abbrechen.

Du warst dagegen, daß ich Maler werde. Ich sollte erst einmal richtig zeichnen lernen. Wieder sollte ich mich mit Dir messen, denn Du warst tatsächlich ein sehr guter Zeichner. Ich hatte keine Chance, Du verweigertest die Unterstützung. Ich sollte etwas Richtiges lernen, nicht die Hungerleiderei des Künstlerlebens. Vor Hunger hatte ich Angst. Also wurde ich Ingenieur, erhoffte Sicherheit durch Berechnung.

Ich fühlte mich ausgelaugt, leer, völlig gefühllos. Ich haßte Dich dafür. Du hast keine brachiale Gewalt angewandt. Deine Gewalt war die Nichtachtung meiner Person und meiner Wünsche.

Wo blieben damals meine Aggressionen? Wie hast Du mich behandelt, und wie hilflos war ich! Heute spüre ich manchmal grenzenlose Wut oder Traurigkeit im Umgang mit meiner Frau oder mit den Kindern. Manchmal hasse ich sie. Aber wie war das damals? Was habe ich Dir entgegengesetzt?

Ich kann mich nicht erinnern, daß ich Dich jemals hätte ermorden wollen oder den Wunsch zu fliehen gehabt hätte. Hatte ich nie Phantasien der Gegengewalt? An einen Wunsch erinnere ich mich: Ich wünschte mir, daß Du mir von einer Deiner Reisen einen Dolch, ein Schwert, einen Degen mitbringst. Du warst völlig dagegen, wolltest so etwas nicht im Haus. Es hätte genug Messer, Hämmer, Beile im Haus gegeben, um Dich damit zu töten! Auf solche Ideen war ich aber nie gekommen, hatte ich mir doch längst ganz andere Abwehrräume eingerichtet. Ich floh in Träume und Phantasien. Die Malerei war ein solcher Rückzugsraum. Auch das Theaterspielen. Ich sorgte dafür, daß Du keine Bedeutung hattest. Du warst tot, mausetot, ich fühlte keinen Schmerz dabei. Ich war autark. Deine Bedeutung schränkte ich auch dadurch ein, daß ich Deinen Regeln und Anforderungen entsprach, so daß Du mich in Ruhe gelassen hast.

Du hast Dir Wärme, Zuneigung, Geborgenheit, Frieden, Lust bei anderen Frauen geholt. All das, was auch mir fehlte. Ist Lieblosigkeit eine Ursache für Gewalt? »Sah ein Knab ein Röslein steh'n...« Oh, ja! Ich hatte auch Phantasien, mich selbst zu töten. Aber, wie pflegtest Du zu sagen: Kommt Zeit, kommt Rat, tu nie etwas Übereiltes.

Ich suche weiter nach Erinnerungen. Warum haben wir uns nie geprügelt? Es gab die typischen Hahnenkämpfe: Fingerhakeln, Unterarmdrücken, Wettrennen beim Laufen und beim Skifahren. Wir standen immer in Konkurrenz zueinander. Wir haben uns nie geschlagen, aber doch verletzt. Ich hatte Angst vor der körperlichen Auseinandersetzung mit Dir. Woher kam die Angst? War ich ein Feigling? Ich träumte wohl den Traum vom großen Bruder, der sich einmal rächen würde.

Und Großmutter impfte mich entsprechend: »Prügeln ist Sache von Proleten. Ein Herr behält die Contenance.« Die Fassung behalten. Die Kontrolle nicht verlieren. Schlaf eine Nacht darüber, hast Du gesagt, eine Quelle verhinderter Aggression. Nichts unkontrolliert tun, nie spontan, nie außer sich geraten. »Sublimieren« war eines Deiner Lieblingswörter. Ich bin Dir aus dem Weg gegangen, habe Dich nicht angesprochen, wenn ich vor Wut kochte.

Du hattest jede Menge Sprüche und Regeln auf Lager. Sie sollten Deiner Ansicht nach Lebenshilfe bieten, aber sie waren eher Begrenzungen meiner Lebensmöglichkeiten. Ich war nicht Du und wollte auch nicht Du werden. »Überlege dir vorher, was du sagst« – wenn ich spontan etwas sagen wollte. »Plag dein Herz, bevor es dich plagt« – ich sah nicht ein, warum ich rennen sollte. »Die besten Pferde kommen aus bekannten Ställen« – das war Dein Ratschlag für die Partnerwahl. »Mach kein Kind, bevor du es versorgen kannst.« »Wie man ißt, so schafft man.« »Zuerst die Arbeit, dann das Vergnügen.« So lauteten Deine Lebensregeln.

Hinzu kamen Regeln über den Kirchgang, die Essenszeiten, die Sauberkeit, die Höflichkeit, die Zeiteinteilung, für Sport, Spiele, die Schule. Sie waren hirnrissig, und Du hast mit ihnen die Familie kontrolliert. Wer sagt, was Schmutz ist, übt Macht aus, sagt Christian Enzensberger. Mit dieser Methode hast Du mich fertig gemacht, hast mir die Kraft entzogen, hast mir jedes Interesse genommen.

Noch heute kann ich nicht gewalttätig sein. Ich vermeide solche Situationen, ich verhalte mich weiterhin passiv, schlucke die Frustration. Man bewundert meine Frustrationstoleranz. Aber was mache ich, was habe ich gemacht mit den Aggressionen, die daraus entstanden? Was haben wir nach Streitigkeiten gemacht? Haben wir uns versöhnt, oder endete jeder Streit mit meiner Unterwerfung? Wurde mir nicht regelmäßig die Schuld für schlechte Stimmungen zugeteilt?

Da fällt mir noch etwas ein im Zusammenhang mit der körperlichen Auseinandersetzung. Du warst Turner, Leichtathlet und Läufer. Du liebtest den Wettkampf. Du hast oft gesiegt, viele Eichenkränze eingesammelt. Ich dagegen liebte den Wettkampf nicht. Es machte mir keinen Spaß zu verlieren. Da waren wir verschieden. Dennoch habe ich teilgenommen an Skiabfahrten, bin im Sturm gesegelt, bin Marathon gelaufen, habe im Suff Autowettrennen gemacht und war bei Wettrennen auf dem Pferd dabei. Ich suchte die Gefahr, wollte die Angst erleben, durchleben. Und fühlte mich danach wie neugeboren. Wollte ich mich selbst bestrafen? Warum suchte ich das Risiko? Wollte ich Dir nur beweisen, daß ich kein Verlierer bin?

Dein Leistungswille, Deine Sportlichkeit, Dein Geiz waren mir zuwider. Ich wollte anders sein. Das fing bei der Berufswahl an. Architekt wollte ich werden, nachdem Du mich nicht hast Maler werden lassen. Als Ingenieur habe ich diplomiert, und akademischer Müllmann bin ich geworden. Wollte ich Dich damit treffen? Ein Akt der Selbstbestrafung? Erster sein, auch wenn es bei den Müllmännern ist?

Je länger ich schreibe, um so mehr Fragen fallen mir ein. Dein Verhältnis zur Kirche zum Beispiel und die gräßlichen Feiertage. Oder mein, wie Du es nanntest, Größenwahn in Gelddingen. Ich hatte nie Geld! Oder Mutter: Warum hat sie das Spiel, das Du spieltest, mitgespielt? Du hattest Deine große Liebe der Familie geopfert. Warum? Warum war die Familie so heilig?

Es bedeutet mir so viel, Dir zu schreiben. Ich merke dabei mehr und mehr, wie ich Dir gleiche.

Wie sehr ich Du geworden bin. Meine Frau war die erste, die das gesehen hat. Ich wollte es nicht wahrhaben. Meine Familie muß sehr an mir gelitten haben, an meiner Beziehungslosigkeit, an meiner Gefühllosigkeit, sie muß an meiner Lieblosigkeit verhungert sein.

Denen habe ich das angetan, vor denen ich vorgebe, daß ich sie liebe. Du hast Schuld daran – bei all Deinen Verdiensten. Ich wollte von Dir geliebt werden. Du aber hast nur über mich verfügt, Du hast Gewalt angewendet.

Dein Max.

HansJörg Schmidtwigger

Ich bin Architekt und Grafiker, 1937 in Heidelberg geboren. Ich habe einen jüngeren
Bruder, Werbefachmann in Frankfurt, und
einen älteren, Pfarrer in Mannheim. Nach
wechselvollen Stationen in den USA und in
Deutschland lebe ich mit meiner Frau seit
1966 in Berlin. Wir hatten in Philadelphia geheiratet und haben zwei erwachsene Töchter.
Zu meinen Eltern, die 1986 starben, hatte ich
in späteren Jahren zwar immer Kontakte, aber
keine intensiven. Das Verhältnis zu meinem
Vater war besser als das zu meiner Mutter.

Lieber Vati,

»Vati«, das klingt heute sehr seltsam für mich. Aber
so haben wir Dich immer genannt.

Oder sollte ich Dich Gustav-Adolf nennen? Auch
seltsam.

Oder nur »Adolf«, wie Mutter Dich rief? Meine
Töchter sagen seit ihrem vierten Lebensjahr Hans-
Jörg zu mir; das klingt angenehm selbstverständlich,
wie unter Menschen, die gut und gleichberechtigt
miteinander leben können, trotz der Schwierigkeiten – die wir natürlich auch haben.

Ich sage einfach Vater zu Dir. Ich schreibe Dir, um
unter anderem auch mehr an meine Erinnerungen
heranzukommen.

Ich mag Dich.

Du bist mein Vater.

Ich habe Dir gegenüber ruhige, wohltuende Gefühle.

Ich habe noch viele Fragen an Dich.

Ich hadere nicht mit Dir wie andere, die gewalttätige Väter hatten.

Ich weiß allerdings nicht, ob ich vielleicht etwas beschönige.

Ich begegne Dir in diesem Brief so, wie ich Dich zur Zeit sehen und erleben kann.

Ich trage Dich in mir als einen angenehmen, guten Vater.

Du warst ein typischer, wenn auch freundlicher Patriarch. Ruhig, tolerant und souverän. Daß Du aber auch von Deiner Frau abhängig warst, hast Du uns nie gezeigt. Es war nicht sichtbar, daß Du Dich auch überschätzt, übernommen und überfordert hast, daß Du auf ihre Kräfte angewiesen warst. Du hast nie zugegeben, daß Du von ihr hättest lernen können. Sie war die Schwächere.

Tatsächlich aber war sie die Kräftigere. Sie hatte Dir viel voraus in der Familie, im Haushalt, im Einfühlen und Umsorgen. Doch es war zu viel für sie. Sie war überfordert. Sie kam als Jüngste aus einer Familie mit lauter Frauen und mußte nun mit vier Männern leben. Sie hätte Deine Unterstützung für ihre Entwicklung gebraucht. Ich kann mich auch nicht daran erinnern, daß Du sie jemals getröstet hättest. Sie muß sich oft einsam, alleingelassen, enttäuscht und unzufrieden gefühlt haben. Sie war depressiv, oft krank und nahm viel Medikamente. Ich habe mich als kleiner Junge für sie verantwortlich gefühlt, selbst hilflos und ängstlich. Später habe ich sie eher abgelehnt. Ich wollte nicht unglücklich werden wie sie.

Ich denke, mir hat als Kind manches gefehlt. Ich war kaum in der Lage, mit wichtigen Fragen und Bedürfnissen an Dich heranzutreten, zu sagen, daß ich Dich brauchte. Ich erinnere mich an Deinen kratzigen Bart am Morgen, Deine Hand auf meinem Scheitel, an Deine ruhige und freundliche Gelassenheit. Ich spüre Wohlwollen und erinnere mich an ein Gefühl von Geborgenheit – ich bin zu Hause.

Du warst Vater und Patriarch, aber in vielerlei Hinsicht auch ein typischer Mann. Mutter und wir Söhne haben sicher darunter gelitten, vielleicht auch die Angst vor Dir verdrängt. Du hast uns Söhnen wenig von Deinen Gefühlen erzählt; nicht von Deinen Ängsten, Krisen und Problemen. Du hast nicht über Frauen, Sexualität, Deine Ehe und das Altwerden mit uns gesprochen; nicht über Faschismus, Rassismus, Judenverfolgung und Gewalt. Ein bißchen haben wir von Dir erfahren über Deine Kindheit, über Reisen, Kriegserlebnisse und Kriegsgefangenschaft. Du hast uns zu wenig mitgeteilt, aber Du hast es vermutlich nicht besser gekonnt. Du warst auch ein verwöhnter Schweiger. Und wir Söhne hatten das Fragen noch nicht gelernt.

Woran erinnere ich mich noch? Du warst zum Beispiel zu Hitlers Zeiten nicht in der Partei. Ich finde das gut. Aber Du hast nie mit uns darüber gesprochen. Wir waren zu jung, zu weit entfernt vom Geschehen, um zu sehen und Fragen dazu in uns zu spüren. Ich weiß bis heute nicht, ob Du aus Überzeugung nicht in der Partei warst, aus verstecktem

Widerstand, oder ob es nur Unentschiedenheit war. Wie hast Du Dir das als leitender Direktor leisten können? Hast Du alles mit Dir alleine abgemacht, die Ängste, Wut, vielleicht Minderwertigkeitsgefühle und Trauer? Wir konnten davon nichts spüren. Auch zornig habe ich Dich nur selten erlebt.

1945 haben Dich die Russen aus Berlin-Frohnau verschleppt, weil sie Dir nicht glaubten, daß Du als einziger kein Parteimitglied warst. Die anderen Männer kamen bald zu ihren Familien zurück. Nur Du nicht. Mutter war damals allein mit uns. Sie entging mit knapper Not der Vergewaltigung durch einen russischen Soldaten, der bei uns einquartiert war. Wie hast Du das alles erlebt? Hättest Du uns Deine Schwierigkeiten im Leben mitteilen können, hätte ich das von Dir gelernt.

Ich weiß nicht viel von Dir, und manchmal denke ich, daß ich deshalb auch oft so wenig von mir zu sagen weiß. Ich schreibe Dir das nicht als Vorwurf, sondern im Bewußtsein von Mangel.

Stolz bin ich auch – auf meinen tüchtigen Vater. Du warst in Deiner Branche bekannt als »Automatenschmidt«, hast auf dem europäischen Markt die Sicherungsautomaten eingeführt. In den fünfziger Jahren, als Direktor für Verkaufsförderung bei Brown-Boveri & Cie, hast Du dann als einer der ersten systematische Marktforschung betrieben. Später warst Du führend in der Elektroindustrie tätig und dort einer der Wegbereiter bei der Entwicklung der Europäischen Gemeinschaft. Sicher hast Du uns, da Du viel auf internationalen Kongressen warst, zu Hause gefehlt. Wie es Dir draußen gegangen ist, weiß ich leider nicht.

Einmal, als ich in Kopenhagen in Deinem Hotelbett ausruhte, war da ein roter Kußmund auf Deinem Kissen. Wer war die Frau? Wie waren da Deine Gefühle? Fühltest Du Dich allein? Warst Du glücklich mit Mutter? Wie ging es Euch in Eurer Sexualität? Ob sie Euch Spaß gemacht und befriedigt hat, davon habe ich nie etwas gespürt. Gesprochen habt ihr schon gar nicht darüber. Ich habe Euch leider auch nie danach gefragt.

Heute kann ich Euch nicht mehr fragen und auch nichts mehr über das Altwerden erfahren. Ich bin jetzt gut siebenundfünfzig Jahre alt. Morgens spüre ich Nase, Atmung und Augen verklebt. Meine Zähne werden wackliger, verkriechen sich im Unterkiefer. Heute erahne ich, welche Kraft Euch das Altwerden gekostet hat. Damals habe ich davon kaum etwas gewußt. Vieles sehe ich erst heute durch mich selbst. Wenn ich zu meiner Brille greife, muß ich an Dich denken, wie Du zu Deiner gegriffen hast. Oft spüre ich meinen steifen Rücken. Seit einigen Jahren spüre ich mehr Schwierigkeiten, mehr Resignation, aber auch mehr Gelassenheit. Ich spüre das Alter – ich spüre Euch.

Du bist mit siebzig Jahren noch in den Turnverein eingetreten, warst bis ins hohe Alter aktiv. Über Schmerzen oder Gebrechlichkeit hast Du nie geklagt. Deutlich wurden sie mir erstmals nach unserem Autounfall und Deinem schweren Herzinfarkt und der Einlieferung in die Intensivstation. Und ein zweites Mal, als Du mit neunzig nach Mutters Tod in der Kur so unglücklich stürztest, daß es schien, Du würdest es nicht überleben.

Wir reisten sofort zu Dir nach Heidelberg, aber es

ging Dir offensichtlich bereits wieder gut, als wir ankamen. Und als ich Dich am Morgen im Krankenhaus rasieren sollte, hast Du gesagt: »Mutter hatte wohl recht, daß du ziemlich ungeschickt bist.« Ich darauf: »Mach das besser allein. Du kannst das noch.« Ich wollte damit auch Deinen wiedergewonnenen Lebensmut unterstützen.

Diese Worte zwischen uns zum Abschied gelangen uns nicht besonders gut. Auch daß ich Deinen Scheck für unseren anschließenden Urlaub ablehnte, tut mir heute leid. Kurz nach unserer Ankunft im Urlaubsort erhielt ich die Nachricht, daß Du doch aufgegeben hattest.

Daß ich gut zeichnen kann und Architekt geworden bin, verdanke ich sicher irgendwie auch Dir. Ich erinnere mich an Deine Skizze vom »Schmied«, den ich mit sieben Jahren abgezeichnet und den ich dann fast besser als Du hinbekommen hatte, an meinen Stolz darüber und über die Anerkennung von allen.

Du hattest auch Architekt werden wollen. Ein Stipendium für ein Maschinenbaustudium bestimmte dann aber Deine berufliche Laufbahn. Damals mußtest Du Dich den spärlichen finanziellen Mitteln zu Hause anpassen und Rücksicht auf Deinen Vater und Deine Familie nehmen. Vielleicht verwirklichte ich später statt Deiner den Wunsch, Architekt zu werden! Die Auseinandersetzung mit Dir, die Fähigkeit zum Ungehorsam, zum Nein-Sagen hast Du mir kaum mitgegeben.

In den Ersten Weltkrieg gingst Du – wie viele – als Kriegsfreiwilliger mit Notabitur. Mit neunzehn Jahren kamst Du verletzt ins Lazarett, mußtest dann wieder zurück aufs Schlachtfeld und schließlich fünf

Jahre in französische Kriegsgefangenschaft. Ich habe von Dir Briefe aus dem Lager an Deine Eltern gelesen, zugewandte, arglose Berichte eines in Wirklichkeit betrogenen jungen Mannes.

Du warst Kompaniechef und Friseur im Kriegsgefangenenlager. Später hast Du auch uns Jungen mit derselben Zangenschere die Haare geschnitten, sonntags in der Sonne vor unserem Haus in Frohnau – und die Zange kniff scheußlich.

Das erinnert mich auch an jenen sonnigen Sonntag im Zweiten Weltkrieg mit tiefblauem Himmel und einem riesigen Teppich kleiner, feindlicher Flugzeugkreuze darauf. Es läßt mich an die häufigen Nächte im Luftschutzkeller denken, an den Schrecken über unser abgedecktes Haus vor dem brandroten Himmel, als wir nach der Entwarnung auf den Dachboden liefen. Wir haben damals Glück gehabt, sonst blieb alles unversehrt. Während des Krieges fühlte ich mich bei Euch geborgen. Aber wir spielten damals auch ganz selbstverständlich mit Linolsoldaten, kleinen Kanonen und Panzern...

Manchmal habe ich das Gefühl, ich bin Du. Ich frage mich, ist das ein schlechtes oder ein gutes Erbe. Ich habe im Leben oft Glück gehabt. Vielleicht setze ich ein glückliches Leben fort? Ich entkam zum Beispiel dem Militär, sowohl 1956 in Deutschland als »weißer Jahrgang« bei der Einführung der Bundeswehr als auch 1965 in Amerika nach meiner Einwanderung und Musterung, rechtzeitig vor dem Vietnamkrieg. Ich war noch einmal davongekommen – entkommen dieser Männer-, Welt- und Menschenzerstörung.

Du hast im Krieg sicher viel Grausamkeit, Gewalt

und Vergewaltigung erlebt, aber nicht davon gesprochen. Ich gewinne in meinem Leben allmählich Einblick in das Ausmaß dieses Unrechts und Unglücks, beginne nein zu sagen, mich dagegen zu wehren – und zu trösten, meine eigene Gewalt bewußt zu bearbeiten.

Du warst für mich »gesetzt« und »erwachsen«. Wir haben wenig miteinander gespielt und herumgetollt, wenig Freude und Begeisterung geteilt. Wirkliche Begeisterung am Leben lerne ich erst jetzt. Als Kind wußte ich noch nicht, wie unwahrscheinlich reich die Welt ist.

Einmal, als Drei- oder Vierjähriger, bin ich aus dem Garten hinausgewandert in die weite Welt, durch den Park, den Wald, die Heide, durch Länder, Meere, um Glück, Trost und Liebe zu finden. Aber Hänschen Klein war überfordert. Irgendwie kehrte er unbemerkt zurück, traurig noch immer. Mutter war wohl mit dem neugeborenen Brüderchen zur Kur und Du vermutlich bei der Arbeit. Damals hätte ich, der kleine Junge, Dich und Deinen Trost sicher gebraucht. Ich habe nie mit Dir darüber gesprochen. Heute kann ich Dich nicht mehr fragen, ob Du davon wußtest.

Ich habe Dich nie weinen sehen. Auch mir fällt es heute schwer, obwohl ich voller Trauer bin. Es sind Deine ungeweinten Tränen über Deine vom Krieg behinderte Jugend und die Unerträglichkeit des Krieges. Es sind die ungeweinten Tränen meiner depressiven Mutter.

Du hast mich nicht unterdrückt, eher wachsen und mich machen lassen. Mutters Depressivität war viel unterdrückender für mich. Aber keiner von

Euch hat mir einen festen und deutlichen Weg gezeigt. Das höre ich heute auch von meinen Töchtern. Sie hätten sich mehr Sicherheit und Auseinandersetzung bei mir gewünscht, mehr väterliche Autorität, Vorbild und Anleitung. Ihre Vorwürfe helfen mir. Sie sind erwachsen und aus dem Haus. Aber ich hoffe, sie lassen mich nicht in Ruhe. Ich lerne und weiß, daß ich noch viel lernen muß.

Deine Toleranz war gut, aber es fehlte die Auseinandersetzung. Du warst kein idealer Vater, aber auch kein schlechter. Ich denke dankbar zurück an Deine Bemühungen, unsere Familie über die Krisenzeiten um 1945 hinwegzubringen, an Deine »Werkstätte für angewandte Kunst«, an die Care-Pakete aus USA, die Du eines Abends mit nach Hause brachtest.

Es ging meist etwas wie ein ruhiger Humor von Dir aus. Du hattest etwas vom Vater in Erich O. Plauens ›Vater und Sohn‹, das Du uns geschenkt hattest. Es tut mir gut, diese heiteren Zeichnungen wieder anzuschauen und dabei an Dich zu denken. Ich danke Dir auch dafür.

Diesen Brief an Dich gab ich Christian zu lesen. Er schrieb mir daraufhin unter anderem: »Eine Szene ist mir übrigens im Gedächtnis geblieben, auch weil sie einfach zu komisch war: Vati rennt zornentbrannt hinter Dir her, Du voraus, das Ganze im Kreis um Eßtisch und Stühle. Mutti ruft Dir zu, weil Vati immer wütender wird: ›Bleib doch stehen, HansJörg!‹ Du, weiterrennend: ›Ich bin doch nicht blöd, dann haut er mich.‹« Ich schreibe das hier auf, weil es zum einen zeigt, wie Du durchaus Deinen Zorn schießen lassen konntest, aber auch, weil mein Verhalten meinen Bruder offensichtlich beeindruckt hatte, damals schon. Er hätte das nicht gewagt. Für Christian warst Du noch mehr wie Plauens Vater. Er hatte noch mehr davon abbekommen als ich später.

Du hast mich nie geschlagen. Nur an einmal erinnere ich mich, da hattest Du es vor. Mutter hatte es vermutlich aus Hilflosigkeit meiner trotzigen Art gegenüber von Dir verlangt. Du gingst dazu mit mir in den Keller. Ich war wohl vier oder fünf, kam aber noch einmal davon. Ich habe mich flach auf den Zementboden geschmissen, bin seitlich entwischt und die Treppe hinauf entkommen. Mutter hat öfter mal zugehauen, vermutlich aus ihrer eigenen Hilflosigkeit heraus. Du hättest damals ruhig ihr gegenüber zu Deinen unbewußten Gefühlen stehen sollen, daß Schläge nicht gut sein können. Ich habe davon vermutlich bis heute Ohnmachts- und Hilflosigkeitsgefühle behalten. Ich nehme es Euch nicht übel, Ihr habt es nicht anders gewußt.

Über Eure soziale Verantwortung und Eure persönliche Beziehung habt Ihr kaum gesprochen. Wie Berufstätigkeit, Selbst- und Kindererziehung unter einen Hut zu bringen sind, konntet ihr vermutlich noch nicht einmal denken. Ich habe es heute leichter als Ihr, mich damit auseinanderzusetzen. Und ich weiß auch, daß ich die Ehe als gesellschaftliche Kontrollinstanz eigentlich nicht brauche.

Es sind noch viele Fragen offen. Zum Beispiel, ob Mutter Dich und ihre Söhne vorwiegend bedient hat oder ob Du und wir unseren Teil im Haushalt leisteten. Ich habe es gelernt, mir macht Haus- und Küchenarbeit inzwischen meistens Spaß, besonders zusammen mit meiner Frau. Und was war mit Deinen

Freundschaften, zum Beispiel im Skiclub? Konntest Du mit Deinen Freunden auch über Deine Nöte sprechen? Mir selbst fällt es heute schwer, echte Freundschaften einzugehen, mich geduldig und selbstverständlich um die Freunde zu bemühen, sie um Hilfe anzusprechen, mir bei einem Mann Hilfe zu holen.

Das, was ich hier schreibe, sind eigentlich Fragen an mich. Auch ich bin Vater, ich habe zwei Töchter, Du drei Söhne. Wie hast Du Deine Liebe auf uns verteilt? Ich stand zwischen dem zwar verantwortungsvollen, ältesten, aber von Dir als ungeschickt bezeichneten Bruder, und dem jüngsten, den Du am meisten akzeptiert hast. Er war der Realistische, handwerklich Versierte und Praktische. Ich war nicht nur der Mittlere, sondern auch Mittler. Ich denke, ich habe Toleranz gelernt, geübt, die Buntheit und belebende Wirkung der Vielfalt zu schätzen, auch wenn dies kein müheloses Geschenk, sondern Anstrengung, Auseinandersetzung und Leistung bedeutete. Für Dich war ich zwar der begabte, aber auch der umständliche und komplizierte Sohn.

Wir beide können nun leider nicht mehr über die vielen verbleibenden Fragen miteinander sprechen, denn Ihr seid beide im Tschernobyl-Jahr 1986 gestorben. Ich habe Euch einen besonderen Grabstein entworfen und aufstellen lassen. Den Stein habe ich selbst im Odenwald gesucht. Ein glattes Oval, in der Mitte durchschnitten und die beiden Hälften Rücken an Rücken mit einem starken metallenen Band zusammengebunden. Eure Ehe war nicht nur Freiheit und Glück. Aber sie war ein Teil meiner Vorgeschichte.

Ich werde Dir sicher wieder schreiben. Es tut gut, die Fragen, die ich an mich habe, Dir zu stellen. Ich spüre selbst noch zu viel Bravheit in mir und in diesem Brief. Ich erlebe und lebe noch zu wenig meine Wut, meine gehemmten Aggressionen. Bei Dir könnte ich mich üben. Dieser Brief ist ein Anfang.

Mach's gut da oben! In Erinnerung und mit zärtlichen, aber auch kräftigen Grüßen

Dein Sohn-Freund HansJörg.

Klaus Fritsche

Ich bin dreißig Jahre alt, ledig, Einzelkind.
Nach einer Ausbildung zum Maschinenschlosser und sechsjähriger Berufstätigkeit
machte ich auf dem zweiten Bildungsweg das
Abitur und studiere zur Zeit an der TU-Ber-
lin für das Lehramt an Berufsschulen. Nach
der Scheidung meiner Eltern lebte ich allein
mit meiner Mutter. Ich hatte eine Zeit starken
Drogenkonsums. Meine Freundin machte zur
Bedingung unserer Beziehung, daß ich meinen »Freundeskreis« aufgebe, den Drogen-
konsum einstelle und in eine Therapie gehe.

Hallo Heinz,

dies ist nach vielen Jahren der erste Brief an Dich, ich
glaube, es ist der erste überhaupt. Es fällt mir nicht
leicht. Ich muß von Wünschen und Hoffnungen
schreiben, vor allem aber von dem Wunsch, Dich
nicht mehr zu vermissen. Ich will nicht mehr der
kleine Junge sein, der allein auf den Fußballplatz
kommt, während alle anderen mit ihren Vätern da
sind. Ich wünsche mir, daß Du in mein Leben trittst
und ich in Deines. Ich möchte eine Beziehung zu
Dir, in der wir miteinander reden, miteinander lachen und auch streiten können. Wir sind uns wieder
begegnet. Dieses Treffen war ein guter Anfang. Ich
hatte das Gefühl, daß ein Funken übergesprungen

ist. Unser Abschied aber hat mich sehr traurig gemacht. Ich will mich nicht mehr wortlos von Dir verabschieden. Liebe Grüße, Klaus.

Diesen Brief habe ich Dir vor einigen Jahren geschrieben. Es war der erste Versuch nach ungefähr fünfzehn Jahren, Kontakt mit Dir aufzunehmen. Ich schrieb den Brief mit den Gefühlen des kleinen Klaus. Heute schreibe ich Dir als dreißigjähriger Mann, der sich mit Dir auseinandersetzen und Dir deutlich und offen gegenübertreten will.

Nach Deiner Scheidung von meiner Mutter hast Du mich sitzengelassen. So fühlte ich. Obwohl wir uns danach noch ein paar Mal gesehen haben, bist Du für mich schlagartig aus meinem Leben verschwunden, hattest kein Interesse mehr an mir.

Du wolltest mich finanziell unterstützen, was mir eine Zeitlang Sicherheit gegeben und mir Mut gemacht hat, wieder zur Schule zu gehen und das Abitur nachzumachen. Als ich die Schule schon begonnen hatte, hast Du plötzlich Deine Zusage zurückgenommen. Das war ein ungeheurer Schlag für mich. Freunde haben mich dann liebevoll unterstützt und mich ermutigt, eine Arbeit anzunehmen, deren Bewältigung ich mir eigentlich nicht zutraute.

Mit der Note 2,4 habe ich das Abitur bestanden, so daß ich jetzt studieren kann. Ich unterrichte nebenbei, um mein Studium zu finanzieren. Die Unterstützung, die ich von meinen Freunden bekommen habe, hätte ich mir von Dir gewünscht, eine liebevolle und fürsorgliche Begleitung. Auch Anerkennung hätte ich mir von Dir gewünscht, für den von mir eingeschlagenen Weg, für meine Leistung, für meine Person.

Ich spüre Dir gegenüber immer wieder starke Haßgefühle, die mir Angst machen und die ich bisher nicht gekannt habe. Ich habe Rachegelüste, ich hatte kurz das Gefühl, daß ich Dich am liebsten vernichten möchte. Dahinter steckt wohl, daß, wenn es dich nicht mehr geben würde, der Schmerz und die Enttäuschung über den Verlust nicht so groß wären.

Mit Deiner Interesselosigkeit und Deiner mangelnden Vertrauenswürdigkeit hast Du mir für mein Leben den größten Knüppel zwischen die Beine geschmissen.

So bleibe ich zum Beispiel zu allen Freunden eigentlich immer auf Distanz, damit die Beziehung nie zu eng wird, weil ich offensichtlich immer damit rechne, im Stich gelassen zu werden. Ich bleibe auf Distanz, um diesen Schmerz nicht ein weiteres Mal erleben zu müssen.

Was hat Dich veranlaßt, mich mit so großem Desinteresse zu behandeln? Ich zweifle sehr stark daran, daß Du wirklich mit mir in Kontakt treten möchtest.

Ich habe die Briefe noch einmal gelesen, die ich an Dich geschrieben habe. Irgendwo stand: »Ich umarme Dich, Klaus.« Jetzt, wieder gelesen, schüttelt mich dieser Gedanke richtiggehend. Mit Deinem bisher letzten Brief, den ich vor vier Jahren von Dir bekam, hast Du mich so verletzt, daß mich heute der Gedanke an eine Umarmung mit Dir abstößt und Ekel hervorruft. Damals hast Du Wünschen und Hoffnungen Ausdruck gegeben, mit mir den Kontakt zu haben, den auch ich mir wünsche. Das sehe ich heute nur als dahergeplappert und als unaufrichtig an. Damals hast Du mir auch eine neue Adresse angekündigt. Ich kenne sie bis heute nicht. Ich werde zum wiederholten Mal versuchen, Dir auch diesen Brief über Deinen Arbeitgeber zu schicken. Ich erwarte von Dir, daß Du mich in Zukunft ernst nimmst. Ich habe mir vorgenommen, Dich nicht mehr an Deinen Worten zu messen, sondern vor allem an Deinen Taten.

Kann es sein, daß Du weißt, wie sehr Du mich im Stich gelassen hast, und daß Du Dich deshalb nicht traust, den Kontakt aufrechtzuerhalten? Oder hast Du überhaupt ein grundsätzliches Defizit, was zwischenmenschliche Beziehungen anbelangt? Bist Du von meinen Wünschen überfordert?

Ich möchte Dich nicht nur kritisieren. Ich erinnere mich an Situationen, in denen Du Dich um mich gekümmert, um mich bemüht hast. Ich kann mich erinnern, wie wir zusammen in Finnland bei unserem Sommerhaus auf dem Steg saßen und geangelt haben. Ich weiß auch noch, wie ich zu Weihnachten, es war auch in Finnland, Ski bekommen habe und wie Du mir das Skifahren beigebracht hast. Auch ist mir sehr in Erinnerung geblieben, wie Du mir einmal das Differential eines Autos am lebenden Objekt erklärt hast. Ich habe es bis heute nicht vergessen. Gern hätte ich mehr von Dir gelernt, mehr als die Arbeitsweise eines Differentials. Schließlich war ich auch stolz auf Dich, stolz darauf, was mein Vater alles wußte und mir beibrachte.

Ich schreibe diesen Brief nicht, um Dich nur wieder erneut zu veranlassen, eine Verbindung zu mir herzustellen. Sondern ich möchte Dir vor allem sagen, daß, damit wieder eine Beziehung entsteht, Du jetzt aktiv werden mußt. Ich bin es leid, mich dauernd mit unserer Nichtbeziehung zu beschäftigen. Ich denke, es wird Zeit, daß Du die Auseinandersetzung mit mir aufnimmst.

Ich würde mich über eine Antwort von Dir freuen.

Klaus.

Rainer Vauck

Ich bin 1955 geboren, lernte, beim Abitur gescheitert, Kfz-Mechaniker und arbeitete als
Kundendienstmeister. Ich holte das Abitur
auf dem Abendgymnasium nach und studiere
heute Psychologie. Ich bin nicht verheiratet.
Ich konnte diesen Brief meinem Vater nicht
mehr schicken, da er gestorben ist.

Lieber Vater,

ich möchte Dir noch danken für Dein großzügiges
Weihnachtsgeschenk, und sehr gefreut habe ich mich
für Deine Worte auf der Weihnachtskarte: »Setzen
wir unser Gespräch demnächst fort? Laß mich wissen, wann Du Zeit hast. Ich umarme Dich.«
   Ich hatte Dich zum Essen eingeladen und hatte für
uns gekocht. Es war das erste Mal und für mich sehr
anstrengend. Denn mir hatte immer der Mut gefehlt,
Dich so einfach anzusprechen. Wann treffen wir uns
schon mal, ohne daß Mutter oder Deine Freundin
dabei ist?
   Und im vergangenen Jahr haben wir die erste gemeinsame Fahrradtour unseres Lebens gemacht.
Deinem ersten Herzinfarkt und dem Ansporn durch
Deine Freundin war zu verdanken, was ich so gerne
schon viel früher mit Dir gemacht hätte.
   Zwischen uns stehen viele unausgesprochene
Dinge. Ich muß sie jetzt endlich aufschreiben. Es

fängt damit an, daß ich sehr wenig von Dir weiß. Ich weiß nicht, wie Du denkst und fühlst, was Du von mir hältst, wie Du bewertest, was ich mache. Bist Du stolz darauf, daß ich bei einer renommierten Firma arbeite? Was hast Du damals empfunden, als ich das Abitur nicht bestand? Wie war es für Dich, daß ich mit einer Frau geschlafen habe, ohne zu wissen, daß sie Deine Freundin war? Mir war das damals sehr peinlich. Im nachhinein gesehen, war das wie ein Auflehnen gegen Dich, wie eine Demonstration, daß ich der »bessere Mann« bin. Als ich Dir auf Dein Befragen hin gestand, daß ich mit ihr geschlafen habe, hast Du, wie immer, nichts dazu gesagt.

Von Deiner Freundin weiß ich, daß Du Dir gewünscht hast, daß ich in Deinem Betrieb arbeite. Und von Mutter habe ich irgendwelche Meinungen von Dir über mich. Alles nur Informationen aus zweiter Hand! Ich hätte so gern von Dir gehört, was Du mir zu sagen hattest. Ich habe immer nur Deine Gleichgültigkeit gespürt. Deshalb waren Deine Worte auf der Weihnachtskarte so etwas Besonderes für mich. Ich vermute, Du kannst den Wert für mich gar nicht einschätzen.

Ich will Dir eine typische Szene schildern. Dein neues Auto sprang nicht an. Deine Freundin rief mich an und bat mich zu kommen und zu helfen. Beinahe wäre ich nicht gekommen, weil ich mich darüber geärgert hatte, daß Du mich nicht selbst angerufen hast. Es ist doch ein schönes Gefühl für einen Sohn, seinem Vater zu helfen. Warum konntest Du nicht selbst fragen, warum mußte eine Frau vermitteln? Warum überläßt Du den Frauen den Kontakt zu mir?

Deine Freundin hat mir oft gesagt, daß Du ein sehr liebevoller und einfühlsamer Mensch seist. Ich erinnere mich an ein Gespräch, das Du mit Tante S. über die Probleme mit ihrer Tochter führtest. Du hast mir gefallen, wie bemüht und freundlich Du für die Tochter Stellung genommen hast. Es war das erste Mal, daß ich Dich so reden hörte. Ich kann mich nicht erinnern, daß Du jemals Partei für mich ergriffen hast.

Nachdem Rosi die Beziehung zu mir abgebrochen hatte, hast Du sie an ihrem Geburtstag angerufen und wohl ganz nett mit ihr geplaudert. Mich hast Du damals nicht angerufen.

Mutter hat Dich ziemlich anders erlebt als Deine Freundin. Du warst eher gefühllos zu ihr, bist über sie hinweggegangen, hast sie immer allein gelassen, um Dich mit anderen Frauen zu amüsieren. Daß Du nie anwesend warst, habe ich selber erlebt. Du warst in der Firma oder unterwegs. Es war in Ordnung, daß es Dir mit Deiner Freundin gut ging – besser als mit Mutter. Ich moralisiere nicht, ich habe nichts dagegen. Du bist mein Vater, und ich habe Dich sehr lieb. Also gönnte ich es Dir wirklich, daß Du es Dir – ganz gleich mit welcher Frau – gutgehen ließest. Aber heute möchte ich Dir zurufen: Bitte nicht mehr auf meine Kosten!

Mutter hat mich mit klarer Maxime erzogen: So ein »Schwein« wie Du darf ich nicht werden. Ich mußte zuverlässig, treu, fürsorglich sein und darauf sehen, daß es ihr gut geht. Erotik und Sexualität zwischen Euch gab es so gut wie nicht mehr. Sie hat es nicht ertragen, daß Du seit meiner Geburt mit anderen Frauen geschlafen hast. Uns Kinder hast Du als

Alibi mißbraucht, bist mit uns spazierengegangen, um dabei irgendwelche »Tanten« zu treffen. Ich habe für Deine Freiheit und Deine Abenteuer bezahlt, sehr teuer bezahlt, denn ich durfte mit keiner anderen Frau glücklich werden außer mit Mutter.

Nur so konnte Mutter es aushalten. Sie hat sich nie von Dir getrennt, sich nie scheiden lassen. Es war ja auch nicht nötig, sie sah weg, hielt sich an ihren Sohn und überstand jede der Gallenkoliken. Streit hat sie mit Dir nicht riskiert. Man durfte Dir sowieso nicht widersprechen. Nach außen warst Du freundlich, jovial, mit gewinnendem Lächeln. In der Familie hast Du mit Deinem Jähzorn Angst und Schrecken verbreitet.

Als Dein Ältester einmal einen Spaziergang verweigerte, hast Du ihn verprügelt, bis Mutter Dich stoppte, weil sie Angst hatte, daß Du ihn totschlägst. Du hattest einen dünnen Rohrstock, mit dem Du uns geschlagen hast. Wenn Besuch kam, bat Dich Mutter, Deinen Schreibtisch aufzuräumen. Wenn bei mir Unordnung im Schrank war, hast Du gleich den gesamten Schrank umgekippt.

Ich hatte Angst vor Dir, wenn Du nach der Arbeit nach Hause kamst. Am Zuschlagen der Autotüre und an den Schritten, mit denen Du die Treppe hochkamst – meist zwei Stufen auf einmal nehmend –, versuchte ich immer abzuschätzen, wie Deine Laune war. Aber das war auch schon deshalb schwierig, weil Deine Launen sehr wechselhaft waren. Man mußte Dir zuvorkommen. Hatte ich Deine Schuhe noch nicht geputzt, genügte ein Blick von Dir, daß ich das Versäumte schnellstens nachholte. Widerspruch oder gar Diskussionen waren nicht erlaubt.

Wenn ich ärgerlich oder sogar so etwas wie wütend war, hast Du nur mit Hohn und Spott reagiert. So hast Du mir klar gemacht, daß meine Meinung nicht zählte. Zeigte ich mich schwach und verletzlich, war ich unzufrieden oder ängstlich, hast Du nicht anders reagiert. Du hast mich immer verhöhnt. Ich erinnere mich noch gut an das Lied, das Du immer wieder spieltest: »Der Hans im Schnakeloch hat alles, was er will, und was er hat, das will er nicht, und was er will, das hat er nicht...«

Ich bin heute sehr krank. Die Medizin sagt: ohne Aussicht auf Heilung. Könntest Du, wenn Du noch leben würdest, mir jetzt endlich mit Achtung und liebevollem Verständnis begegnen?

Rainer.

Peter Ludwig

Ich bin 1948 geboren, Ingenieur für Elektrotechnik, zur Zeit arbeitslos. Ich bin Vater einer Tochter, 1980 unehelich geboren, und lebe nicht mit ihr und ihrer Mutter zusammen. Meine Eltern sind tot, Geschwister habe ich keine. Ich habe keine familiären Beziehungen, außer zu meiner Tochter. Zu meinen Eltern hatte ich jahrelang nur noch geringen Kontakt, erst durch meine Tochter war wieder Kontakt zu meiner Mutter entstanden.

Vater!

Du warst mein unerreichbares Vorbild! Du warst ein außergewöhnlicher Mann. Schon mit vierundzwanzig Jahren warst Du Doktor der Ingenieurwissenschaft. Nach dem Zweiten Weltkrieg brachtest Du es als Professor an der Humboldt-Universität zu einem eigenen Institut, das nach Deiner Emeritierung aufgelöst wurde, weil sich kein geeigneter Nachfolger fand. Du warst bei der Industrie gefragt, und Dein Handbuch über metallische Werkstoffe war ein Standardwerk. In Japan galtest Du als der Vater der Löt- und Schweißtechnik.

Du warst ein Mann, der gebraucht und ausgezeichnet wurde. Die Nazis gaben Dir einen Kriegsorden, obwohl Du nie Soldat warst. Dank Deiner Verfahren konnten sie U-Boote in ein paar Tagen reparieren. Die DDR gab Dir hohe Orden, Du konntest ein relativ freies Leben führen. Du hast Deine Privilegien kaum ausgenutzt, hast eher bescheiden gelebt. Du hast Dich um den Haushalt mit Ofenheizung und kränkelnder Ehefrau gekümmert, bist mit Bus und Fahrrad gefahren, hast im Schrebergarten Gemüse und Obst angebaut. Du hast exzellent Gelee und Marmelade eingekocht, kaum Alkohol getrunken und nie geraucht.

Du hast immer gesagt, ich sei begabter als Du und körperlich stärker. Das hat mich aber nie ermutigt, ich fühlte mich nie besser als Du. Wir haben nie miteinander gerauft und unsere Kräfte gemessen. Und schulische Leistungen hast Du entwertet mit Sprüchen wie: »Bei deiner Begabung hättest du noch viel besser sein können. Du hättest dich mehr anstrengen müssen.«

Ich durfte mein Unbehagen darüber nie zeigen. Es war gefährlich, eine abweichende Meinung zu haben. Ich durfte keine Ecken und Kanten haben, ich sollte so stromlinienförmig wie Du werden. Mutter durfte abweichend sein, weil sie krank war. Du warst eher sanft, charmant und unauffällig. Du hast im Stillen gewirkt, Dich nie aus dem Fenster gelehnt. Deine Streitkultur erschöpfte sich in einem pragmatisch-machiavellischen Den-Hintern-an-die-Wand-Bekommen. Du hast Streitpartner nicht ernst genommen, hast Meinungsverschiedenheiten vermieden, statt Auseinandersetzungen zu produktiven Kompromissen zu führen. Du suchtest Sicherheit in festgelegten Strukturen, wo oben und unten bekannt waren.

Ich habe Dich nun schon um dreizehn Jahre überlebt, obwohl ich mich seit meinem zwanzigsten Lebensjahr immer wieder umbringen wollte. Ich habe meine Wut von klein auf nur gegen mich richten können, ich hatte keine Chance neben Dir. Mutter hat Dich immer auf einen Sockel gestellt – der Herr Professor, der große Ingenieur und Erfinder! Ich sollte leben, um Deine Gene zu verewigen, so sagte sie. Vielleicht wäre es für mich einfacher gewesen, eine Tochter zu sein. Ich kann noch heute nicht meine Rolle als Mann leben.

Mutter hatte Dich nicht allein, Du hast sie zu Deiner wichtigsten Geliebten neben anderen Frauen gemacht. Sie wußte das. Sie war zweiundzwanzig Jahre jünger als Du, erst Deine Schülerin, dann Deine Mitarbeiterin und dann Deine hörige Geliebte, Dein Produkt. Sie überlebte Dich um neun Jahre, lebte aber bis zu ihrem Tod immer noch mit Dir.

Meine Beziehung zu Dir lief immer über Mutter. Erst als ich dreizehn war, hast Du Deine Vaterschaft offiziell anerkannt. Bis dahin warst Du Onkel Hans für mich. Ich war mir nicht klar darüber, ob ich überhaupt einen Vater habe. Sie sagte, ich bräuchte keinen, weil sie so gut für mich sorge.

Mutter hatte Kinderlähmung, ich war ihr ausgeliefert, einer Schwerbehinderten, die ihre Behinderung bekämpfte und mit sich und anderen mitleidlos war. Ihr habt meinen Willen früh gebrochen. Ich erinnere mich, daß Du mir mal mit dem Rohrstock drohtest, »Emil« hieß er, sofort gehorchte ich. Das Schlagen hast Du ihr überlassen.

Im Kindergarten habe ich andere Kinder gebissen, ich wollte nicht in diese Aufbewahrungsanstalt und war sehr unsicher. Das interessierte Euch nicht, ich sollte Euch nicht bei Eurer Arbeit einschränken. Als ich nicht gehorchte und nicht mit dem Beißen aufhörte, hat sie mir einen Hundemaulkorb vors Gesicht geschnallt und mich in den Kindergarten gezerrt. Diese hilflose Wut ist eine meiner frühesten Kindheitserinnerungen. Heute bin ich sicher: Die Idee dazu stammte von Dir!

Du hast Dich immer im Hintergrund gehalten. Nur wenn sie nicht weiterwußte, hast Du Dich eingemischt. Als sie einmal, ich war schon im Internat, nicht mehr mit mir fertig wurde, schriebst Du mir einen Brief, daß Du andere Seiten aufziehen würdest, wenn ich Deine Frau nicht in Ruhe ließe. Wenn Du kamst, war ich bei ihr immer sofort vollständig abgemeldet. Wenn ich dann Zuwendung forderte, hieß es: Quod licet Jovi, non licet bovi. Ja: Du warst ihr Gott und ich der Ochse! Du bestimmtest alles, schwebtest wie Gott unsichtbar und unerreichbar über mir.

Einmal hast Du unsere Horoskope berechnet und bestimmt, daß sie und ich wegen irgendeinem Quadrat der Monde immer eine gespannte Beziehung haben müßten. Du warst die höhere Gewalt, die alles lenkte und sich im Hintergrund hielt, während sie mich zerfleischte und mir das Rückgrat brach.

Ich war ihr Ersatzpartner, wenn Du nicht da warst. Nach dem Mauerbau konntest Du sie nicht mehr besuchen, und sie fuhr einmal die Woche zu Dir nach Ost-Berlin, ansonsten wechseltet Ihr sehnsüchtige Briefe. Für ihre Entbehrungen hat sie sich an mir schadlos gehalten. Man nennt das Kindsmißbrauch, Inzest. Es kam auch zum Koitus, wovon Du wohl nichts wußtest. Ich war irgendwie dankbar für die Zuwendung, weil sie so ganz anders war als die sonstige sadistische Dressur. Heute sehe ich das als zwei Seiten einer Münze: doppelte Ausbeutung. Ich konnte mich niemandem anvertrauen. Meine Oma durfte von der Schmusebeziehung nichts wissen. Und wenn ich mich beklagte über Mutters Härte und ihre gewalttätigen Ausbrüche, beschwichtigte sie mich mit dem Hinweis auf Mutters Krankheit. Ich blieb mit meinen Gefühlen allein, mit meiner hilflosen Wut, ich mußte funktionieren.

Ich begreife erst heute, wie einsam und selbstzerstörerisch meine Mutter war. Sie betäubte ihre Schmerzen und Gefühle mit Alkohol und Medikamenten, sie mußte in ständiger beruflicher Überforderung ihre Leistungsfähigkeit als Behinderte beweisen. Richtige Freunde oder Freundinnen hatte sie nicht. Sie sah auf alle Menschen herab, sie ließ nur Dich gelten, Du warst die unerreichbare Lichtgestalt in ihrem und meinem Leben.

Erst heute, nachdem auch sie fünf Jahre tot ist, beginne ich mich als Produkt Eurer menschenverachtenden Ideale zu begreifen, fange an, meine masochistischen und selbstzerstörerischen Neigungen zu sehen und mir von anderen Menschen helfen zu lassen. Es fällt mir schwer, mich mit anderen Menschen solidarisch zu fühlen, meinen Wert nicht nur im willfährigen Zuarbeiten zu sehen. Ich stelle meine eigenen Ambitionen zu oft zurück, was in unterdrücktem Haß gegen mich und andere mündet.

Erst heute beginne ich zu lernen, mich und andere realistisch zu sehen, was mir bei Deinen kopfgesteuerten und gefühllosen Ratschlägen nie möglich war. Ich durfte nie von meinen Gefühlen sprechen, durfte sie nicht einmal wahrnehmen. Es ging immer nur ums Funktionieren. In der Nähe anderer Menschen lähmte mich immer die Angst, von ihnen aufgesaugt zu werden. Gleichzeitig buhlte ich immer um ihr Wohlwollen, indem ich mich um sie sorgte. Ich wollte die anderen hilfsbedürftig erleben, um meine eigene Hilfsbedürftigkeit nicht wahrnehmen zu müssen.

Als es um meine Berufswahl ging, da hast Du Dich eingemischt. Ich sollte Ingenieur an der Fachhochschule lernen, da ich für ein Universitätsstudium zu labil sei. Das hast Du entschieden noch Jahre vor dem Abitur. Mutters Wille hat mich dann durch die Ingenieursprüfung gepeitscht, obwohl ich keinen Spaß daran hatte, alles für mich abstrakte, menschenfeindliche Zusammenhänge waren. Ich hatte nie die Chance, selbst für mich zu entscheiden, ein Gefühl dafür zu entwickeln, wie ich mein Leben gestalten will. Ich glaube, Ihr wolltet mich rasch in einem Beruf sehen, damit Ihr Eure Unterhaltsverpflichtungen loswerdet.

Du wolltest kein Kind. Du hast nur Mutter nachgegeben. Sie wollte Dich so an sich binden. Während der Schwangerschaft mußte sie bei Dir mit großen Mengen hochgiftiger Blausäureverbindungen unter primitiven Umständen arbeiten. Sie hatte mehrfach Vergiftungssymptome, hat sich aber nicht gewehrt, um Dich nicht zu verlieren. Du hast in Kauf genommen, daß ich nicht zur Welt komme.

Mutter sagte einmal, daß ich Glück mit meinen Eltern gehabt hätte. Was für ein Selbstbetrug auf meine Kosten. Und ich habe ihr damals geglaubt. Als ich später zaghafte kritische Äußerungen machte, schmetterte sie mich mit dem Hinweis auf die schlechten Zeiten nach dem Krieg ab.

Daß Ihr so überraschend gestorben seid, habe ich bis heute nicht betrauern können. Du bist gestorben, nachdem Du in einer Straßenbahntür eingeklemmt und mitgeschleift worden warst. Mutter hatte einen Hirnschlag und lag tagelang in ihrer Wohnung.

Ich hätte mir eine freundliche und freundschaftliche Beziehung zu Dir gewünscht, nicht diese hinter einer moderaten Fassade verborgene Konkurrenz. Nachdem ich das erste Mal gegen Dich im Schach gewonnen hatte, hast Du nie wieder mit mir Schach spielen wollen.

Ich hatte Dich einmal in Ost-Berlin, ich war fünfzehn, besucht, und wir lagen zum Mittagsschlaf nebeneinander auf der großen Couch. Ich konnte nicht einschlafen, weil mir kalt war. Es war nicht kalt, mir war kalt vor Einsamkeit neben Dir. Deine amüsanten Erzählungen waren verstummt, ich war mit meinen Gefühlen allein, spürte nur die Kälte der Fremdheitsgefühle in Deiner Nähe. Später habe ich nicht mehr neben Dir den Mittagsschlaf versucht, sondern bin währenddessen einkaufen gegangen, das Ostgeld, das Du mir geschenkt hast, zu verjubeln.

Wie schön wäre es gewesen, hätte ich mit Dir damals darüber reden können. Das wäre vielleicht ein Anfang gewesen, dann hätte es mich vielleicht auch nicht so gestört, als Du, kurz vor Deinem Tod, mich bei der Begrüßung plötzlich immer auf den Mund geküßt hast. Ich wagte es nicht, offen die für mich notwendige Distanz einzufordern, ich konnte nicht darüber sprechen. Du hättest es auch nicht verstanden.

Es macht mich traurig, daß ich diese Gedanken über uns erst heute zu formulieren wage. Jetzt seid Ihr tot. Neben Euch durfte ich nicht fühlen, was mir fehlte. Ihr hattet mir die Schuld zugewiesen und mich ansonsten mundtot gemacht. Ihr habt mich nur geduldet, wenn ich widerspruchslos an Eurem Ruhm und Wohlbefinden mitstrickte und nur sprach, wenn ich gefragt wurde!

Das alles zu schreiben kostet mich ungeheure Anstrengungen. Ich fühle mich wie in Trance, wie nicht bei Sinnen. Mich zu erinnern fühlt sich an wie ein Tabu, das ich nicht verletzen darf.

Deshalb fallen mir immer wieder nur Bruchstücke ein. Zum Beispiel, was Du, wie Du später oft erzählt hast, bei meiner Geburt gesagt hast: Ich hätte ausgesehen »wie ein alter Schimpanse«. Reichlich lieblos, abwertend, verletzend. Herzschmerzen vor ohnmächtiger Wut bekomme ich, wenn mir einzelne Szenen in Erinnerung kommen. Ihr habt mir zum Beispiel erzählt, daß ich mir als Kleinkind eine heiße Pellkartoffel gegriffen, vor Schmerzen gebrüllt, aber sie nicht mehr losgelassen hätte. Mutter und Du, Ihr beide habt Euch totgelacht, schließlich hattet Ihr mich gewarnt: »Heiß!« Ihr habt mir das »Heiß!« mit Gewalt beigebogen. Ich hatte eine Zeitlang mit Mutter in Deinem Chemielabor gelebt, wo ich einmal eine Flasche mit Salpetersäure erwischt, aber, abgestoßen vom Geruch, zum Glück nicht getrunken hatte. Ihr habt mir eingebleut, Euren Warnungen zu folgen, andernfalls hätte ich zu leiden.

Du hast mir einmal gesagt, die humanste Gesellschaftsordnung sei die aufgeklärte Diktatur. Ich hatte das damals nicht begriffen. Heute fällt es mir schwer, die von Euch vorgeprägten Wege zu verlassen. Ich will sie nicht mehr gehen, will neue suchen, aber die alten Wegweiser scheinen übermächtig zu sein. Mein eigener Wille kommt mir vor wie ein zerbrochener Spiegel. In den einzelnen Scherben kann ich Teile meines Willens sehen, aber es ergibt kein Gesamtbild. Und wenn ich einzelne Teile greifen will, schneide ich mich.

Ihr habt mich erziehen wollen, wie man ein technisches Produkt herstellt, das seinem Schöpfer bei geringem Aufwand möglichst viel Ansehen und Gewinn bringt. Ihr habt mich mit Zuckerbrot und Peitsche zu formen versucht. Dies ist Euch weit mehr gelungen, als Ihr gemerkt habt. Du hast Mutter einmal geschrieben, daß sie sich gewiß kein Kind angeschafft hätte, wenn sie noch einmal von vorne hätte beginnen können. So wie Ihr mit mir nicht zufrieden wart, so bin ich es nicht mit Euch gewesen. Und leider bin ich es auch nicht mit mir selbst.

Möglicherweise war Euer einziges wirkliches Kind das Handbuch der Löt- und Schweißtechnik, bei dem Dir Mutter entscheidend geholfen hatte. Das war Euer Produkt, auf das Ihr stolz wart und in dessen Erfolg Ihr Euch sonnen konntet. Ich muß aus Eurem langen Schatten heraustreten. Dieser Brief ist ein wichtiger Schritt in die richtige Richtung.

Dein Sohn Peter.

Lutz Räder

Ich wurde 1954 als Wunschkind meiner Eltern geboren. Ich studierte Sozialarbeit und
Sozialpädagogik und bin heute im Jugendför-
derungsbereich als Leiter einer Einrichtung
für benachteiligte Jugendliche tätig. Mein
Vater starb sehr plötzlich.

Ich saß lange vor einem Blatt Papier und grübelte,
wie ich Dich anreden soll. Ich habe Dich immer
»Pappi« genannt. In den letzten Jahren wurde mir
das peinlich, weil es so kindlich klang und unserem
wirklichen Verhältnis nicht entsprach. Deine Ehefrau, meine Mutter, nannte Dich auch ab und an
»Pappi« oder »Vater«. Fandest Du das eigentlich in
Ordnung? Ich verwarf die Anreden »Vater«, »Vati«,
»Papa«, »Willi«. Sie gefallen mir nicht. Wie hast Du
mich angesprochen? Ich kann mich nur an »Lutz«
erinnern. Langsam freunde ich mich damit an, Dich
ebenfalls beim Vornamen zu nennen. Zum ersten
Mal. Ich versuche es nun.

Lieber Wilhelm,

sicher wunderst Du Dich, daß ich Dir, fünf Jahre
nach Deinem Tod, einen Brief schreibe. Es ist mein
erster Brief an Dich überhaupt. Es schmerzt mich
sehr, daß ich ihn nicht schon früher zu Papier ge-

bracht habe, denn ich hätte mir so sehr eine Antwort gewünscht. Aber noch mehr, nämlich viele Gespräche mit Dir, die Auseinandersetzung mit Dir, die Entwicklung unserer Beziehung wieder zu einer wirklichen Freundschaft.

Du weißt es nicht, und ich selbst habe es viele Jahre nicht mehr bewußt fühlen können: Du warst und bist der wichtigste Mann in meinem Leben, ich habe Dich unendlich geliebt. Es gibt immer wieder Zeiten, in denen mich die Sehnsucht nach Dir überfällt, mich fast lähmt und so traurig macht. Noch immer bleibt mir die Traurigkeit oft im Hals stecken, in mir ist eine tiefe Traurigkeit, die ich nicht herausweinen kann. Du hast mich oft enttäuscht, verletzt, zurückgewiesen, im Stich gelassen, und ich konnte Dein Verhalten oft nicht verstehen. Traurigkeit darüber, daß wir nicht zu Freunden wurden. Meine Sehnsucht nach Dir als Freund ist unerfüllbar. Unsere Beziehung war von Schweigen, vom Nicht-Gespräch geprägt. Ich will jetzt das Schweigen brechen.

Ich war auf Deinen Tod nicht im mindesten vorbereitet. Ich kam von einer Reise zurück, besuchte Dich mit meiner Mutter im Krankenhaus. Du warst nicht mehr in Deinem Zimmer, man hatte Dich vor einer Stunde in die Intensivstation verlegt. Ein junger Arzt trat auf mich zu, fragte, ob ich Dein Sohn sei. Die Ärzte hätten alles unternommen, Du seist nicht mehr zu retten, die Wiederbelebungsgeräte würden abgeschaltet.

Er sprach ruhig, sachlich, unbeteiligt, bat uns, noch fünf Minuten zu warten, dann könnten wir von dem Toten Abschied nehmen. Sie hätten Dir den Brustkorb geöffnet, Du müßtest noch gesäubert werden. Wie das alles normal und routiniert klang! Mir dagegen schien der Kopf zu zerspringen, ich bekam keine Luft mehr, hätte schreien mögen. Als ich Dich dann sah, tot der Mann, den ich von Kindesbeinen an für unsterblich hielt, überflutete mich ein unendlicher Schmerz. Meine Mutter rüttelte an Dir und schrie: »Komm, Willi, mach nicht solchen Blödsinn, wach auf! Ich weiß genau, daß du nur Spaß machst!« Ich war erstarrt. Eine Krankenschwester versuchte, Mutter zu beruhigen, eine andere wollte ihr Beruhigungspillen verabreichen. Plötzlich umarmte und küßte sie Dich und flüsterte Dir zu: »Es war schön mit dir, es war schön mit dir...«

Das Krankenhauspersonal drängte uns hinaus, wir konnten nicht länger als fünf Minuten von Dir Abschied nehmen. Ich war wie in Trance, konnte es noch nicht wahrhaben, hielt krampfhaft Deine Uhr in der Hand, die mir jemand gegeben hatte. Ich bildete mir ein, sie sei noch warm von Deinem Körper.

Ich muß jedesmal weinen, wenn ich daran denke: Umarmung, Kuß, es war schön mit dir..., wie liebevoll hat sich meine Mutter von Dir verabschiedet. Mußtest Du erst tot sein, ehe ich zärtliche Worte und zärtliche Gesten zwischen Euch erleben durfte? Ich habe nie irgendwelche körperliche Nähe, Umarmungen, Zärtlichkeiten, Küsse, Berührungen oder etwa liebevolle Worte zwischen Euch bemerkt. Es war da nie mehr als der obligatorische Begrüßungskuß, den Du Mutter flüchtig und schnell gabst, wenn Du von der Arbeit kamst.

Ihr habt mit Liebesbezeugungen nicht nur gegeizt, ihr habt Euch überhaupt nie welche gegeben. Die Atmosphäre zu Hause war völlig unsinnig, dafür um so mehr »praktisch« und pragmatisch. Alles war sehr »technisch« bei uns, für den täglichen Gebrauch bestimmt, rational, wenig gefühlvoll. »Praktisch«, »vernünftig« und »unlogisch« waren die drei häufigsten Wörter.

Von Liebe, Wertschätzung und Zuneigung zwischen Euch habe ich nicht viel gespürt. Du, Wilhelm, warst mein Vater – und mein Vorbild! Was meinst Du: Habe ich mir bei Dir irgend etwas abgucken können in punkto Liebesbeziehung?

In der Nacht nach Deinem Tod konnte ich nicht schlafen, ich habe viel aufgeschrieben. Einige Auszüge schreibe ich Dir hier auf.

»Ich muß einen Brief an Dich schreiben, vielleicht kommt er noch an... Sehnsucht danach, wie Du früher warst, als Freund... Ich wollte, daß wir beide uns wieder ganz fest umarmen... Ich habe es nicht gemerkt, einfach nicht gemerkt, wie sehr ich mich all die Jahre nach Dir gesehnt habe! Jahrzehntelange Entfremdung nur deshalb, weil wir nicht geredet haben. Weil ich nicht geredet habe. Warum habe ich Dir nicht gesagt, daß ich Dich so gebraucht hätte? Ich wollte, daß Du wieder mein Freund wirst... Ich kenne Dich eigentlich nicht. Ich weiß zu wenig über Dich. Und Du kennst mich auch nicht. Wir kennen uns nicht. Ich will Dich kennenlernen. Das ist mir so wichtig, auch jetzt, wo Du tot bist. Ich bin voll von Fragen an Dich...«

Hast Du mich gern gehabt, auch als ich nicht mehr Kind war?
Hast Du mich geliebt?
Hast Du Dir einen anderen Sohn gewünscht?

Warum wolltest Du lieber eine Tochter als einen Sohn?

Warum hast Du mich nie gefragt, wie es mir geht?

Warum hast Du nicht bemerkt, daß ich früher oft in großer Not war?

Warum hast Du es hingenommen, daß ich Dich nicht mehr umarmt habe?

Warum hast Du so wenig nachgefragt?

Hast Du mich abgelehnt?

Was hast Du empfunden, als Du mich zweimal schlugst?

Wußtest Du, wie sehr ich Dich liebte, an Dir hing, Dich brauchte?

Warst Du mit Deinem Leben zufrieden?

Welche Wünsche hattest Du?

Warum hattest Du keine Freunde?

Hast Du Deine Frau geliebt?

Wie war Eure Sexualität?

Hattest Du Angst vor dem Tod?

Wie war Deine Kindheit?

Was hast Du im Krieg erlebt?

Warum habe ich Dich nie weinen sehen?

Warst Du auch manchmal traurig, verzweifelt?

Warum hast Du so viel geschwiegen?

Bis ich etwa vier Jahre alt war, warst Du immer für mich da. Du warst »der beste und liebste Pappi, den es gab«. Das war sehr schön. Ich fühlte mich wohl, geliebt, geborgen, geschützt. Ich war von Ruhe und Wärme umgeben. Und ich hatte viel Spaß mit Dir! Eigentlich warst Du gar nicht viel zu Hause, warst bei der Arbeit, auch samstags, damals war noch die Achtundvierzigstundenwoche. Aber in meiner Erinnerung warst vor allem Du da, an meine Mutter erinnere ich mich nicht mehr so deutlich.

Wenn Du zu Hause warst, war ich immer in Deiner Nähe. Du hast mich auf den Arm genommen oder in einem großen Papierkorb aus Bast durch die Wohnung getragen und auf verschiedene Schränke gestellt. Überhaupt hast Du viel mit mir gespielt. Wir sind auf dem Teppich herumgekrochen, und ich konnte auf Dir »Pferd« spielen. Du hast mir oft Spielzeug gebaut: eine Holzeisenbahn, einen Autobus, eine Brücke, sogar eine Kasperlefigur. Ich mußte immer furchtbar lachen, wenn wir zusammen vor der Höhensonne saßen und die komischen Schutzbrillen aufsetzten.

Damals haben wir als Familie viele Ausflüge gemacht. Im Sommer ging es oft ins Strandbad Tegel oder in den Wald. Wir tobten herum und kämpften miteinander. Im Winter waren wir rodeln und haben Schneeballschlachten abgehalten. Ich erinnere mich gut daran, daß Dir unsere Unternehmungen genauso viel Spaß gemacht haben wie mir. Du warst fröhlich und hast viel gelacht. Ich bin mir sicher: Damals waren wir Freunde.

Du, Wilhelm, hast mich abends ins Bett gebracht. Und immer wieder hast Du mir Gute-Nacht-Geschichten vorgelesen, oft dieselben. Erinnerst Du Dich noch an unsere Lieblingsgeschichten? ›Die himmelblaue Kathrin‹, ›Schrumpelpumpel‹, ›Biscotin‹. Das Taschenbuch, aus dem Du vorgelesen hast, habe ich noch heute. Es ist zerfleddert und vergilbt, es ist bis heute mein liebstes und wichtigstes Buch.

Du warst bei Telefunken beschäftigt und hast billig einen Plattenspieler erstanden. Leider fehlte das

Geld für Radio und Lautsprecher. Auf mein Bitten hin hast Du den Plattenspieler vor dem Einschlafen ganz nahe an mein Bett gestellt und mehrmals unsere einzige Platte abspielen lassen: Fred Bertelmanns ›Lachender Vagabund‹, und ich hörte zu, so gut es eben ohne Lautsprecher ging, bis ich eingeschlafen war.

Als Kind lag ich oft krank im Bett und konnte es kaum erwarten, bis Du von der Arbeit nach Hause kamst. Ich freute mich immer sehr auf Dich. Du hast Dich dann zu mir ans Bett gesetzt, mir übers Haar gestrichen und aus den Mickymaus-Heften vorgelesen, die Du mitgebracht hast.

Der Körperkontakt mit Dir war immer so wohltuend. Du hast mich oft an meiner kleinen Hand genommen, mich oft hochgenommen, so daß ich Dich umarmen und mit Dir schmusen konnte. An den Wochenenden schlüpfte ich morgens in Dein Bett und kuschelte mit Dir. Oft habe ich in Deinen Armen geschlafen. Ich erinnere mich an Deine starke, behaarte Brust und an Deine kräftigen Arme. Immer hast Du mich jedoch behutsam und zärtlich gehalten. Ich mochte Deinen Körperduft sehr. Ich fühlte mich bei Dir geborgen, sicher und geliebt.

Die ersten Jahre meines Lebens waren schöne Jahre. Ich hatte grenzenloses Vertrauen zu Dir. Du warst ein liebender und freundlicher Vater. Deine Fürsorge tat mir unendlich gut.

Kurz nach meinem sechsten Geburtstag habt Ihr mich wegen meiner ewigen Erkältungen verschickt. Noch am Abend vor der Abreise war ich ahnungslos. Ihr habt mir erzählt, ich würde lediglich einen Tagesausflug mit anderen Kindern machen. Erst bei der

Abfahrt merkte ich, daß etwas nicht stimmte. Du weißt nicht, wie verzweifelt ich damals war! Ich dachte, daß ich Euch nie wiedersehen würde, daß Ihr mich für immer in die Fremde geschickt habt. Ich konnte nicht begreifen, warum Ihr mich loswerden wolltet, ich hatte Euch doch nichts getan! Ich fühlte mich verraten, ausgesetzt und ohne Hoffnung. Ich saß im Bus und fiel ins Bodenlose, ich konnte nicht einmal richtig weinen, wie in Trance starrte ich aus dem Fenster. Ich konnte es nicht fassen.

In St. Peter-Ording wurde ich sogleich krank und blieb es sechs Wochen lang. Ich verbrachte den gesamten »Kuraufenthalt« in der Krankenstation im Bett. Ich war auch krank vor Heimweh. Und das wußtet Ihr! Der Arzt hat mit Euch telefoniert und Euch gebeten, mir keine Briefe und Pakete zu schicken, weil sonst das Heimweh noch größer würde. Warum habt Ihr mich nicht zurückgeholt, warum hast Du mich nicht zurückgeholt? Wir waren doch Freunde. Warum hast Du mich so im Stich gelassen und mein Vertrauen dermaßen mißbraucht? Warum hast Du nicht darauf bestanden, wenigstens am Telefon mit mir zu sprechen?

Diese Zeit auf der Krankenstation nannte ich später mein »kleines Konzentrationslager«, die Schwester war die »Stationskommandantin«. Anfangs weinte ich viel, und sie bezeichnete mich als Heulsuse und schlug mich sogar ein paar Mal. So heulte ich nur noch nachts, still und leise. Bis heute habe ich nie größere Einsamkeit und Verlassenheit erlebt.

Als Ihr mich nach sechs Wochen abholtet, war das ganz unerwartet. Wie hätte ich wissen sollen, daß ich Euch jemals wiedersehen würde? Niemand hatte mir die Wahrheit gesagt. Später habe ich diese Geschichte aufgeschrieben, um sie verarbeiten zu können. Lieber Wilhelm, ich möchte Dir einen Teil zitieren, weil Du darin eine bedeutende Rolle spielst.

»Mißtrauisch trat ich ins Freie. Ich bekam einen Schreck! In einiger Entfernung standen meine Eltern und blickten mich freudestrahlend und erwartungsvoll an. Ich erinnere mich noch ganz genau, was ich in diesem Augenblick fühlte und dachte: Ich empfand Angst und freute mich überhaupt nicht. Ihr wart mir fremd. Sind das meine Eltern? Sind sie es wirklich? Was wollen sie hier? Warum kommen sie nicht auf mich zu, warum bleiben sie da hinten stehen? Soll ich zu ihnen hingehen oder wieder zurück ins Haus? Mögen sie mich noch? Holen sie mich nach Hause? Das bestimmt nicht, sie wollen sicher nur mal gucken, was ich mache.

Langsam und unsicher, voll Angst und Mißtrauen ging ich auf meine Eltern zu. Ich konnte sie nicht umarmen, ich war steif und stumm, wußte nicht, was ich sagen sollte. Meine Mutter sagte so etwas Ähnliches wie: ›Jetzt bist du endlich wieder bei uns.‹ Und zur ›Kommandantin‹ sagte sie: ›Ja, wissen Sie, wir sind unheimlich froh, daß wir unseren Lutzebum wiederhaben!‹ Sie sagte es zu ihr, nicht zu mir!

Während Mutter mit der KZ-Frau sprach, redete mein Vater mit mir, streichelte mir über den Kopf und erklärte mir, daß wir drei nun zusammen an der Nordsee Urlaub machen und dann nach Hause fahren würden. Er lächelte, wirkte verlegen, aber ich spürte deutlich, daß er sich freute, mich wieder zu sehen und mit mir zu sein.

Ich taute ein bißchen auf. Was hatte er da eben gesagt? Wir würden alle drei wieder nach Hause fahren? Meine Mutter wandte sich wieder zu mir: ›So, Lutzebum, die Krankenschwester packt jetzt deinen Koffer, und dann fahren wir ein paar Kilometer und machen erst einmal Urlaub.‹ Mein Vater legte verschmitzt lächelnd seine Hand auf meine Schulter. Mir wurde dort warm! Ich wünschte, daß er seine Hand nie mehr da wegnehmen würde. ›Sag mal, freust du dich?‹ fragte meine Mutter. Ein bißchen schon, eigentlich immer mehr. ›Ja‹, sagte ich leise.«

Mein Wunsch ging nicht in Erfüllung, Du zogst Deine Hand wieder zurück.

Als ich elf Jahre alt war, hast Du mir einen sehr großen Schmerz zugefügt, der noch heute in mir bohrt. An einem Morgen wollte ich Dir, wie gewohnt, einen Guten-Morgen-Kuß geben. Ich rannte auf Dich zu, um Dich zu umarmen. Aber Du hast mich abrupt gestoppt, hast abgewehrt, Deinen Kopf abgewendet und gesagt: »Putz dir erstmal die Zähne.« Ich fühlte mich tief enttäuscht und verletzt. Du hast Dich vor mir geekelt. Diese Zurückweisung hatte Folgen, allmählich wuchs in mir die Einbildung, alle Menschen würden sich vor mir ekeln.

Es muß zur selben Zeit gewesen sein, daß Du mich erneut auf diese Art verletzt hast. Es war auf dem Polterabend meiner Kusine. Wie immer umarmte und küßte ich die Verwandten, auch Wolfgang, den zukünftigen Ehemann. Du hattest nichts Besseres zu tun, als mich vor allen Gästen zurechtzuweisen: »Du bist jetzt in einem Alter, in dem man Männer nicht mehr küßt. Also laß das sein!« Ich lief vor Scham rot an, bekam einen Schweißausbruch und wäre am liebsten in den Boden versunken.

Von nun an war eine unüberwindbare Mauer zwischen Dir und mir. Mir war es absolut unverständlich, warum Du keinen Körperkontakt, keine Liebesbezeugungen mehr von mir wolltest. Ich suchte die Schuld bei mir und entwickelte große Hemmungen, auf andere Menschen, Männer oder Frauen, ganz unbefangen zuzugehen. Mein Vertrauen zu Dir war erschüttert, es war ein großer Bruch zwischen uns. Ich fühlte mich verraten und verstoßen, aus dem Nest gestoßen. Bis dahin hatte ich mich von Dir geliebt gefühlt.

Seither habe ich Dich nie wieder umarmt oder Dir einen Kuß auf die Wange gedrückt. Nicht einmal mehr die Hand habe ich Dir geschüttelt. Körperkontakt mit Dir war von da an tabu, was für Dich wohl in Ordnung war. In mir blieb eine unendliche Sehnsucht, daß Du wieder auf mich zukämst, mich umarmen würdest, daß ich wieder Deine körperliche Zuneigung bekäme.

Es mag seltsam klingen: Aber manchmal habe ich die Empfindung, als sei für mich seit dieser Zurückweisung die Zeit stehen geblieben, als sei ich nicht älter geworden. Oft fühle ich mich als elfjähriger Junge, der sich nicht weiterentwickelt hat. Es ist, als hätte ich jahrelang nicht wachsen und reifen können, weil Du mich im Stich gelassen hast. Zum Wachsen und Reifen hätte ich Deine Zuneigung, Deine Freundschaft und Deinen Beistand gebraucht.

Dieser Bruch und die Mauer zwischen uns hatten schwerwiegende Folgen für mein weiteres Leben. Ich verschloß mich und wurde zu Stein. Niemand sollte erkennen, was ich fühlte und was mich bewegte. Ich wurde ein Schweiger wie Du. Niemandem vertraute ich mich mehr an. Innerlich war ich in großer Not, aber nach außen wollte ich nichts preisgeben.

Ich bin mir sicher, daß Du selbst in dieser Zeit, also von meiner Pubertät an bis zu meinem Auszug, recht unzufrieden und unglücklich warst. Häufig gab es Streitereien zwischen Dir und Deiner Frau. Tagelang redetest Du nicht mit ihr, kein Wort kam über Deine Lippen, auch zu mir kein einziger Satz. Immer dachte ich, Du seist auf mich wütend. Aber Du hast einfach nur geschwiegen. Wie konntest Du das nur aushalten?

Oft traute ich mich morgens fast nicht aus meinem Zimmer zu Euch an den Frühstückstisch. Meinen Guten-Morgen-Gruß hast Du nur mürrisch erwidert, ohne die Zeitung vor dem Gesicht zu bewegen. Ich fühlte mich ganz und gar unerwünscht.

Einmal drohtest Du mir Schläge mit einem Rohrstock an, falls der verhängte Stubenarrest und der Taschengeldentzug nicht helfen würden, meine Nägelkauerei zu unterbinden. Deine Begründung: »So bekommst du später nie ein Mädchen ab. Die ekeln sich ja vor dir!« Du gabst mir sieben Tage Zeit, in der meine Fingernägel nachwachsen mußten. Täglich mußte ich meiner Mutter die Hände zur Kontrolle vorzeigen. Ich schämte mich unendlich. Am siebten Tag, meine Nägel waren noch immer abgeknabbert, bist Du mit mir auf die Toilette gegangen und hast mich dort verprügelt. Es waren die ersten, aber auch die vorletzten Schläge, die ich von Dir bekommen habe. Es tat sehr weh, aber schlimmer noch waren die Demütigung und meine Ohnmacht. Ich habe Dich dafür gehaßt! Was war bloß in Dich gefahren?

Noch heute bin ich wütend darüber. Du hättest nicht einmal Deine Katze geschlagen! Diese Strafaktion hat auch Dir geschadet: Ich habe mich noch mehr von Dir entfernt, und die Mauer zwischen uns wurde noch undurchdringlicher.

Unsere häusliche Atmosphäre war von Deinen Stimmungen, Deinem Schweigen und Deiner Unzufriedenheit geprägt. Ich empfand sie als bleiern, drückend, ereignislos. Deine griesgrämige, mißmutige Lebensstimmung nahm von mir Besitz, ich konnte mich ihr nicht entziehen, sie drückte mich nieder. Ich resignierte und hatte keine Freude mehr an den positiven Seiten des Lebens. Deine lebensfeindliche Haltung färbte auf mich ab.

Wie grau und trist waren die Nachmittage der Wochenenden! Es war furchtbar still zu Hause. Kaum war das Mittagessen beendet und der Abwasch erledigt, herrschte nur noch Stille. Es war wie in einem Totenhaus. Ich hatte davor immer Angst. Auch auf den Straßen war es still. Ich erinnere mich besonders gut an die Winternachmittage, draußen schneite es, ich stand am Fenster und schaute hinaus, sah den wenigen Menschen zu, die durch den Schnee gingen, und war sehr traurig. Ich drückte mein Gesicht an die Fensterscheibe, die Menschen draußen kamen mir vor wie in einem Film. Alles so dämmrig und grau. Ihr hieltet Euren Mittagsschlaf, der heilig war, nur das monotone Ticken der Küchenuhr war zu hören. Oft stand ich so und fühlte mich unendlich verlassen. Die Wochenenden waren nicht nur Langeweile, sondern auch geduldiges, trauriges und leeres Warten, ob jemand kommt, Geräusche macht, ein Lebenszeichen gibt.

Ab und zu ging ich allein ins Kino in eine Jugendvorstellung, oder ich lag auf meinem Bett und las. Ich muß auch viel geschlafen haben, wie anders hätte ich diese fürchterliche Stille aushalten können. Überhaupt verbrachte ich viel Zeit lesend im Liegen, ich war kaum mit Gleichaltrigen zusammen, die kannte ich außerhalb der Schule kaum.

Lieber Wilhelm, warum hast Du Dir nie Sorgen darum gemacht, daß ich immer allein ins Kino ging und keine Freunde hatte? Hat Dich nicht beunruhigt, daß ich ein Stubenhocker und immer so still war? Hat es Dich nicht nachdenklich gemacht, daß ich nie eine Freundin mit nach Hause brachte? Kam es Dir nicht seltsam vor, daß ich so viel krank war? Hast Du nichts von meiner Not, meiner Einsamkeit geahnt? Warst Du zufrieden mit meiner Verschlossenheit und Schweigsamkeit?

Ich sehnte mich nach Schutz und Geborgenheit, nach einem warmen und hellen Haus mit menschlichen Stimmen. Nach Anrede, Unterstützung, Ermutigung, Lebensfreude. Nach einem tollen, lieben und starken Vater. Mit einem solchen hätte ich mein Leben meistern können.

Heute verstehe ich Deine unzufriedene Lebensstimmung besser. Du hast nie darüber geredet, hast Dich nie über etwas beklagt, hast keine Wünsche geäußert, nie geweint, selten Freude ausgedrückt. Ich weiß so gut wie nichts von Deinen Gefühlen. Du hattest niemanden, keine Freunde, mit denen Du hättest reden können. Auch ich hatte keine Freunde, auch darin warst Du mir Vorbild.

Deine triste Berufsarbeit hat Dich nicht zufrieden machen können. Bis zu Deiner Rente bist Du unermüdlich und fast ohne krank zu sein als untergeordneter Arbeiter am Fließband gestanden. 1950 wolltest Du den Meistertitel machen, um dann Ingenieur zu werden. Warum hast Du so schnell resigniert, als Deine Firma in Konkurs ging und Du arbeitslos wurdest? Warum hast Du nicht gekämpft? Du konntest doch so viel, hast wunderschöne Möbel gebaut, mir Spielzeug gemacht, warst so geschickt in allen handwerklichen Dingen und hast kleine Erfindungen gemacht. Statt dessen habt Ihr dann alles unternommen, daß Du aufgrund Deiner Kriegsverletzung als hundertprozentiger Behinderter anerkannt wirst, wo Du doch gar nicht wirklich behindert warst.

Ich hatte mir so sehr gewünscht, daß Du mehr aus Deinen Fähigkeiten gemacht hättest. Auch das hast Du mir vorgelebt: Lange Zeit traute ich es mir nicht zu, beruflich zu expandieren. Deine eigene nicht verwirklichte Weiterentwicklung hast Du an mich delegiert: »Du sollst es einmal besser haben als ich!«

Du warst lange Zeit unglücklich in Deiner Ehe, hast gestritten und geschwiegen. Du hast mir nicht vorgelebt, sich konstruktiv zu streiten, sich auseinanderzusetzen, sich wieder zu versöhnen. Warum bist Du einfach unglücklich geblieben?

Vielleicht ist Dir Deine Jugend brutal gestohlen worden. Mit knapp siebzehn Jahren bist Du zur Wehrmacht eingezogen worden, erst mit siebenundzwanzig Jahren war für Dich der Alptraum vorbei. Du warst als Soldat oft an vorderster Front, Deine Verwundung bewahrte Dich vor Stalingrad. Lieber Wilhelm, Du hast nie davon erzählt. Wie hast Du sie ausgehalten, die Todesangst, das Töten und Getötetwerden? Hast Du im Krieg gelernt, keine Gefühle zu zeigen? Warum hast Du nicht offen getrauert und darüber geweint, was Du erlebt hast und was man Dir angetan hat? Beim Rodeln mit mir hast Du Dir einmal den Fußknöchel gebrochen. Schweigend, mit zusammengebissenen Zähnen bist Du neben mir nach Hause gehumpelt. Ich hätte Hilfe holen können! Aber Du warst in Gedanken vielleicht noch im Krieg. Wilhelm, das alles macht mich so traurig.

Kurz vor Deinem Tod habe ich begonnen, mich Dir wieder zu nähern. Ich wollte an früher anknüpfen. Ich wollte Dich als Vater wiederhaben, eine gefühlvollere Beziehung zu Dir aufbauen. Wir kamen tatsächlich ein Stückchen voran. Ich war freundlicher zu Dir, Du freutest Dich mehr als früher, wenn wir uns sahen, wir telefonierten miteinander, wir trafen uns und versuchten, über uns ins Gespräch zu kommen.

In einem unserer letzten Gespräche meintest Du:

»Ich hatte mir immer vorgenommen, daß mein Sohn ein anderes Verhältnis zu mir haben sollte als ich zu meinem Vater. Du solltest alles mit mir besprechen können, ganz im Vertrauen. Aber irgendwie klappte das nicht.«

»Und warst du dann enttäuscht?« fragte ich.

»Ja, schon, aber was sollte ich machen?«

»Na, mal nachfragen, mich ansprechen, mit mir reden!«

»Ja, stimmt, ich habe dich nie gefragt.«

Bei diesem Gespräch wurde es mir sehr warm ums Herz, ich empfand es als Neubeginn unserer Freundschaft. Ich bin mir sicher, daß wir es hinbekommen hätten, daß wir alles hätten miteinander besprechen können. Jeder von uns wünschte es sich.

Daß so lange Zeit nur Sprachlosigkeit war, daran habe auch ich einen großen Anteil, auch ich habe sie hingenommen.

Mein größter Wunsch war, Dich wieder umarmen zu können, wieder in Körperkontakt zu treten. Als ich Dich tot daliegen sah, hinderten mich Schrecken und Angst daran, es zu tun.

Ich schließe Dich in Gedanken nun fest und ganz lange in meine Arme.

Ich muß weinen.

Dein Sohn Lutz.

Helmut Völker

Ich wurde 1951 geboren, letztes Kind nach
drei Schwestern, aufgewachsen jedoch nur mit
einer Schwester. Von Beruf bin ich Bibliothe-
kar. Mein Vater, mit vierzehn Jahren erblin-
det, starb 1959 mit vierundfünfzig Jahren. Er
war Musiklehrer, konnte aber nach dem
Zweiten Weltkrieg seinen Beruf nicht mehr
ausüben. Meine Mutter starb 1982 mit drei-
undsiebzig Jahren. Vor sechs Jahren schrieb
ich bereits einen solchen Brief an meinen Vater, voll wütender Gefühle meinen Eltern gegenüber. Erst bei meinem zweiten Versuch
kamen auch Mitgefühl, vor allem aber Trauer
über den unwiederbringlichen Verlust meines
Vaters auf.

Mein lieber Vater,

ich schreibe Dir, weil ich Sehnsucht nach Dir habe.
Ich lebe seit vierunddreißig Jahren ohne Dich. Acht
Jahre lebten wir zusammen, dann, eines Nachts,
lagst Du tot im Bett. Mutter hatte bei Deinem letzten
Asthma-Anfall nicht mehr helfen können oder wollen. Hättest Du doch Dein Leben und Deine Gesundheit mehr gepflegt! Deinetwegen, aber auch
meinetwegen. Ich habe Dich gebraucht.

Im Morgengrauen nach Deiner letzten Nacht
wurde ich in Deinen Sessel gesetzt: »Du bist jetzt

Muttis Mann! Du mußt ihr immer beistehen und darfst ihr nie Kummer machen!« Kannst Du Dir vorstellen, wie mir bei dieser Zeremonie zumute war? Nie hatte ich vorher in diesem Sessel sitzen dürfen, und ich begriff weder die Tragweite dieser Ansprache noch die des Todes. Von Himmel und Hölle hatten sie mir erzählt und die Realität vernebelt. Vom Jenseits haben sie gesprochen, von einem Wiedersehen dort, obwohl Du doch unwiederbringlich tot warst.

Du warst ein blinder und kranker Mann. Musikinstrumentenbauer hattest Du werden wollen, aber beim Metalle Putzen hattest Du einen Unfall und wurdest blind. Du wurdest Musiklehrer, Klavier und Geige. Ich wurde 1951 geboren, Du warst schon kraftlos und hast nicht mehr arbeiten können.

Die Erinnerungen an Dich sind spärlich. Ich erinnere mich an Deinen Geruch beim Gute-Nacht-Kuß. Zigaretten und Bier, ein herber Duft. Deine Abendstoppeln piekten mich. Aber Du hattest schöne und gepflegte Fingernägel.

Der Sessel und Du waren für mich eine Einheit. Dort bist Du den ganzen Tag gesessen, hast Dir vorlesen lassen. Ich spielte in der Fensterecke, ganz still, Plappern oder Klappern hätten gestört. Vater, ich weiß nicht, ob Du mich jemals auf dem Arm hattest. Warst Du jemals zärtlich zu mir, hast Du mich gestreichelt? Ich weiß es nicht mehr.

Noch gut weiß ich, wie Du schimpfen konntest. Zum Beispiel, als Du erfuhrst, daß meine Schwester schwanger war. Du hast ihren Freund schon auf der Straße empfangen, hast mit Deinem Blindenstock in der Luft herumgefuchtelt und ihn vor allen Leuten niedergemacht. Du warst nicht nur blind mit Deinen Augen. Meine Schwester mußte mit neunzehn Jahren aus- und in ein Heim für ledige Mütter einziehen. Mutter hast Du verboten, sie zu besuchen. Nicht meine Schwester – Du warst die Schande!

Deine älteste Tochter hast Du sexuell bedrängt, als sie sechzehn war. Sie lief von zu Hause fort und hinterließ einen Abschiedsbrief, als würde sie Selbstmord begehen. Was sie nicht tat. Aber für Dich wollte sie tot sein. Tot wie ihre kleine Schwester, die im Krieg ums Leben kam. Welche Spuren und Gefühle haben meine drei Schwestern in Deiner Seele hinterlassen? Ich habe darüber geweint.

In dem Jahr, in dem Du Renate aus dem Haus geworfen hast, stand ich, es war kurz nach Weihnachten, neben Dir am Fenster. Ich sollte Dir sagen, wenn Mutter über den Hof käme. Sie hatte durchsetzen können, Renate auf der Entbindungsstation zu besuchen. Sie hatte ein Mädchen geboren. So standen wir am Fenster, Dein Arm lag auf meiner Schulter, und Du sagtest zu mir: »Siehst du, nun sind wir beide ganz allein!« Dies ist der einzige Satz aus Deinem Mund, an den ich mich so richtig erinnern kann.

Ich hatte Dich in diesem resignativen Augenblick für mich allein, wir hatten etwas gemeinsam. Es wäre schön gewesen, hätten wir mehr solcher Augenblicke gehabt, und vor allem mehr lebenbejahende Erlebnisse. Ich bin sicher, daß zwischen uns Liebe möglich war. Aber Du bist davongegangen und hast mich mit den Frauen, zu denen Du selten gut warst, alleingelassen.

Meine Schwester hat den Vater ihrer ersten Tochter nicht geheiratet, sie haben sich getrennt, und Renate zog mit ihrem Kind zu uns. Sie wohnten in dem einen Zimmer, Mutter und ich in dem anderen. Jahrelang hatten sie unter Deiner Brutalität gelitten, jetzt ließen sie keine Gelegenheit aus, um Dich anzuklagen. Ihre Wut ließen sie an Deinem schönen, schwarzen Klavier aus. Die beiden haben es zersägt und verheizt. Da das Geld knapp war, hätte es doch verkauft werden können.

Aber auch ich gehörte zu Deiner Hinterlassenschaft. Jahrelang mußte ich mir anhören, was sie mit Dir durchgemacht hatten. Vieles erschüttert mich noch heute. Eine der schlimmen Geschichten war die folgende.

Im Januar 1951, einen Monat vor meiner Geburt, hattest Du wieder einmal zu viel getrunken, es kam zum Streit, und Du hast meine Mutter verprügelt, im achten Monat schwanger. Renate, zwölf Jahre alt, ging dazwischen, Mutter lag wimmernd in der Ofenecke. Was war los mit Dir? Und warum hatte Dich Mutter nicht längst verlassen? Wie konntest Du, ein blinder Mann, ihrer immer wieder habhaft werden und sie mißhandeln? Zwischen Euch war keine Liebe. Und als Du tot warst, war es für sie nicht schwer, das allerschlechteste Bild von Dir zu zeichnen. Großmutter und die Tanten stimmten ein. Du wurdest zum Feindbild schlechthin. Dazwischen dann ich, ein kleiner Junge, aber doch schon »Muttis Mann«. Dein Sündenregister reichte von den abgezählten Kaffeebohnen bis zu Deinen Liebesaffären. Ich konnte Dich nicht mehr fragen, wie Du wirklich warst, Dir nicht mehr erzählen, was das alles für Folgen für mich hatte.

Bot sich mir einmal eine Gelegenheit, nein zu sagen, wurde ich schnell mit der Bemerkung gebremst: »Werde bloß nicht wie dein Vater!« Ich hatte keine Chance, meinen eigenen Willen zu entwickeln. Ich hatte Angst, Dir ähnlich zu sein, und wollte so werden, wie die Frauen mich wollten. Es war kein Platz in mir für Liebesgefühle Dir gegenüber, weshalb ich auch keine Trauer über Deinen Tod empfand. Ich haderte mit meinem Schicksal, ein Junge zu sein. Denn wäre ich ein Mädchen gewesen, hätte es keine Ähnlichkeit mit Dir geben können. Ich spielte sogar mit dem Gedanken, mir den Penis abzuschneiden.

Ich bin damals oft vor dieser unerträglichen Wirklichkeit in so manche Phantasien geflüchtet. Eine Zeitlang hielt ich mich größenwahnsinnig für Gottes Sohn, der das alles nur durchmachen mußte, um schließlich die Menschheit von den Männern zu erlösen. Noch prägender war meine Wunschvorstellung, zu einer Frau, nicht zu einem Mann heranzuwachsen. Diese ganze Verwirrung wurde noch komplett dadurch, daß ich als »Muttis kleiner Mann« immer wieder Anerkennung fand. Was für ein kleiner Kavalier ich doch war! Ich reichte Mutter zwar kaum bis zur Schulter, aber half ihr in den Mantel. Ich machte bald alles, was sie wollte. Ich hörte ihr zu und half ihr, wo ich konnte. Ich las ihr die Wünsche von den Lippen ab, selbst hatte ich keine, ich war immer für sie da, schwänzte die Schule, was sie mit Entschuldigungszetteln legalisierte. Stattdessen ging ich Zeitungenaustragen, mit dem Stolz des Zehnjährigen, der eine Arbeit gut macht und Geld verdient.

Du hast mich mit Mutter und ihrer Wut über Dich vaterseelen alleingelassen. Manchmal machte sie sich mit mir einen schönen Abend, trank Wein mit mir, und ich schlief schlecht neben ihr auf der Klapp-couch. Diffuse Erinnerungen, wie ich aus dem Schlaf aufschreckte, wie erdrückt von ihrer heißen, ver-schwitzten Körpermasse und in die Wand hätte ver-schwinden wollen. Wenn Du doch bei mir gewesen wärst!

Ich habe keine Illusionen darüber, wie wir zusam-men gelebt haben. Wir haben kaum miteinander ge-sprochen, obwohl Du den ganzen Tag zu Hause warst. Das wäre nicht anders geworden, hättest Du länger gelebt. Dennoch spürte ich den Wunsch nach Zuwendung von Dir, nach Gespräch, nach Gebor-genheit in Deinen Armen. Nach Trost für meine Tränen, nach Hilfe von Dir, wenn mich meine Äng-ste zu überwältigen drohten.

Doch Du warst nicht da, in meinem Kopf liefen Gespräche mit Phantasievätern ab. Reale Männer nahm ich nur als Wesen wahr, vor denen man sich in acht nehmen muß. Ich hielt Distanz zu ihnen, um die Angst nicht spüren zu müssen, daß ich unaufhaltsam selbst ein Mann wurde. So scheute ich die Nähe von Männern, lernte nicht, mit anderen Männern in Ver-bindung zu treten. Ich war vom Wohlwollen der mich umgebenden Frauen abhängig, ohne ganz zu ihnen zu gehören. Mein Körper war mir im Weg. Ich habe meine soziale, psychische und körperliche Ent-wicklung zum Mann als ein Leiden, als einen Schick-salsschlag erlebt.

Ich empfand Erektionen als eine Strafe, sah keinen Sinn darin. Als ich von meinem ersten Samenerguß überrascht wurde, glaubte ich, sterben zu müssen. Wärst Du ein Vater gewesen, den ich hätte fragen können? Der mir vermittelt hätte, was Lust ist?

Warst Du ein lustvoller Mann? Für meine Schwestern und für Mutter warst Du nur »typisch Mann«, ein terrorisierender Egoist.

Ich bin sicher, daß Du auch all die anderen Gefühle hattest, die ein Mensch, ein Mann hat. Du warst blind, Du mußt Trauer darüber empfunden haben. Bestimmt warst Du auch einsam und hast Sehnsucht nach Liebe gehabt. Möglicherweise hast Du selbst unter Deiner Gewalttätigkeit gelitten. Und selbstverständlich hast Du auch Angst gehabt, auch vor Deinem Tod.

Ich habe sehr spät Freunde gefunden, aber es war nicht zu spät. Ich treffe sie regelmäßig. Sie haben mir geholfen, die Verwirrung meiner Kindheit und Jugend aufzulösen. Ich bin durch sie glücklich geworden und heute gerne ein Mann. Was hast Du von Psychologie gehalten? Ich bin überzeugt davon, daß Dir eine Therapie in einer Männergruppe geholfen hätte. Du hättest länger gelebt und wärst, wie ich, glücksfähiger geworden. Wir hätten so auch mehr Nähe zueinander gefunden, wir hätten mehr miteinander gesprochen, und Du hättest mir gesagt, daß Du mich lieb hast, worauf ich stolz gewesen wäre.

Die Erinnerung an Deine Berührung am Fenster ist mir sehr kostbar. Das war Zugehörigkeit zu Dir. Du wolltest mich bei Dir haben. Ich wäre gern noch oft bei Dir gewesen. Hätten wir mehr Zeit gehabt, wäre ich in Deiner letzten Stunde bei Dir gewesen, hätte Dich im Arm gehalten und Dir gesagt, ich liebe Dich,

Dein Sohn Helmut.

Conrad Arnsthoff

Ich bin 1957 geboren, jüngster von drei Söhnen und ledig. Auf dem zweiten Bildungsweg machte ich das Abitur nach, studierte und bin heute wissenschaftlicher Mitarbeiter und Doktorand im Fachbereich Erziehungswissenschaften. Meine Eltern leben beide noch, unser Kontakt ist freundlich und distanziert.

Lieber Vater!

Ich schreibe Dir mit der Anrede »Lieber Vater«. Ich kann dies nur mit großem Abstand tun, in räumlicher und zeitlicher Distanz zu unserer letzten Begegnung. Ich brauche den Abstand, um klarer zu sehen. Vielleicht verkläre ich Dich aber dennoch – in der Hoffnung des kleinen Jungen, doch noch Anerkennung zu erlangen.

Die Anrede »Lieber Vater« ist für mich keine übliche Floskel. Nicht immer habe ich einen Brief an Dich so beginnen können. Ich bin jetzt fünfunddreißig, erwachsen also.

Ich beginne 1977. Damals, ich war noch nicht zwanzig, beschloß ich zu kündigen. Ich war Facharbeiter und wollte Berufsschullehrer werden. Das Abitur nachmachen, an der Universität studieren, das war ein gigantisches Projekt, das über zehn Jahre Arbeit bedeuten sollte. Es bedeutete aber auch Aussteigen. Aussteigen aus einem vorgezeichneten Lebensweg: Facharbeiter, heiraten, Kinder, ein Haus bauen, geregelter dörflicher Alltag. Es bedeutete: Die geordnete Bahn verlassen und einen Weg ins Ungewisse wählen. Und es bedeutete, Dir und Deiner Frau, aber auch mir zu beweisen, daß ich den von Dir zugewiesenen Familienplatz verlassen kann. Ich war für Dich immer der kleine Dumme, ich war der Jüngste, eine einfache Rollenzuweisung.

Keine Angst, Vater, ich schreibe nicht im Zorn. Ich möchte Dir nur von mir erzählen. Vielleicht wird ein Gespräch daraus, das wir in dieser Form nie hatten.

Als ich Dir 1977 meinen Beschluß mitteilte, sagtest Du, ich könne machen, was ich wolle, aber solle nie zu Dir kommen und Dich um Geld bitten. Dabei legtest Du den Arm um die Schultern Deines neunzehnjährigen Sohnes. Wir waren allein in der Küche, draußen schien die Sonne, ich weiß es noch, als sei es gestern gewesen. Du hattest Dir die Antwort wohl reiflich überlegt. Es war eine der wenigen solcher Begegnungen, die wir je hatten.

Ich war verwirrt, versuchte zu lächeln, ich hatte erwartet, daß Du wenigstens sagst, daß ich zu Dir kommen könne, wenn alle Stricke reißen. Ein solches Hilfsangebot hätte mir sehr gut getan. Ich war verwirrt über Deine deutliche Distanzierung. Erst viele Jahre später habe ich den Schmerz über diese Zurückweisung zulassen können.

Ich habe dann immer in den Ferien gearbeitet, anfangs auch an einzelnen freien Tagen in der Woche. Ich lebte sehr sparsam, Freunden erschien das als Geiz. Ich fand es in Ordnung, das notwendige Geld selbst zu verdienen.

Auch empfand ich Deine Reaktion, ich könne tun, was ich wolle, als Ausdruck Deines Desinteresses. Klar, Du hast mir damit auch bedeutet, daß Du mich gehen läßt. Aber mir erschien es als Desinteresse, auch weil Du mir jeden finanziellen Rückhalt verweigertest. War es Dir wirklich egal, was aus Deinem jüngsten Sohn wird? Ich hätte mir damals ein beratendes, väterliches Gespräch gewünscht. Vielleicht war die Atmosphäre schon zu sehr vergiftet. Für mich war Deine Reaktion eine Kampfansage, vielleicht nur der Auftakt zu einer neuen Runde in einem schon seit Jahren bestehenden Kampf.

Nach Aussage meiner Mutter soll ich mit drei Jahren gesagt haben: »Wir haben den letzten Papa.« Ich erinnere mich noch an den Anlaß, ich war dreieinhalb Jahre alt, es muß 1961 gewesen sein, es war der 1. Mai. Wir wollten zu einer kleinen Radtour aufbrechen und warteten auf Dich. Ich fuhr mit meinem Dreirad aufgeregt auf dem Hof hin und her. Du kamst nicht! Mutter wußte schon Bescheid. Du hattest Wichtigeres zu tun. Nach Stunden kamst Du, angetrunken, mit weitausladenden Schritten daher. Du hattest das für mich so wichtige Ereignis total vergessen. Das war damals eine große Enttäuschung. Sie ist für mich Sinnbild unserer weiteren Beziehung. Es hat lange gedauert und vieler Erlebnisse und Demütigungen bedurft, bis ich es schließlich glauben mußte.

Erinnerst Du Dich an unseren »Wettlauf«? Sicherlich nicht! Du hattest Feierabend, es war ein milder Sommerabend, wir spazierten auf der Straße vor unserem Haus. Lange bettelte ich um einen Wettlauf mit Dir. Du sagtest nein, wolltest nicht. Dann bist

Du aber ein paar Schritte vorausgegangen – und losgelaufen. Es fiel Dir mit den Pantoffeln schwer, aber ich konnte Dich auf der kurzen Strecke wegen Deines Vorsprungs nicht einholen. Danach hast Du Dich über mich lustig gemacht. Du seist schließlich schneller als ich. Du hast mich reingelegt. Wieso hattest Du das nötig?

Du hast mich oft geschlagen. Deine Schläge waren härter als die von Mutter. Noch in der Erinnerung daran entstehen bei mir Haßgefühle. Als Kind hatte ich oft Angst, in Konflikten mit Dir von Dir vernichtet zu werden.

Als 1968 die Garage gebaut wurde, hörte ich den Maurer sich mit Dir über seine Kinder unterhalten. Sie würden sich immer so freuen, wenn er nach Hause käme. Er selbst hätte in seiner Kindheit immer Angst vor seinem Vater gehabt und sich versteckt, wenn er nach Hause kam. Du hast verdutzt geschaut und irgendwas gemurmelt. Ich habe mich zwar nicht vor Dir versteckt, aber gefreut habe ich mich auch nicht, wenn Du heimkamst.

Du kamst von der Arbeit, wir saßen am Küchentisch, es gab Kaffee, Du gießt Dir nach, der Deckel rutscht von der Kanne, und mit wütendem Schimpfen über die Kannenkonstruktion haust Du den Deckel kaputt. Ich erstarrte vor Schreck. Ungeduldig und wütend warst Du auch, als mir bei einer Schönschreibübung zum erstenmal auf Papier und nicht auf der Schiefertafel ein Buchstabe nicht gelingen wollte. Du hast mir den Stift aus der Hand genommen und den Buchstaben selber gemalt.

An einem Sonntag, ich war wohl sechzehn, kam Dein Bruder zu Besuch. Ich war gerade mal ein Meter sechzig groß, die Stimme noch glockenhell und in Bezug auf meine Männlichkeit in tiefer Verunsicherung. Der Onkel sagte zu mir: »Na, Conrad, wann wirst du denn ein Mann?« Die Frage war mir nicht nur peinlich, sondern sprach mein heikelstes Thema an. Du hast die peinliche Stille durchbrochen: »Der wird nie ein Mann, höchstens ein Gummimann.« Du warst unsensibel, trampelig, aggressiv, demütigend. Das fiel sogar dem Besuch auf. Mich hat es tief verletzt.

Ich habe Dich bald immer mehr links liegen gelassen. Ich habe Dich »übersehen«, nicht auf Dich geachtet. Aber Du hast es mir auch leicht gemacht. Nach der Arbeit hast Du Dich aufs Sofa zum Schlafen gelegt. Dort hast Du Samstagnachmittage, Sonntagnachmittage, ganze Urlaube verbracht. Zum Glück hatte ich zwei ältere Brüder, also männliche Vorbilder, sonst wäre ich wahrscheinlich emotional verhungert. Vom Sofa aus kamen jede Menge Sprüche von Dir: »Der Boß hier bin ich« und vieles mehr. Ich habe mich nicht darum gekümmert, obwohl es Dir ernst war.

Als ich achtundzwanzig war und schon lange in Berlin lebte, kam ich für ein paar Tage nach Hause. Ich hatte mir vorgenommen, Dich ernst zu nehmen, nicht mehr an Dir vorbeizuschauen. Ich saß lesend im Wohnzimmer, als Mutter hereinkam und mich beschwor, die Deckenlampe auszuschalten. »Du weißt doch, wie Vater ist.« Es war aber mit der Tischlampe zu dunkel zum Lesen, also ließ ich die Deckenlampe an. Als Du kamst, hast Du ungeduldig und ärgerlich das Deckenlicht gelöscht und nicht beachtet, was ich sagte. Irgendwann standen wir uns am Lichtschalter gegenüber: Du knipstest aus – ich knipste an – aus – an – aus. Dein Gesicht nahm die Züge an, die ich kannte, wenn Du daran warst, mich als Kind zu verhauen. Ich blickte Dich an und signalisierte: Na, komm schon! Plötzlich bist Du, über die hohen Stromkosten fluchend, davon. Mir schien, Du hattest Angst. Ich bin Dir nach mit zwei Mark, die ich Dir in die Hand gedrückt habe. Noch die nächsten Tage hatte ich das Gefühl, daß Du Angst vor mir hattest. Aber ich muß Dir sagen, Vater: Es kann nur ein kleiner Hauch der Angst gewesen sein, die ich als Kind vor Dir hatte.

Mittlerweile rühmst Du Dich meiner Erfolge. Ich habe sie aber nicht dank Deiner Förderung, sondern trotz Deines Verhaltens erreicht. Damit Du einen Eindruck bekommst, möchte ich Dir eine Tagebucheintragung aus meiner Prüfungszeit aufschreiben:

»…erste Examensprüfung. Die Stimmen meiner Kindheit sind sehr stark in mir. Sie wollen mich erdrücken, mich klein machen, wollen mich nicht wachsen lassen. Ständig, Tag für Tag, Stunde um Stunde, Minute um Minute kämpfe ich gegen diese Stimmen an, beweise ich ihnen das Gegenteil. Ich kämpfe gegen die Beurteilung meines Vaters, schleudere ihm seine Worte zurück, bezichtige ihn der Kleinheit, die er mir nachzuweisen versuchte. Es ist sehr anstrengend, ich bin müde, ich bin traurig. Die Stimme meines Vaters ist hart, unnachgiebig, kränkend, unsolidarisch, sie will mich vernichten. Und ich denke, empfinde, schreie: Mich wirst du nicht vernichten! Du nicht! Eher ich dich!

Mein Vater ist ein einsamer, schwacher, von der Mutter abhängiger Mann. Er weiß nicht, was er mit mir gemacht hat. Bin ich milde mit ihm, kann ich milde mit mir sein. Liebe ich die guten Seiten an ihm, kann ich zarter, bewußter mit mir umgehen.«

Während der Prüfungszeit war alles besonders schlimm. Sicherlich hast Du auch Deine guten Seiten. Du kannst sehr großzügig sein, und auf Dein Wort ist Verlaß. Einmal hast Du mich vor Mutter, die mich schlug, in Schutz genommen.

Ich war ungefähr siebzehn Jahre alt. Es war morgens gegen halb fünf, ich klingelte an der Haustür, völlig betrunken. Als Mutter öffnete, fiel ich in den Hausflur, kroch dann auf allen vieren die Treppe hoch. Es löste sich eine der Eisenstangen, die den Teppich auf der Treppe halten. Oben angekommen, stand Mutter mit der Stange in der Hand vor mir und schlug zu. Ausgelacht habe ich sie, war aber zu betrunken, um mich zu wehren. Den Schmerz spürte ich kaum. Sie war so wütend, daß sie wahrscheinlich weitergeschlagen hätte, bis ihr die Kräfte ausgegangen wären. Plötzlich bist Du dagestanden und hast Mutter angebrüllt, sie solle aufhören. Verdutzt hörte sie auf. Du hast dann noch nach mir gesehen, in Sorge, ob ich vielleicht eine Alkoholvergiftung hätte. Ich war Dir damals sehr dankbar dafür.

Ich wünsche Dir alles Gute,
    Conrad.

Lutz Zumkeller

Ich bin einundvierzig Jahre alt, von Beruf
Sozialarbeiter und Diplom-Pädagoge und arbeite im Sozialpädagogischen Dienst. Ich bin
ledig, seit fünf Jahren in fester Partnerschaft,
wir leben aber bewußt nicht zusammen. Ehe
ich einundzwanzig war, also vor der Volljäh-
rigkeit, zog ich nach einem der vielen Konflikte von zu Hause aus. Viele Jahre hatte ich
einen nicht sehr nahen Kontakt zu den Eltern
und zu meinem Bruder. Den ersten Brief an
meinen Vater schrieb ich schon 1991. Dieser
ist ein weiterer Versuch. Ich hatte Angst, daß
ich ihn verletze, wollte meinem alten und
kranken Vater, für den es schon immer unge-
wohnt war zu sprechen, nicht zu viel zumuten.

Lieber Vater,

im November wirst Du Deinen 80. Geburtstag feiern, ich werde Dich und Mutter besuchen. Wir werden wieder zusammen sein, und ich spüre meine bei
jeder Begegnung neu aufkommende Sehnsucht, mit
Dir ins Gespräch zu kommen. Wir haben heute die
Möglichkeit, einander unsere Gedanken, unsere früheren Hoffnungen, unsere Ängste und Gefühle mitzuteilen, doch es fällt sowohl Dir als auch mir
schwer, aus unserer Sprachlosigkeit herauszutreten.

Ich bin traurig darüber und sehne mich nach Deiner Nähe und Geborgenheit, danach, von Dir aufgenommen zu werden in Gesprächen, die wir während meiner Kindheit nicht hatten.

Vor zwei Jahren habe ich begonnen, Dich nach meiner Kindheit und Deiner Beziehung zu mir zu fragen. Du hast fast keine Erinnerung mehr daran. Ich habe Dir davon erzählt, wie ich manchmal samstags zu Dir ins Bett gekrochen bin, wie ich Deine schwarzen Haare auf der Brust bewundert habe, wie ich Deine Körperwärme gespürt und wie wohl ich mich dabei gefühlt habe: zwei Männer.

Ich habe Dir erzählt, wie wir einmal spät abends mit dem Auto nach Hause kamen und Du mich nach oben getragen, auf den Küchentisch gestellt hast, während Mutter mir den Schlafanzug angezogen hat. Ich hatte meine kleinen Arme um Dich gelegt, es war ein sehr schönes, intensives Gefühl.

Du hast Dich an einen gemeinsamen Besuch im Museum für Volk und Wirtschaft erinnert, zu dem Du mich eingeladen hattest in der Hoffnung, daß ich dadurch eine klarere Vorstellung über meine berufliche Zukunft gewinnen würde. Ich erinnere mich an die Schautafeln und wie Du mir alles erklärt hast. Als Du davon erzähltest, stieg Freude in mir auf über die Gemeinsamkeit, die da zwischen uns war.

Mich erschüttert aber, wie wenig Du meine Freude über solche Gemeinsamkeiten teilst, wie wenig Du sie begreifst. Ist meine Suche nach Dir so ganz einseitig? Kennst Du mich, hast Du einen zweiten Sohn? Es schmerzt mich, wenn ich Dich treffe, Dich umarme und Du mich mit dem Namen meines Bruders ansprichst. Wie nahe bin ich Dir? Siehst Du

Deinen zweiten Sohn überhaupt? Und ich erinnere mich, daß Du mich auch früher oft mit meinem Bruder verwechselt hast.

Du warst für mich meist weit fort, nicht zu Hause, Du hast am anderen Ende der Stadt gearbeitet. Es war für mich eine rätselhafte Tätigkeit, im Klassenbuch trug der Lehrer ein: »Kaufmännischer Angestellter«, wie es mir Mutter gesagt hatte. Ich hatte keinerlei Vorstellung, was das war, ein »Kaufmännischer Angestellter«. Was machtest Du? Du hast es mir nie erklärt. Du hattest keine spezielle Berufskleidung, Du gingst morgens früh weg, wenn ich gerade aufstand, und kamst abends wieder.

Dann zogst Du Dich ins Wohnzimmer zurück, ins gute Zimmer, das nur sonntags von der ganzen Familie benutzt wurde. Vielleicht warst Du erschöpft, hattest Sorgen in der Arbeit, wolltest nur die Zeitung lesen. Ich sollte auf jeden Fall nicht stören, es war das Ruhezimmer. Ich habe Dich weder mit Freude noch mit Kummer nach Hause kommen sehen. Du hast kaum über Dich gesprochen. Deine Sphäre, in der Du Dich tagsüber bewegtest, war für mich ein Geheimnis.

Wie habt Ihr Euch, Du und Mutter, gefühlt? Selten habe ich Euch beisammen gesehen, Euch drückend, miteinander scherzend, ausgelassen miteinander. Hast Du Deine Frau oft in den Arm genommen? Morgens gab es ein Ritual: Mutter bettelte um »noch ein Küßchen«, Du gabst es ihr. Eine irgendwie heitere, lustige, erotische Atmosphäre habe ich zwischen Euch nie erlebt. Bis lange in mein Jugendalter hinein war ich immer beschämt, wenn sich zwei Menschen küßten.

Körperlichkeit, Erotik und Sexualität wurden in unserer Familie nicht angesprochen und erst recht nicht gezeigt. »Es kann nicht sein, was nicht sein darf« – so sprachlos bin ich aufgewachsen. Ich habe dieses Tabu verinnerlicht. Über den Unterschied zwischen einem Jungen/einem Mann und einem Mädchen/einer Frau hast Du nie mit mir gesprochen. Ich habe mich nicht getraut zu fragen. Ich wußte nichts und konnte nicht einschätzen, wie Du bei solchen Fragen reagieren würdest. Ich schwieg aus Angst, verdrängte meine Unsicherheit und zeigte meine kindliche Neugier nicht mehr offen.

Gesprochen haben wir auch später nicht miteinander, nicht in meiner Pubertät, nicht über meine Selbstbefriedigung und mein schlechtes Gewissen dabei (»schlechte Gedanken« sind das, lernte ich im Religionsunterricht). Ich hatte große Angst, entdeckt zu werden, lag auf der Lauer in meinem Zimmer hinter der Küche, ob einer von Euch plötzlich ins Zimmer käme. Alles war heimlich, auch die Übernachtung meiner Freundin, während Ihr am Wochenende auf dem Campingplatz wart.

In dieser Zeit wurde die Entfernung zwischen uns immer größer. Du erfuhrst nichts mehr von mir, wir schwiegen uns an, verloren unsere Sprache. Ich war traurig und wütend. Und ich haßte Euch, weil Ihr mich nicht ausziehen lassen wolltet.

Du sagst mir, Du hättest unseren fehlenden Austausch damals bemerkt, es sei aber nicht bedrückend für Dich gewesen. Das kann ich nicht verstehen. Hast Du Dich wirklich wohl gefühlt in diesem Klima? Ich habe mir damals oft gewünscht, mit Dir darüber zu sprechen, auch über meine Unsicherheiten, was ich nach der Schule machen sollte, über meine Ängste vor Eignungsprüfungen und Bewerbungen, über meine Unkenntnisse in Empfängnisverhütung, über meine Ängste, auf Mädchen zuzugehen.

Sehr spät ist mir auch die Angst bewußt geworden, die ich vor Dir hatte, wenn Mutter mit Dir drohte und Du mich abends zur Rede stelltest, den Rohrstock vom Küchenschrank holtest und mich schlugst. Du warst groß und stark und plötzlich laut – sonst hast Du nie Deine Stimme erhoben. Ich habe geweint und versprochen, »wieder lieb« zu sein und es »nie wieder zu tun«. Du hast dennoch zugeschlagen und gesagt: »Wer nicht hören will, muß fühlen.« Du hast mich nicht gefragt, was los war, sondern nur, ob stimmte, was Mutter sagte.

Nach solchen Schlägen habe ich mich voll Schmerz und Wut zurückgezogen. Wir haben dann nie mehr darüber gesprochen. Meine Wut habe ich an meinem Teddybären ausgelassen. Du hast mich mit Deinen Strafen sehr verletzt. Heute sagst Du, daß Du Dich weder an den Stock noch an die Schläge, noch an mein Weinen erinnern kannst. Das macht mich sehr betroffen, denn wie können wir uns einander nähern, wenn der Zugang zur Erinnerung bei Dir versperrt ist.

Ich möchte Dir näher kommen, den Zugang zu Dir finden. Du hast gesagt, daß es Dir früher schwer fiel, Worte zu finden, wenn Du gerührt warst, nun sei es Dir durch die Parkinson-Krankheit noch schwerer geworden, Dich mitzuteilen.

Wir müssen uns Zeit dafür nehmen, ich habe keine Eile. Ich möchte von Dir erfahren, wie Du unser Zuhause erlebt hast, wie Du Dein Leben gestalten wolltest, welche Hoffnungen, Wünsche und vielleicht auch Ängste Du mit mir verbandest, wie Du mich heute siehst und was Du Dir von mir wünschst.

Ich habe noch viele Fragen an Dich. Ich will Dir nicht nur schreiben, sondern mit Dir darüber sprechen. Da Dich das Schreiben sehr anstrengt, solltest Du mich anrufen. Du hast das sogar schon ein paar Mal getan. Das hat mir sehr gefallen, leider hast Du es in den letzten Monaten nicht wiederholt. Ich wünsche mir, daß dieser Brief dazu beiträgt, unser Gespräch fortzusetzen.

Ich hoffe, von Dir zu hören, und sende Dir liebe Grüße,

Dein Sohn Lutz.

J.-Martin Hecker

Ich bin Student, neunundzwanzig Jahre alt, ledig und habe zwei Kinder, von denen ich getrennt lebe. Ich bin in einer Angestellten-familie aufgewachsen, die Mutter Kranken-schwester, der Vater nach einer abgebroche-nen Schlosserlehre Erzieher. Ich habe einen Bruder, ein Jahr älter, und eine zwei Jahre jüngere Schwester. Nach seiner Trennung von meiner Mutter hatte ich lange gar keinen Kontakt zu meinem Vater. Verschiedene Ver-suche, ihm wieder näher zu kommen, stießen bei ihm auf kein großes Interesse.

Vater,

ich würde Dich wesentlich lieber mit »Lieber Jo-chen« anreden. Doch eine so persönliche Anrede scheint mir nicht opportun zu sein, auch hätte sie heute nicht die sehnsüchtige Bedeutung, die sie frü-her gehabt hätte. Für mich ist es schwierig, Dich als Erwachsenen und als Mann zu sehen und in Dir die Art Autorität zu erblicken, die dem Älteren traditio-nell zugeschrieben wird. Du hast etwas unglaublich Verstecktes für mich, scheinst ein unheilvolles und ängstigendes Etwas zu sein – eben der Vater.

Warum das so für mich ist und warum ich Dir dies mitteilen möchte, bevor Du stirbst, davon soll dieser Brief handeln. Ich erwarte von Dir, daß Du die Geduld und Aufmerksamkeit dafür hast, die ich immer vermißte, wenn Du mich »erzogen« hast.

Ich werde lange dazu brauchen, Dir diesen Brief zu schreiben, Dir zu beschreiben, was ich Dir gegenüber fühle, auszusprechen, was ich Dir sagen muß. Es fällt mir schwer, die Angst vor Dir und mein Bedürfnis, Dich zu besänftigen und für Harmonie zu sorgen, wegzupacken, um frei von Dir mich zu entdecken, mich zu erleben und meine gedeckelten Gefühle Dir gegenüber herauszulassen und sie dorthin zu bringen, wohin sie gehören – zu Dir!

Wo soll ich beginnen? Bei den Einschränkungen, den Ängstigungen, der Gewalt? Oder wäre es besser, bei dem Gefühl der Leere zu beginnen, die Deine Abwesenheit in den Zeiten meiner Not hinterlassen hat? Soll ich mit den leider so wenigen Momenten Deiner Fürsorge und Liebe beginnen? Oder einfach von vorne?

Ich erinnere mich daran, als ich Dir mitteilte, daß meine Freundin ein Kind bekommt, noch dazu einen Sohn. Ich hatte gehofft, daß Du Dich freust und mich beruhigst. Denn ich brauchte Hilfe, es war doch das erste Kind. Mein Kind. Ich war überfordert, wußte nicht, wie damit umgehen, wie der Angst vor der Verantwortung begegnen. Und ich wollte vor allem ein guter Vater sein.

Deine Reaktion war: »Du bist völlig verrückt!« Wie mit einer Planierraupe hast Du mich überfahren. Ich ging damals mit dem bitteren Geschmack weg, es besser als Du machen zu müssen, aber es nicht zu können, nicht zu wissen, wie das geht.

Ich hatte immer, wenn ich von Dir wegging, das Gefühl des Scheiterns. Freiheit war für mich immer

Befreiung von Dir. Ich hätte Dir in solchen Situationen deutlicher sagen müssen, daß Du das Zartgefühl eines Schlagbohrers hast. In meiner Hilflosigkeit hätte ich am liebsten auf Dich eingeschlagen oder mich anderweitig körperlich abreagiert. Ich fühlte mich hilflos, gelähmt und außerdem entsetzlich allein.

Ich kam Dir damals auf die Spur, Deine Ablehnung und offensichtliche Überforderung zeigte mir plötzlich, was ich all die Jahre vermißt hatte: die starke und weise väterliche Zuneigung, die kräftige, geduldige und gefühlvolle Führung, die mir eine expansive, kooperative und verantwortungsvolle Haltung dem Leben gegenüber ermöglicht hätte. Stattdessen sah ich einen schwachen, abwehrenden und brutalen alten Mann, was mich zum wiederholten Mal darin bestärkte, nie wie mein Alter werden zu wollen.

Auseinandersetzungen sind mit Dir nie möglich gewesen. Du hast Dich meistens entzogen. Inzwischen bist Du krank und gebrechlich, da ist es natürlich erst recht nicht anders. Ich weiß bis heute nicht, wer Du bist – inzwischen ist es mir auch egal. Aber ich weiß heute besser, wie ich Dich sehe. Das will ich Dir sagen.

Oft mußte ich mich selbst vergessen, konnte mich nicht auf meine Gefühle verlassen, weil nur Deine Sicht der Realität zählte. Ich gehe zu Dir wegen irgend etwas, rede mit Dir und weiß hinterher nicht mehr, was ich wollte. Du widersprichst sowieso, bestimmst, wie die Welt ist, und sprichst von etwas, das Dir wichtig ist, und ich bleibe wieder auf der Strecke. Heute lasse ich mich darauf nicht mehr ein. Entweder hörst Du mir zu, oder ich gehe. Ich brauche Dich nicht, ich bin Dir zu nichts verpflichtet.

Als ich noch sehr klein war, hast Du Dich viel um uns Kinder gekümmert – sagt Mutter. Ich kann mich nicht mehr daran erinnern. Es gibt einige wenige Fotos, auf denen wir zusammen zu sehen sind. Meistens bist Du aber nicht mit drauf, Du stehst hinter der Kamera. Es muß immer ein Nebeneinander gewesen sein. Ich weiß nicht, was Mutter meint, wenn sie sagt, Du hättest Dich viel um uns gekümmert. Welche Berührungspunkte hatten wir?

Ich wünschte mir Nähe, ich hätte gerne länger auf Deinem Schoß gesessen. Hier muß aber irgendwann ein Bruch gewesen sein, denn heute kann ich mir es nur mit Widerwillen vorstellen, dort gesessen und womöglich mit Dir geschmust zu haben. Die Vorstellung ist mir heute unangenehm. Du hast nämlich penetrant nach Tabak und Alkohol gerochen.

Es fällt mir schwer, mir Umarmungen von Dir vorzustellen, da Du immer Angst vorm Schwulsein hattest und dagegen warst, daß Jungen und Männer sich anfassen. Aber ich erinnere mich, daß ich mir gewünscht hatte, von Dir umarmt zu werden. Auch, daß Du mir sagst, daß Du mich liebst. Hast Du Dir nie mal ein paar zarte und liebevolle Worte von Deinem Vater gewünscht?

Du warst von Beruf Erzieher, warst sogar ein Liebhaber sogenannter aufgeklärter Pädagogen. Deine Vorstellung war es, daß wir bis zum vierten oder fünften Lebensjahr der Obhut und Liebe der Mutter überlassen sein sollten. Danach wolltest dann Du uns ins wirkliche Leben einweisen. Du hast an soziale Gerechtigkeit geglaubt und Dich an Rousseau, Makarenko und anderen orientiert. Ich fand Dich aber ziemlich daneben. Im Umgang zum Beispiel mit den Nachbarn erlebte ich Dich zurückhaltend, defensiv und nicht besonders kompetent. Christian und ich hatten oft Probleme mit den Nachbarskindern, wir sind nicht selten verprügelt und gequält worden. Du hast uns im Stich gelassen, uns nicht den Schutz, den wir uns von Dir gewünscht haben, gegeben. Ohne Unterstützung zog ich dann gewöhnlich die Flucht vor.

Du warst mutlos und machtlos im Privaten, im Sozialen dagegen voll Kraft, Mut und Entschlossenheit. Uns hast Du allein gelassen, aber Dich jeder Menge politischer Arbeit gewidmet. Dafür hattest Du Zeit, und es brachte Dir Anerkennung, Liebe und Bewunderung ein. So mußtest Du Dich nicht mit uns und nicht mit Deiner Frau abgeben. Deine Beziehung zu Lydia war sicher ein Grund, warum Du ein abwesender Vater warst. Doch auch nach der Trennung hast Du die Beziehung zu uns Kindern nicht gesucht.

Ich war ein kleiner und zarter Junge, den man oft für ein Mädchen gehalten hat. Ich war sehr ängstlich, schüchtern und schwach. Das hast Du nie wahrgenommen, mich sogar noch obendrein gequält. Als ich neun Jahre alt war, hatte ich mir zum Beispiel einen Kassettenrekorder gewünscht, ich hatte ihn selbst ausgesucht und zum großen Teil sogar selbst bezahlt. Als ich ihn dann überreicht bekam, freute ich mich sehr – und Du hast nur abschätzig gesagt: »Seht mal, wie der strahlt.« Unvergeßlich, weil Du das Ganze auch noch auf einem Foto festgehalten hast.

Es gibt viele Geschichten dieser Art, wie Du mich

nur mit ironischen Kommentaren versorgt hast. Du nutztest Deine Macht und hast mich nie genau Deine Standpunkte wissen lassen. Du hast mich in die Irre geführt, ich war immer unsicher, was gerade los war, welches Gefühl Du hattest, in welcher Stimmung Du warst. Ich mußte immer alle Möglichkeiten einkalkulieren, so daß ich ein Meister geworden bin im Erdenken aller denkbaren Möglichkeiten, Richtungen, Spielarten, Kombinationen. Ohne Orientierung in einem Dickicht gefangen.

Ein anderer Punkt ist Deine Gewalttätigkeit. Im Keller hing ein Teppichklopfer. Ich erinnere mich zwar nicht mehr an seine Anwendung, aber noch genau, wie Du immer mit ihm gedroht hast. Du hast nicht oft geschlagen, dann aber sehr effizient. Ich kann mich noch gut an den Faustschlag auf den Nerv im Nacken erinnern, er tat höllisch weh. Ich hatte große Angst vor Dir. Oft wäre ich gern in irgendwelchen Löchern verschwunden. Du warst sehr laut, sehr grob und hast mich mit Deiner Ironie lächerlich gemacht.

Ich versuchte von Dir Anerkennung zu bekommen – wie Brotkrumen von Deinem Teller. Ich habe mich angestrengt. Dir zuliebe habe ich Berge versetzt, Maschinen konstruiert, mich mit Raumfahrt beschäftigt. Lob habe ich kaum von Dir bekommen, und meine kindlichen Leistungen hast Du als die Deinen verkauft. Es war mir sehr unangenehm, wenn Du mit mir angegeben hast. Ich habe nicht mit Dir gemeinsam etwas konstruiert, wir haben uns nicht gemeinsam etwas ausgedacht, sondern ich hockte allein in meinem Zimmer und und erdachte mir eigene Welten.

Ich war ein einsames Kind. Ich war nicht stark, hatte viel Angst und konnte mit anderen Kindern nur wenig anfangen, hatte Angst vor ihnen. Du hast mir keine Anleitung gegeben, mit ihnen umzugehen.

Einmal lief ich von zu Hause weg, weil ich es nicht mehr aushielt. Ich war schon in der Schule, also vielleicht sechs oder sieben Jahre alt. Ich bin ein, zwei Straßen weiter gelaufen, war verzweifelt, weinte. Ich wußte aber nicht, wohin ich gehen sollte. Also bin ich umgekehrt und wieder nach Hause. Es ist keinem aufgefallen.

Alles, was ich kann, habe ich mir selbst angeeignet, selbst dafür kämpfen müssen. Du warst in der Schule Elternvertreter. Ich war deshalb stolz auf Dich, aber meine Hausaufgaben mußte ich immer alleine machen. Daß ich sie bald nicht mehr machte, war mein Aufbegehren gegen Deine verlogene, nach außen zur Schau gestellte Erziehung. Die antiautoritäre Erziehung stand nur im Bücherregal. Wir Kinder sind in die Gesamtschule gegangen, die wir uns selbst aussuchen durften. Wir hatten immer die volle Verantwortung, auch für Niederlagen. Es war eine positiv etikettierte Verwahrlosung. Christian mußte von der Schule gehen, Du hast ihn allein gelassen mit seinem Schmerz und ihm die Schuld gegeben. Deine Ansprüche waren groß im Verhältnis zu Deiner Hilfestellung.

Nachdem Du Dich 1980 von Lydia, unserer Mutter, getrennt hattest, hörten wir nichts mehr von Dir. Wir mußten allein damit fertig werden, Mutter fiel völlig aus. Sie hat uns mit ihren Gefühlen der Nutzlosigkeit, mit ihrem Trennungsschmerz überschwemmt. Ich wußte oft nicht mehr, wo mir der

Kopf stand. Für meine Gefühle war kein Platz. Wie sollten wir mit Lydias Selbstmordversuchen und unseren Schulproblemen zurechtkommen? Wir waren endgültig verlassen!

Du hast Dich davongestohlen, das Kartenhaus war zusammengefallen. Ich war mit meinen sechzehn Jahren den Problemen nicht gewachsen. Ich habe das alles überlebt, mein Abitur gemacht und bin nicht untergegangen. Aber nicht dank Deiner, sondern dank der Hilfe anderer Menschen.

Ich frage mich oft, woher ich die Energien genommen habe, wahrscheinlich von meinen Phantasien und Träumen. Stolz und aufrecht gehen habe ich mühsam gelernt. Ich hatte leider keinen Vater, der für mich da war. Das mußt Du zur Kenntnis nehmen, ob es Dir gefällt oder nicht.

Als Vater warst Du eine Null.

Dein Martin.

PS: Ich habe diesen Brief jetzt noch einmal gelesen, ich fühle die Schmerzen meiner Kindheit. Ich weine und habe ein starkes Mitgefühl mit dem kleinen, zarten Jungen, der ich damals war und heute auch noch bin. Ich spüre die Angst vor dem Leben und der Welt, die in mir war. Ich spüre vor allem die bodenlose Einsamkeit. Heute habe ich Freunde, die mir eine Heimat sind, und die Gefühle der Einsamkeit nehmen ab. Kooperation und Freundschaft, Konfliktfähigkeit und Zartgefühl sind keine Fremdwörter mehr für mich. Ich denke oft, daß ich inzwischen erwachsener bin als Du – mit Deinen nun einundsechzig Jahren.

Udo Wohlgemuth

Ich bin 1950 in Berlin geboren, nach der Mittleren Reife Wirtschaftsfachschule und Fachschule für Optik und Fototechnik mit Abschluß als Filmtricktechniker. Danach höhere Fachschulreife und Abitur auf dem zweiten Bildungsweg. 1974 begann ich Politologie zu studieren, eröffnete 1979 ein Café in Berlin und nahm 1993 mein Studium wieder auf, diesmal Psychologie. Ich bin seit 1984 verheiratet, lebe aber seit 1990 getrennt, Kinder haben wir keine. Wir sind vier Geschwister, ich bin der zweite Sohn. Mein Vater starb 1988.

Lieber Vati,

so würde ich Dich wohl immer noch anreden.

Meine Trauer war riesengroß bei Deinem Tod. Ich hatte nicht geahnt, wie sehr mich die Trauer überkommen und wie tief angerührt ich auf Deiner Beerdigung sein würde. Ich heulte laut (wie ein Hund, hättest Du gesagt). Ich hatte jahrelang nicht mehr geweint.

Ich kam ein halbes Jahr vor Deinem Tod gleich zu Dir, als ich von Deiner Krankheit erfahren hatte. Da hast Du mich tief verletzt. Du hattest mir nicht geglaubt, daß ich in ernster Sorge um Dich war. Ich habe mich erniedrigt, Dir die Hände geküßt und Dir meine Liebe beteuert. Du hast mir unterstellt, ich sei nur gekommen, um zu sehen, wie es um mein Erbe stehe, wie lange Du es noch machst. Ich hasse Dich dafür, daß ich mich als erwachsener Mann so vor Dir erniedrigt habe und Du mich weggestoßen hast. Das verzeihe ich Dir nie, Du Arschloch.

Als ich dann von Deinem Tod erfuhr, konnte ich es erst nicht glauben. Zu Deiner Beerdigung mußte ich extra anreisen, mit weichen Knien und belegter Stimme kam ich zum Friedhof. Ich hatte Angst, war unsicher. Die Familie kam zuletzt in die kleine Kirche, die bereits voll war. Warst Du so beliebt? Wir gingen in die erste Reihe. Der Pfarrer kam. Wir sollten singen. Da brach es aus mir heraus, ich weinte und weinte Rotz und Wasser während der ganzen Beerdigung.

Ich wollte Dich nicht mehr sehen im Sarg. Ich wollte den letzten Abschied als letzte Erinnerung bewahren, den alten und kranken Mann winkend im Rückspiegel. Der ehemals starke und übermächtige Vater war klein, dünn und zerbrechlich, als ich ihn zum letzten Mal lebend sah. Trotz Deines jämmerlichen Zustands warst Du hart und stur zu Dir und Deinen Mitmenschen. Du kanntest kein Erbarmen. Morphinhaltige Schmerzmittel lehntest Du ab, weil sie ja süchtig machen. Aber Schnaps trinken an Deinem Geburtstag trotz Operation und künstlichen Darmausgangs, das mußtest Du. Ich habe diese Blödheit nicht verstanden. Ich dachte bei mir, der will clean vor seinem Gott erscheinen. Du hattest wohl Angst, Petrus würde Dich am Himmelstor zurückweisen. Kein Platz für Süchtige im Himmel.

Woher warst Du Dir eigentlich so sicher, daß Du in den Himmel kommst? Dachtest Du, weil Du mit

Hilfe Deiner Religion soviel Macht über uns Kinder hattest, uns strafen, quälen und schlagen konntest, weil wir Vater und Mutter ehren mußten, was wir Deiner Meinung nach nicht ausreichend taten?

Wenn wir nicht gehorchten, gab's eine in die Fresse. In der U-Bahn hieß es immer nur »Psst!«, oder es gab Ohrfeigen, wenn wir stritten, spaßten oder ausgelassen waren. Auch beim Essen Ohrfeigen, wenn wir nicht anständig aßen. Wir lebten im ständigen Gefühl der Bedrohung, unser Kinderblick war immer ängstlich nach oben gerichtet. Die Stimmung beim Essen, auf Reisen und bei Familientreffen war immer von Angst und Befremden beeinträchtigt. Gerade in Situationen, in denen wir Kinder besonders aufgeregt waren oder uns freuten, mußten wir auf der Hut sein. Und wir wollten doch nichts anderes als lieb sein. Das war doch die Forderung, oder?

Du hast Deine Minderwertigkeitsgefühle an uns Kindern abreagiert. Weil Du selbst nicht richtig Deutsch konntest, waren wir nie gut genug in der Schule. (Ich weiß nicht einmal, welchen Schulabschluß Du hattest.) »Eine Zwei ist keine Eins«, sagtest Du, als ich noch in der Grundschule war und Dir stolz von einer guten Note erzählte. Warum hast Du mir nichts Freundliches dazu gesagt? Warst Du so gefühllos?

Du warst oft schlecht gelaunt wegen Deines Schichtdienstes. Aber dafür konnte ich doch nichts. Ich habe Dich geliebt, Dich und Deine Eisenbahn. Noch heute mag ich Geleise, Bahngelände und Eisenbahnfahrten. Ich war stolz darauf, als ich einmal bei Dir auf der Lok sein durfte, und stolz, als wir ein-

mal nach Hamburg fuhren und Du der Lokomotiv-
führer warst. Keiner konnte so sanft bremsen und
anfahren wie Du. Das stand für mich Achtjährigen
fest.

Aber, was soll das! Dein Auftreten, wenn wir
Dich überhaupt zu Gesicht bekamen, war mies. Wir
durften nicht mucksen, wenn Du tagsüber schliefst.
Einmal hast Du mich nachts mit einem Schuh ver-
jagt. Ich war voll Angst aus einem Traum aufgewacht
und wollte zu Mutti ins Bett. Da warst aber gerade
Du. Du warst rabiat und gefühllos, weil es um Deine
Lust ging. Eine schreckliche Erinnerung, von der ich
nicht weiß, was schlimmer war, mein Traum oder
Dein Verhalten.

Von Deiner Frau aufgehetzt, hast Du uns oft bestraft, hast geschlagen oder Stubenarrest verordnet,
ohne zu fragen, warum oder wieso. Du warst wie
eine Marionette, schön doof, so konnte Mutter ihre
Hände in Unschuld waschen. Warst Du dann fort,
hat sie die Strafen gelockert. Sie war die Gute und Du
der Böse.

Deine Strafgerichte sind mir erst sehr spät wieder
eingefallen, ich hatte sie ziemlich verdrängt. Ich weiß
nicht, wie oft ich mich über Deine Knie legen mußte
und Du den Rohrstock, der auf dem Küchenschrank
lag, gegriffen und mich verhauen hast. Später genügte ein Blick von Dir zum Küchenschrank, um
mich einzuschüchtern und gefügig zu machen. Dein
Verhalten war sadistisch und unmenschlich. Ich
habe dafür heute nur Verachtung und Abscheu üb-
rig. Was ging in Dir vor? Was hast Du dabei empfunden, einem wehrlosen Kind Schmerzen zuzufügen?
Tat ich Dir denn gar nicht leid?

Ich bin ein unglücklicher kleiner Junge gewesen, und Du hast es nicht bemerkt. Noch heute macht mich das Unglück kleiner Kinder betroffen und traurig. Es ist mir vertraut.

Du weißt nicht, wie es war, mit Mutter und ihren melancholischen Stimmungen, ihrem Weinen, ihrer Unzufriedenheit allein zu sein. Ich war ihr »kleiner Kavalier«, ihr »Beschützer«, ich sollte Dich ersetzen, weil Du soviel weg warst. Aber ich war damit völlig überfordert. Da hätte ich Dich gebraucht, Du hättest ihr sagen müssen, daß sie mich in Ruhe lassen soll. Aber Du hast Dich nur über mein Kavalierspielen lustig gemacht. Warum mußte ich mich um Deine Frau kümmern? Das wäre doch Deine Aufgabe gewesen als »Ernährer der Familie«.

Was ich machte, war Dir nicht gut genug. Sei es im Garten, in der Schule, am Fahrrad, später bei Autoreparaturen oder wenn ich mein Zimmer tapezierte. Du hast immer nur gemeckert – und hattest nie Geduld, mir zu zeigen, wie es geht, hast nicht erklären können. Mutter hat Dich oft zurechtgewiesen: »Sprich nicht polnisch rückwärts«, wenn Du nicht die richtigen Wörter fandest. Mich hat das insgeheim gefreut, wie sie Dich verletzte. Ich war auf ihrer Seite. Du wolltest ja nichts von mir.

Ich durfte keine Freunde mit nach Hause bringen, wenn die Schularbeiten oder Arbeiten, die Du mir aufgetragen hattest, noch nicht gemacht waren. Du selbst hast geschuftet und gerackert. Nach der Arbeit hast Du noch am Haus gebaut, etwas repariert oder im Garten gearbeitet. Du hast Dir bis zur Rente keine Ruhe gegönnt. Zwei Jahre später warst Du tot. Was hast Du für ein Leben geführt? Wofür? Ich weiß es nicht. Du hast wenig gesprochen, nur gebrummt und schlechte Laune verbreitet. »Komm mir bloß nicht zu nahe«, war Deine Botschaft.

Hatte ich ein Mädchen zu Besuch in meinem Zimmer, bist Du einfach hereingeplatzt und hast irgend etwas Unwichtiges gefragt. Das Mädchen hast Du blöd süßlich angegrinst. Später, als meine Freundinnen größer waren, hast Du sie so ganz »aus Versehen« betatscht, an die Brust oder in den Schritt gefaßt. Sie haben es mir erzählt. Deshalb wollte ich auch nie, daß Du bei mir und meiner Frau übernachtest. Du warst ein Spanner. Bei Familienfeiern hast Du die Gelegenheit genutzt und aus einem Geburtstagskuß schon mal einen Zungenkuß werden lassen. Weil Du so warst, hatte ich keinen Respekt mehr vor Dir. Mir ekelt, wenn ich daran denke.

Ich lernte einen Mann in Deinem Alter kennen, der übrigens ein halbes Jahr nach Dir auch an Darmkrebs starb. Er gab mir, was Du mir versagt hast: Anerkennung, Unterstützung, Zuneigung, Nähe. Leider war er schwul. Ich konnte mich nicht wehren und ging mit ihm ins Bett. Ich ließ es geschehen, weil ich dankbar für das war, was er mir gab. Er nahm mich ernst, hatte Geist, machte mich mit Kunst und klassischer Musik vertraut. Obwohl er sehr nett war, hätte ich mir gewünscht, Du hättest mich vor ihm bewahrt.

Wenn Du mir geholfen hast, und das war oft, zum Beispiel beim Dachausbau, konnte ich Dir nie richtig danken. Du hast meinen Dank nicht hören wollen, hast nur gebrummt: »Beim nächsten Mal machst du es selber.«

Dir verdanke ich es, daß ich noch heute meine

Kräfte nicht richtig einsetzen kann. Als ich mit einem Freund mein Zimmer mit Holzverkleidung und Regalen ausgestattet hatte, war es eine wirklich gute Arbeit – aber Du hast nur meinen Freund gelobt. Mir sagtest Du bei jeder passenden Gelegenheit: »Du kannst das nicht.« Als ich Abitur machen wollte, sagtest Du: »Das schaffst du nicht.« Als ich es bestanden hatte, war Dir dies keine Bemerkung wert. Neid? Angst? Weil ich besser war als Du? Ich weiß es nicht. Nie genügte ich Dir, also genügte ich mir auch selbst nicht. Deshalb machte ich auch eine Ausbildung nach der anderen, fing immer wieder etwas Neues an.

Als ich neunundzwanzig war, hast Du für meinen Bankkredit gebürgt, damit ich das Café aufmachen konnte. Du hast Dich aufgeführt, als hätte nicht die Bank, sondern Du persönlich mir das Startkapital gegeben. Du bist dann im Café aufgetreten, als seist Du der Besitzer, und vor Bekannten hast Du mit mir geprahlt, wie mir Mutti erzählte. Warum konntest Du mir nicht selbst sagen, daß Du stolz auf mich warst? Stattdessen hast Du mich ständig zur Arbeit ermahnt.

Auf Deine Ratschläge hätte ich nur hören können, wenn ich Liebe und Interesse von Dir gespürt hätte. Außerdem hatte mich Deine Bürgschaft nur unfrei gemacht. Es durfte nie soweit kommen, daß Du auch nur eine Mark an die Bank hättest zahlen müssen. Daran arbeitete ich verbissen, das Café wurde zu einer persönlichen, nicht zu einer geschäftlichen Angelegenheit. Ich fühlte mich nicht der Bank, sondern Dir verpflichtet. Eine freudlose Zeit. Daß das mit Dir zusammenhing, wird mir erst heute klar.

Als kleiner Junge war ich Dein Thronfolger, als Jugendlicher war nichts an mir mehr gut genug, und als Erwachsener war ich nur noch Rivale. Du hattest keine Nähe und Zärtlichkeit für mich, stattdessen »Angrabschen« meiner Freundinnen und »gute Ratschläge« fürs Leben.

Bis kurz vor Deinem Tod hatte ich keine Lust, Dich zu sehen, Dich zu besuchen oder Dich in meiner Wohnung übernachten zu lassen. Als ich von Deinem Krebs hörte, überwand ich mich, auf Dich zuzugehen und Nähe herzustellen. Du hast mit Zurückweisung, Kälte, Härte und Erniedrigung reagiert.

Du allein bist für Deinen frühen Tod verantwortlich. Du hast Raubbau an Deinem Körper betrieben. Du hast nicht gesprochen, keine Gefühle gezeigt, und Krankheit wurde von Dir nicht anerkannt. Das war schon in meiner Kindheit so. Deine Eßgewohnheiten spielten bei Deinem Krebs mit Sicherheit eine große Rolle. Mich hat immer geekelt, was Du alles in Dich hineingefressen hast, daß das Fett nur so von Deinen Mundwinkeln tropfte. Fett, Knochenmark und Tierblut galten für Dich als nahrhaft und kraftspendend. Ich hatte Dir das als Kind geglaubt, weil Du mir als so unglaublich groß und stark erschienst.

Ich erinnere mich, wie Du mich als Fünfzehnjährigen mit einem einzigen Faustschlag in die andere Ecke unserer großen Wohnküche befördertest. Es war ein »blauer Brief« aus der Schule gekommen, ich hatte mit anderen in der Toilette geraucht, und der Direktor hatte uns entdeckt. Du sagtest nur: »Udo, komm mal her«, und schon krachte es. Kein

Wort der Rechtfertigung oder Entschuldigung war möglich. So warst Du immer: kurz und knapp.

Du hast immer nur nach denen da oben geschaut: der liebe Gott, die Kirche, der Staat, Beamte, Lehrer, Bankdirektoren, Unternehmer, sie alle hatten die Macht, also immer recht. Sie hatten es ja schließlich zu etwas gebracht, dachtest Du. Nur die Kommunisten und Deinen Arbeitgeber, die DDR-Reichsbahn, die hast Du gehaßt, hast sogar gestreikt, hast gekämpft und bist mit zweiundsechzig Jahren entlassen worden. Für diesen Mut hatte ich Dich sogar bewundert. Auch daß Du dann von der Bundesbahn noch genommen wurdest.

Du warst mein unerreichtes Vorbild in Männlichkeit: Kraft haben, stark sein. Aber Du hast mir nie geholfen, selbst stark zu werden. Du hast mich nie ermutigt, sondern mich als »dünnen Hering«, als »schmales Hemd« verhöhnt und mir den Schraubenschlüssel aus der Hand genommen, wenn ich eine Schraube nicht aufbekam. Es kam hinzu, daß Mutter wegen meiner Neurodermitis darauf sah, daß ich mich nicht schmutzig machte. Deshalb wohl auch habe ich keinen körperlichen Beruf gewählt, bin nicht wie Du und meine zwei Brüder Schlosser geworden.

Ich habe viel zu wenig von Dir über Dich erfahren. Ich war für Dich wohl der Sonderling und intellektuelle Spinner, weil Du es so schwer hattest, wegen der Kriegswirren und der zwangsweisen Zweisprachigkeit überhaupt richtig lesen und schreiben zu lernen. Du warst im Krieg im Flugzeugbau beschäftigt. Mich hätte das interessiert, aber Du hast nicht davon gesprochen oder auf meine Fragen nur ungelenke Antworten gegeben.

Ganz selten hast Du mir Glücksmomente beschert, wenn ich zum Beispiel in Deine Werkstatt kam und Du mir etwas erlaubtest. Dafür war ich dann so dankbar, solche Erlaubnis war ein Geschenk für einen wie mich, der immer nur Nein zu hören bekam. So werden Untertanen erzeugt, so klein hattest Du mich schon gemacht, so einfach war ich zu beglücken.

Warum warst Du so? Ich werde es nicht mehr erfahren. Ich weiß nur, daß Dein Vater ein jähzorniger Mann war, brüllte und tobte, und daß Du ihn nicht mochtest. Ihr habt alle über diesen Familientyrannen geschimpft. Geehrt hast Du ihn auch, weil es so in den Zehn Geboten steht. Du hast ihm selten widersprochen. Als Deine Mutter starb, hast Du am Grab sehr geweint, obwohl Du sie noch vorher ungerührt im Sarg fotografiert und den weinenden Großvater beruhigt hattest. Ich habe Deine Gefühle nie begriffen.

Anfang der sechziger Jahre wollte Mutti arbeiten gehen, weil das Geld nicht mehr reichte. Du wolltest das nicht, Du seist schließlich das Familienoberhaupt und könntest die Familie ernähren. Es war für Dich eine Frage der Ehre. Wie mußt Du Dich in Deiner Ehre verletzt gefühlt haben, als sie sich dann doch durchsetzte?

Ich denke, Du wolltest verläßlich und väterlich sein. Du wolltest konstant sein, hast nie aufgegeben, Du konntest improvisieren, um eine Reparatur auszuführen, hast letztlich doch die Schraube oder das Teil, das paßte, gefunden. Du hast nichts weggeworfen, deshalb war Deine Werkstatt ein Chaos. Vielleicht hast Du einfach viel zu viel festgehalten, für einen dauerhaften Wert befunden, nicht nur alte Nägel und Schrauben, sondern auch Meinungen und Einstellungen. Ich kenne dieses Gefühl auch, aber im Unterschied zu Dir ist mir klar, daß es nicht befreiend wirkt.

Mir fallen kaum schöne und glückliche Zeiten mit Dir ein. Meine Widerstände sind sehr groß, mich an Dich als liebenden Vater zu erinnern. Vielleicht gelingt es mir einmal. Vielleicht hilft mir dieser Brief, doch noch schöne Erinnerungen an Dich zuzulassen. Ich bin traurig über diesen Brief.

Udo.

Joachim Pelzer

Ich bin achtundfünfzig Jahre alt, Industriemeister für Maschinen- und Apparatebau. Meine Mutter, dreiundachtzig Jahre alt, erfreut sich noch bester Gesundheit. Außerdem habe ich noch eine vier Jahre jüngere Schwester. Meine erste Ehe wurde nach siebzehn Jahren geschieden, unser Sohn ist heute dreiunddreißig Jahre alt. Seit 1978 bin ich wieder verheiratet, mit Nanny, die ein erwachsene Tochter hat. Die Auseinandersetzung mit der Vater-Kind-Beziehung, zu der uns unsere Kinder gedrängt hatten, hat mich anfangs maßlos erzürnt, ich war entrüstet über die Schuldzuweisungen. Ich hatte zuerst nichts begriffen. Mein Brief an den Vater sind zwei Briefe an zwei Väter. Deshalb habe ich ihnen Zwischentexte gegeben.

Ich quäle mich seit Monaten mit dieser Rückschau, die keine Abrechnung mit meinen Vätern werden soll. Ich muß es aufschreiben. Es muß raus aus meinem Kopf. Warum ist es so schwer? Ich habe noch nie an meine zwei Väter einen Brief geschrieben. Ich spüre große Unruhe in mir. Mein Herz klopft bis zum Hals.

Mein leiblicher Vater ist 1944 in Lettland gefallen. Ich war damals neun Jahre alt, konnte es noch nicht begreifen, konnte nicht trauern, zumindest nicht vor der Familie, nur heimlich, nachts im Bett, weinte ich. Ich fühlte Leere und Verlassenheit. Unter den Kindern, die ich damals kannte, war ich der einzige, der nun keinen Vater mehr hatte.

Ja, hatte ich denn überhaupt einen Vater? Wie war er? Was wußte ich von ihm? Langsam kommen Erinnerungen, wie ein verworrener Film laufen die Bilder in meinem Kopf ab. Wenn ich ihm jetzt schreibe, weiß ich nicht, wie ich ihn anreden soll. »Lieber Vater!« Nein, ich habe ihn immer »Papa« genannt.

Lieber Papa!

Du warst sicher stolz auf meine Schwester und mich. 1935 kam ein Junge, vier Jahre später ein Mädchen. Du hast uns lieb gehabt, hast uns gerne vorgezeigt: den Jungen, der immer schön die Hand gab, einen Diener machte und artig danke sagte, wenn er etwas bekam. Das kleine, niedliche Mädchen mit ihren langen, dunklen Zöpfen, die so putzig aussah, wenn sie einen Knicks machte.

Meine Erinnerung hat große Löcher: Du warst selten zu Hause. Ein paar Mal hast Du mich zum Fußballspielen oder auf die Pferderennbahn mitgenommen. Es hat mir gefallen unter den Erwachsenen, die sich aber nicht viel mit mir abgegeben haben.

Du hattest eine kräftige Stimme. Alles klang so sicher, so endgültig, wenn Du etwas sagtest. Manchmal habe ich Dich bewundert. Aber ich war meistens ängstlich, Du warst sehr streng.

Wenn Du abends von der Arbeit nach Hause kamst, mußte ich immer in der Nähe sein, damit ich

Deinen markanten Pfiff, der mich herbeirief und den ich später sehr gut nachmachen konnte, hören konnte. Ich rannte dann auf Dich zu, küßte und begrüßte Dich. Dann gingen wir hinauf zum Essen. Danach durfte ich noch spielen, während Du in Deine Stammkneipe gingst. Jeden Abend bist Du in diese verdammte Kneipe zum Kartenspielen gegangen. Du warst kein Säufer, aber ein Spieler. Zur Entspannung, sagtest Du, und wegen der Freunde. Mutter hat deswegen oft geweint, sie war viel allein.

Mit fünf Jahren sollte ich die Uhrzeit lernen. Du saßt am Küchentisch, zeigtest mit einem dünnen Stock auf die Wanduhr und fragtest: »Wie spät ist es, wenn der kleine Zeiger hier und der große dort steht?« Ich erinnere mich noch sehr gut an meine große Unsicherheit. Ich sehe noch den Stock, die Ziffern der Uhr und meine Angst, es falsch zu machen. Natürlich sagte ich nicht die richtige Zeit. Zwar hast Du nicht geschimpft, aber Du wurdest ungeduldig, warst möglicherweise enttäuscht, weil ich so langsam begriff. Mit dieser Leistung Deines Sohnes konntest Du nicht prahlen.

Was habe ich eigentlich von Dir gelernt? Bei welcher Gelegenheit hast Du mir eigentlich vertraut? Fühlte ich mich jemals geborgen?

An Schläge erinnere ich mich nur in einem Fall, Du hattest mich zu Unrecht geschlagen. Ein älterer Junge aus unserem Haus hatte mich auf seinem Fahrrad mitgenommen. Es war sehr aufregend für mich, wir fuhren sehr weit und kamen erst um neun Uhr abends nach Hause. Mutter war in großer Sorge und empfing mich weinend. Du warst zornig und hast mich mit dem dünnen Stock geschlagen. Nicht der

Schmerz auf meinem Hintern tat weh, sondern die Ungerechtigkeit, für etwas geschlagen zu werden, wofür ich nichts konnte. Ich war doch auf den Jungen und sein Fahrrad angewiesen, hätte doch nicht früher alleine und zu Fuß nach Hause gehen können. Ich hätte nicht einmal den Weg gewußt.

Eine andere Geschichte: Ich war ungefähr sieben, mit zwei anderen Jungen haben wir im Park mit Streichhölzern gekokelt. Mir gelang es, die Wiese in Brand zu stecken. Ein größerer Junge machte uns Angst: Er schrieb sich unsere Namen auf und sagte, er werde es der Polizei melden, die uns abholen würde. Schuldbewußt erzählte ich zu Hause davon. Du hast gelacht und gemeint: »Na ja, dann wird dich die Polizei bald holen!« Wie konntest Du so etwas sagen! Ich bekam furchtbare Angst, eingesperrt zu werden, fühlte mich verlassen, verraten, ausgesetzt, wo ich Trost und Schutz erwartet hatte. Noch jahrelang hatte ich Angst, von der Polizei geholt zu werden.

Aber ich erinnere mich auch an schöne Erlebnisse mit Dir. Im Frühjahr 1943 besuchten Mutter und ich Dich im Lazarett irgendwo im Sudetenland. Du warst am Bruch operiert worden, lagst mit vielen Soldaten in einem großen Theatersaal. Wir blieben einige Zeit und besuchten Dich täglich. Einmal bist Du auf die ehemalige Bühne gegangen und hast gesungen, ein anderer Soldat begleitete Dich auf dem Klavier, das da noch stand. Du hattest eine so schöne Stimme, so weich, so warm, so voll Gefühl. Du bekamst großen Beifall. Es sprengte mir fast die Brust vor Stolz, einen solchen Vater zu haben. Danach sahen wir Dich noch einmal, dann mußtest Du wieder in den Krieg und kamst nie wieder.

Später fragte ich mich oft, wie wir miteinander umgegangen wären, wenn Du am Leben geblieben wärst. Hätte ich mit Dir reden können? Wärst Du ein Vorbild für mich gewesen? Sicher bin ich mir, daß ich mit Dir hätte streiten können! Als ich größer wurde, habe ich Dich oft heimlich und still um Rat gefragt, habe in Gedanken Deine Hilfe erfleht und habe mir gewünscht, daß Du da wärst, um mich zu trösten, zu beruhigen, lieb zu haben oder wenigstens zu fluchen, zu wettern und zu streiten. Alles wäre mir recht gewesen, Hauptsache, Du wärst da gewesen. Du bist früh weggegangen, aber ich habe Dich nie vergessen!

Dein Joachim.

Es kam die Nachkriegszeit, für alle Menschen schwierig und verwirrend, Neuorientierung und Aufbau. Für Mutter war es schwer, als Witwe mit zwei Kindern zu überleben. Ein Onkel unterstützte uns. Er und mein Großvater waren die beiden männlichen Bezugspersonen für mich.

Ich war zwölf, als Mutter Richard mit nach Hause brachte, ein Kriegsheimkehrer, geschieden, zwei erwachsene Töchter. Er war unser Untermieter, der mir sehr gut gefiel. 1948 haben sie geheiratet. Ich erinnere mich noch sehr gut, daß Mutter mich fragte, ob sie wohl Onkel Richard heiraten könne. Das gab mir damals ein ungeheures Gefühl der Wichtigkeit. Ich durfte mir meinen neuen Vater selbst heraussuchen, ich wurde ernst genommen, meine Meinung war gefragt. Mein Herz jubelte, endlich wieder ein Mann im Haus, zu dem ich »Papa« sagen konnte – und auch wollte.

Lieber Papa,

es ist beklemmend, aber auch schön, wenn ich an unser Kennenlernen zurückdenke. Du hast mit mir geredet wie mit einem Erwachsenen, hast mich gefragt, was ich in der Schule mache, wer meine Freunde sind, und Du hast mir eine Ledergeldbörse mit dreißig Mark drin geschenkt. Ein unglaubliches Vermögen damals.

Zuerst warst Du für uns »Onkel Richard« gewesen, aber es fiel sehr leicht, zu Dir »Papa« zu sagen. Ich war glücklich. Nun konnte ich in der Schule und meinen Freunden stolz berichten: »Wir haben wieder einen Vater!«

Du hast verdammt gut ausgesehen. Mittelblonde, gelockte Haare, ein wettergegerbtes, markantes Gesicht und eine kräftige, dennoch schlanke, mittelgroße Figur. Am meisten hat mich Deine Kraft beeindruckt, ich konnte an Deinem ausgestreckten Arm einen Klimmzug machen. Du warst Steinsetzer, dazu braucht man Kraft.

Du warst ein treusorgender und gutmütiger Vater, nie grob, hast uns nie geschlagen. Du hast gearbeitet und viel Geld verdient, Dein Kostgeld an Mutter abgeliefert, alles andere hast Du ihr überlassen. Sie hatte das Sorgerecht, aber ein bißchen mehr hättest Du mitmischen können. Wenn Dir etwas an mir nicht gefiel, hast Du es ihr, nicht mir gesagt. Sie hat dann mit mir geschimpft oder, wenn sie nicht mehr weiter wußte, mich auch geschlagen. Mutter sah ängstlich und eifersüchtig darauf, daß sie als der gesetzliche Vertreter für uns zuständig war. Aber wir waren eine Familie, deshalb hätte ich Konflikte gerne auch mit Dir ausgetragen, Du hättest mit mir reden sollen, wenn Dir etwas nicht paßte.

Als die schwierigen Jahre kamen mit den unzähligen Fragen – was will ich werden, wozu habe ich Lust, was ist mit einer Freundin, wie steht es mit der Sexualität? –, hätte ich gerne gehabt, daß Du sie mir stellst. Aber Du fragtest nicht, auch niemand anderer sprach mit mir darüber. Manchmal ging ich zu Onkel Otto und Tante Gertrud, sie hörten wenigstens zu, aber befriedigend war das auch nicht.

Du hast Dir nicht gefallen und warst auf mich eifersüchtig. Ich hatte mir so gewünscht, daß Du die Herausforderung mit mir angenommen hättest. Wir haben uns nie richtig umarmt. Du warst ganz steif, wenn ich Dir zu besonderen Anlässen an Weihnachten oder zum Geburtstag einen Kuß gab. Deine Hilfsbereitschaft in praktischen Dingen war unübertrefflich. Aber beraten, führen, aufklären, das war nicht Deine Sache.

Zu meiner Schwester hattest Du ein besseres Verhältnis. Von Anfang an war sie anschmiegsamer, kam gleich auf Deinen Schoß. Das blieb in all den Jahren so, was ich soweit in Ordnung fand, da Du eben mit Mädchen leichter umgehen konntest.

Freilich war Deine Devise, daß alle gleich behandelt werden sollen. Bekam der eine eine Mark, dann auch der andere. Ich fand das eine blödsinnige materielle Plattmache, die nichts mit Liebe, Zuneigung und Anerkennung zu tun hatte. Mir blieb davon ein Grundgefühl: Später wollte ich nur ein Kind haben, um Liebe und Zuneigung nicht teilen zu müssen. Es erschien mir unmöglich, mit mehreren Kindern leben zu können.

Eine wichtige Geschichte mit Dir muß ich erzählen. Ende der vierziger Jahre fanden noch auf den Hinterhöfen Kinderfeste statt. Bei einem solchen Kinderfest in der Nachbarschaft waren wir Zaungäste und schauten zu. Ein Betrunkener drohte uns mit Prügeln, wenn wir nicht verschwänden. Da bist Du über den Zaun gesprungen, hast Dich neben ihm aufgebaut und laut gerufen: »Wer meinen Sohn angreift, bekommt es mit mir zu tun!« Der Betrunkene hatte mir gar nichts getan, dennoch hast Du mich beschützt und »mein Sohn« gesagt – ich war so glücklich!

An weitere solche Erlebnisse kann ich mich nicht erinnern. Ich wollte immer Dein Sohn sein, wollte Deine Wärme, Deine Zuneigung, Deine Liebe spüren, auch Deine Kritik, Deine Ablehnung, Deinen Unmut hören. Aber wenn ich mich zu erinnern versuche: Es ist nichts mehr in mir, hohl, leer, alles vergessen.

Dein Leben verlief still und bescheiden. Ansprüche, Wünsche, Sehnsüchte hast Du nie geäußert. Nur wenn Du betrunken nach Hause kamst – Du warst Bauarbeiter, da ist das eben so, meintest Du –, dann warst Du anders. Dann hast Du erzählt und gesungen, mehr laut als schön. Alle sollten hören, wie fröhlich Du bist, daß wir Deine Familie sind und Du uns alle sehr lieb hast und daß niemand Dich versteht, wo Du doch ein so guter Mensch bist. Du warst dann nie aggressiv, wir mußten keine Angst vor Dir haben, aber es war einfach nervtötend. Bist Du am nächsten Tag gefragt worden, warum Du Dich besäufst, fiel Dir nichts ein. Du konntest oder wolltest Dich nicht erinnern. Später fragte ich mich oft, warum Du das gemacht hast, warum Du nicht für Dich einstehen konntest, warum Du nicht mehr für Dich gefordert hast, ohne selbst zu merken, daß ich vieles davon nachgelebt habe.

In all den Jahren hatten wir nie einen handfesten Streit miteinander. Wir sind uns freundlich, vielleicht oberflächlich begegnet. Jeder ließ den anderen machen. Eigentlich schade.

Als Rentner wolltest Du alles anders machen. Viel ist daraus nicht geworden. Zwar hast Du sehr plötzlich nach einer Kieferoperation nicht mehr geraucht und getrunken, was ich sehr bewundernswert fand, aber ansonsten hast Du nur den ganzen Tag hinter Deiner Frau »hergefriedelt« – Mutter heißt Elfriede. »Friedel, was soll ich anziehen?« »Friedel, was kochst du heute?« »Friedel, soll ich einkaufen gehen?« »Friedel…?« »Friedel…?« Du hast das für lustig gehalten. Ich meine, es war einfallslos, nervig und für Mutter belastend.

Du wolltest niemandem zur Last fallen, außer Friedel. Dir Hilfe zu holen hast Du nicht gelernt. Eine Versöhnung mit Deinen erwachsenen Töchtern fand nicht statt. Das habe ich sehr bedauert und bis heute nicht verstanden.

So wie Du gelebt hast, so bist Du auch gestorben: leise, still und qualvoll. Ein böser Gehirntumor hat Dich fünfzig Tage lang sterben lassen. Du hast mit uns nicht mehr geredet, vielleicht konntest Du es nicht mehr. Die Ärzte sagten, daß Du Dich nicht mehr behandeln, nur noch hast versorgen lassen. Große Hilflosigkeit und dumpfer Schmerz waren in mir, als ich fast täglich an Deinem Krankenbett stand.

Dein kräftiger Körper verfiel langsam, er gehorchte Dir nicht mehr. Ich hätte schreien können, wenn Deine wasserhellen blauen Augen stumm meinen Blick suchten und Du meine Hand ganz fest drücktest. Mir wurden meine Ohnmacht und mein Unvermögen so bewußt.

Noch immer, viele Jahre nach Deinem Tod, ist eine große Leere in mir, eine tiefe Trauer über all das, was wir nicht gemeinsam beredet und geklärt haben.

Dein Sohn Joachim.

Hans Klama

Ich bin neununddreißig Jahre alt, Steuerbeamter, seit 1975 verheiratet, seit 1992 getrennt lebend. Ich habe einen ehelichen Sohn, zwölf Jahre alt. Mein Vater starb 1988 mit achtundsechzig Jahren, meine Mutter ist heute neunundsechzig. Ich habe einen Zwillingsbruder und einen vier Jahre älteren Bruder.

Vater. Als Du am 19. Dezember 1988 gestorben bist, war Dein »Abgang« typisch für Dich, ohne Vorankündigung, von einer Minute zur anderen, ganz allein bist Du gegangen. Oder doch angekündigt? Einen Monat davor, an Deinem Geburtstag am 12. November hast Du mit uns über Dein Erbe sprechen wollen, mit jedem einzeln. Aber ich hatte kein Ohr für Deine Briefmarken und Deine Bitte, mich um Mutter zu kümmern.

Du standest vor einer Bypassoperation. Angst hast Du nicht gezeigt, wie immer. »Es könnte ja schiefgehen...« Ich habe Dir widersprochen.

Am 30. November bist Du ins Krankenhaus gefahren, großer Katheder. Ich bin dann mit Mutter zu Dir, wir sollten Deine Sachen holen, da die Operation schon für den 2. Dezember vorgesehen war. Mutter glaubte Dir brav wie immer, daß der Operationstermin Folge Deiner Bemühungen war. Mir war klar, es sah total beschissen aus, Gefahr im Verzug, Notfall.

Du wolltest funktionieren, wir kannten es nicht anders. Wir packten zusammen, als würdest Du nicht wiederkommen. Ich beruhigte sie, ohne die Wahrheit sagen zu können. Ganz Dein Sohn. Vom Krankenhaus kam die Nachricht mitten in die versammelte Familie: Operation geglückt, dem Patienten geht es den Umständen entsprechend. Schwein gehabt.

Am nächsten Tag fuhr ich mit meiner Frau und Mutter zu Dir. Ich war ängstlich und neugierig. Apparatemedizin. Unzählige Schläuche hingen in Dir, drei angstvolle Menschen saßen an Deinem Bett. Du warst nicht mehr mein kraftvoller Vater, sondern ein verwundetes Reh. Große Augen, regungslos, ausgeliefert. Du nahmst meine Hand und streicheltest unentwegt mit Deinem Daumen meine Handinnenfläche. Eine solche zärtliche Berührung hatte es zwischen uns seit meiner Kindheit nicht mehr gegeben. Mit schwacher Stimme sprachst Du von dem Wein, den wir für das OP-Team besorgen sollten. Du versuchtest schon wieder, Dich von Deinem schwachen körperlichen Zustand zu entfernen.

Zwei Tage später kamen wir wieder zu Dir, Du lagst in einem neuen Bett. Wie Deine Mutter sahst Du aus, klein, hutzelig, blaß. Immer noch an Schläuchen, die Aufzeichnungen der Geräte kamen mir bizarr, also kritisch vor. Der Arzt, der kam, äußerte sich entsprechend. Mutter war empört, verdrängte so die Angst. Ich schwieg.

Ich schwieg auch, wie Du Mutter wegen der falschen Sorte Mineralwasser schimpftest. Wie Ihr Euch begegnet seid! So distanziert, kurzer Kuß, keine Umarmung, permanent kleine Nörgeleien. Ich habe Dich nicht verstanden, Vater! Ich war wütend auf Dich, wie Du mit den Sorgen Deiner Frau umgegangen bist. Kaum wieder oben, mußtest Du schon wieder die Führung übernehmen.

Zu Eurer Ehe hätte ich viel zu sagen gehabt. Unter diesen Umständen ging es nicht mehr. Eure Ehe, mein Elternhaus waren für mich als Kind ein Muster an Gleichförmigkeit. Mutter war zu Hause für die Kinder, Du draußen bei der Arbeit. Was hatte ich von Dir? Nichts, Du brauchtest immer Deine Ruhe. 1957 habt Ihr die Seite gewechselt, nach dem 17. Juni habt Ihr bei Nacht und Nebel alles liegen und stehen gelassen, ab in den Westen, Neuanfang.

Es war wohl Dein Schicksal, immer flexibel sein zu müssen. Du hattest Sportlehrer werden wollen, aber der Krieg der Nazis hat Dir eine Verwundung zugefügt, es wurde nichts daraus. Die »Roten« hatten Dich verwundet, Deine Entwicklung blockiert, dann 1957 noch einmal. Ich habe nie gehört, daß Du Dich beschwert hast. Ich habe Dich überhaupt selten gehört. Allenfalls beim Weihnachtsspaziergang oder bei Spaziergängen, die den Sonntag »krönten«. Spießig rausgeputzt auch zu den Feiern am 1. Mai die ganze Familie vor dem Reichstag in Berlin, beeindruckend, aber Limonade oder Würstchen bekamen wir nie. Mutter kochte schließlich zu Hause.

Ich kann mich nicht erinnern, daß Du jemals mit mir gespielt, Deine Freizeit mir gewidmet hättest. Dafür waren meine Brüder da. Mutter sagte immer, Du müßtest lernen. Selbst hast Du mir das nie erklärt, wie Du mir überhaupt nie etwas von Dir erzählt hast.

Gemeinsame Ferien waren genauso Fehlanzeige.

Erst als ich sechzehn war, sind wir einmal gemeinsam weggefahren. Es gab eigentlich immer nur den Garten Deiner Eltern, am Wochenende. Hitze, Staub, Arbeit, Obst, das ich nicht mehr sehen konnte, und tödliche Langeweile sind mir davon in Erinnerung. Und sonstige Gemeinsamkeiten? Autofahrten, Verwandtenbesuche und Sportplätze. Dort aber hattest Du eigentlich nicht Spaß, sondern warst nur an den Leistungen interessiert.

Erst spät, kurz bevor Du gestorben bist, hast Du Dich manchmal für mich interessiert. Du wolltest mit mir segeln. Aber ich hatte das beklemmende Gefühl, ich würde Dir nicht genügen. Du warst mir nur vertraut als Autorität, alles mußte klappen, ich mußte dafür sorgen, daß Du Dich nicht aufregst. Mutter hatte das ihre dazu beigetragen: »Warte nur, bis Vater von der Arbeit kommt.« Oder: »Laß das bloß nicht Vater hören!« Angst. Angst vor Strafe, Angst davor, Unrechtes getan zu haben oder zu versagen.

Hast Du das Theater eigentlich bemerkt, das Mutter für Dich veranstaltete? Hast Du Dich dabei wohlgefühlt? Oder warst Du doch der Einzelgänger, für den ich Dich hielt, der nur zufällig eine Frau und drei Söhne hatte? Du warst autoritär. Einkaufen mit Dir war eine Tortur. Entsprechend hast Du auch Mutter behandelt. Partnerschaft hieß für Dich, daß alle tun, was Du wolltest. Dir waren gesellschaftliche Anerkennung und Deine politische Arbeit wichtiger als die Familie. Immerhin, es reichte für einen Herzinfarkt und das Bundesverdienstkreuz!

Du lebtest auf, wenn Du mit uns politisiert hast. Es ging dann plötzlich sehr lebhaft zu – bis zu dem

Augenblick, an dem Du Deinem Ältesten die Tür gewiesen hast. Deine Kinder wuchsen Dir über den Kopf, Du kanntest sie nicht. Mutter verhütete zum Glück das Schlimmste. Ich, Dein erklärter Lieblingssohn, blieb immer »brav«, ich funktionierte, paßte mich an. Ich durfte Dich nicht enttäuschen. Es war eine schwere Last.

Näher gekommen bist Du mir deshalb keineswegs. Du brauchtest mich, um auf Deine Söhne stolz sein zu können. Ich war der Garant dafür, daß Deine Familie Bestand hatte.

Frauen, als sie ein Thema für mich wurden, waren keines für Dich. Sie waren für Dich nicht erotische Wesen, sondern Mütter. Sie hatten zu funktionieren als Hausfrauen. Du kommentiertest sie nur in punkto kochen, putzen, bügeln, die Wohnung einrichten. Du hast mir ein beschissenes Frauenbild vermittelt. Frauen als sexuelle Wesen waren für Dich tabu. Du warst »Ehemann« wie Mutter »Hausfrau« war. So kannte ich Dich.

Welch eine Überraschung, als wir nach Deinem Tod erfuhren, daß Du einen unehelichen Sohn hattest. Damit hattest Du Deine kleinbürgerliche Idylle nicht gefährdet, hast Dein Geheimnis mit ins Grab genommen.

Als ich mit fünfzehn meine erste Freundin hatte, kam nichts von Dir, keine Nachfrage, keine Neugier. Noch schlimmer: Von meiner Klassenlehrerin habt Ihr Euch bestätigen lassen, daß ich nicht homosexuell war. Ihr hattet es befürchtet, aber mich nie danach gefragt. Tabu. Als mein Zwillingsbruder mit siebzehn einen Sohn gezeugt hatte, hast Du Dich geäußert – mit einer Moralpredigt. Welch abgrundtiefe

Heuchelei von einem, der in jungen Jahren in derselben Situation war. Du warst feige, hattest nicht den Mut, Dich zu offenbaren, Verständnis aufzubringen, darüber zu reden.

Es gab vieles, was mir an Dir imponierte. Hattest Du nicht als Schüler einem Judenjungen aus der Klasse gegen die braune Übermacht zur Seite gestanden? Hattest Du Dich nicht schon als Junge den Nazis verweigert und ihnen als Soldat mit Verwundungen nicht nachgegeben? Hatte nicht Deine demokratische Gesinnung Dich 1957 aus der DDR vertrieben? Hast Du nicht als Kommunalpolitiker, als Personalrat, als Gewerkschafter vielen kleinen Schicksalen beigestanden? Warst Du nicht Ratgeber vieler Nachbarn, Freunde und Verwandter?

Du hast mir mit all dem immer imponiert, warst ein Vorbild, dem ich folgen wollte. Aber gleichzeitig warst Du nicht für uns da. Mutter warf Dir oft vor, auch unter Tränen, daß Du Dich zu wenig um die Familie kümmerst. Für uns hattest Du weder Zeit noch Kraft, noch Mut. Unsere Probleme halfst Du nicht lösen. Warst Du also doch ein Einzelgänger? Es konnte doch nicht wirklich Feigheit sein. Ganz gewiß war es: mangelnde Solidarität – mit Deiner Frau, mit Deinen Söhnen.

Es macht mir Angst, Dich so stark in mir zu spüren. Es macht mir Angst, am Ende so zu sein wie Du. Du hast mich gelehrt, daß Männer schweigen. Wir haben nicht miteinander gesprochen, wenn es Probleme gab. So hast Du auch Mutter angeschwiegen, hast sie nicht teilnehmen lassen. Überdies hast Du ihr einen Maulkorb uns gegenüber verpaßt, als Du zum Beispiel das Familiengrundstück verkauftest, ohne mit uns darüber zu sprechen. Deine Söhne waren zwanzig und sechzehn Jahre alt.

Mutter durfte nie krank sein. Sie hatte ja drei Kinder. Hattest Du sie nicht auch? Fürsorge und Besorgnis um Deine Frau hast Du nie spüren lassen. Immer die Devise: Blick nach vorn und durch! Hast Du überhaupt geahnt, was Du mir mit dieser Haltung mitgegeben hast? Das Verhältnis zwischen Mutter und mir war immer distanziert, von Dir kam nie der Ausgleich, ein Mehr an Zuwendung. Du mußt das doch gespürt haben! Du hast mich zu Deinem Lieblingssohn auserkoren, dies aber nie mit Leben erfüllt.

Ich bekam von Dir Zuwendung durch verbale Anerkennung, für Leistungen, schulische oder berufliche. Das war alles. Stolz warst Du, als ich die gleiche berufliche Richtung einschlug wie Du, da konntest Du mich vorzeigen. Deine Hilfe wollte ich damals nicht, das hattest Du mir vorgelebt. Ich bin froh, es ohne Dich geschafft zu haben, mich nicht bei Dir bedanken zu müssen. Ironie Deiner Erziehung, daß ich das von Dir gelernt hatte. Wir haben uns so um eine Chance gebracht, uns gegenseitig zu stützen.

Du warst wichtig für mich. Ich habe Dich anerkannt, habe Deine Zuverlässigkeit und Deinen Gerechtigkeitssinn geschätzt – und übernommen. Das ist ein »Erbe«, für das ich dankbar bin. Aber es genügt nicht, um mein Leben zu meistern. Das mußt Du doch auch gewußt haben. Warum habe ich nie von Deinen Ängsten erfahren? Ich weiß, daß auch Du nur Produkt Deiner Lebenslinien und Deines Elternhauses warst. Deine Eltern habe ich lange genug erleben dürfen, auch sie haben Dir nichts anderes vorgelebt.

Deine Eltern sind ein Kapitel für sich. Du hast Deine Mutter geehrt, geliebt wohl nicht. Du hast Deinen Vater versorgt, aber ziemlich gehaßt. Das wurde sichtbar, als Du ihn betreuen mußtest, was Du aber weitgehend mir und meinem Bruder überlassen hast. Sprachen wir mit Dir über ihn, hast Du offen Deine Verachtung gezeigt. Ich habe oft versucht, mit Dir darüber zu sprechen, Dir zu verstehen gegeben, daß ich mit einer solchen Vater-Sohn-Beziehung nicht klar kam. Vergeblich. Er habe Dir auch nahezu nichts zukommen lassen, sei fern der Familie gewesen, das war Deine stereotype Antwort. Nur keine Gefühle, gar Schmerzen zeigen. Doch sei getröstet: Er ist mit einundneunzig ein Jahr nach Dir gestorben, und er hatte über Dich auch nicht mehr viel zu sagen.

Wie Du Deinen Vater hast vermissen müssen, ohne davon zu sprechen, habe ich Dich vermißt, weil Gespräche mit Dir nicht möglich waren. Erst als ich nicht mehr zu Hause wohnte, wurde es ein wenig besser. Wir machten gemeinsame Spaziergänge, Du erzähltest von Dir. Einmal noch, kurz vor Deinem Tod, hast Du zu mir, als wir im Auto saßen, gesagt, Du würdest gerne zurück in die Politik, aber Mutter wisse nichts davon. Ich riet Dir, mit Mutter darüber zu sprechen, um ihr Vertrauen zu werben. Und ich riet Dir wegen Deiner Gesundheit davon ab. Damals schienst Du mir erleichtert, geredet zu haben. Da hatten wir uns plötzlich etwas zu sagen.

Vater – was bleibt mir? Die Erinnerung. Die

Trauer über unsere dürftige Beziehung. Die Hoffnung, es als Vater zu schaffen, damit mir mein Sohn niemals einen solchen Brief zu schreiben braucht.

Dein Hans.

Steffen Freyberg

Ich bin dreiundfünfzig Jahre alt, von Beruf
Lehrer, geschieden und habe eine Tochter. Zu
meinen Geschwistern, einer neun Jahre älteren Schwester und einem drei Jahre älteren
Bruder, habe ich seit mehr als fünf Jahren keinerlei Kontakt mehr. Das Verhältnis war
schon immer distanziert, besonders schmerz-
lich war die völlig mangelnde Solidarität unter
den Geschwistern. Der Vater, Pfarrer, be-
herrschte uns total. Preußisch-militärisch gab
er Anweisungen und duldete keinen Widerspruch. Ich selbst war nicht minder autoritär,
agierte, manipulierte, tyrannisierte. Mit dem
ersten Brief breche ich das Tabu, über einen
gestorbenen Elternteil anderes als Gutes zu
sagen. Der zweite Brief, der Brief des durch
die Hilfe anderer Männer groß gewordenen
Steffen an den kleinen Steffen, entstand drei
Jahre nach dem ersten, niedergeschrieben in
nur zwei Tagen. Seither fühle ich mich zuneh-
mend freier und selbstbewußter.

Lieber Vati!

Die Anrede verursacht mir schlechte Gefühle, aber
ich habe Dich, bis ich erwachsen war, immer so angesprochen, aus der Kinderperspektive mit dem
Blick nach oben zu dem körperlich überlegenen und

stärkeren Mann. »Vati« klingt zärtlich verkleinernd und paßt überhaupt nicht zu dem eisernen, strengen, offizierhaft steifen Mann, der meine Kindheit wie ein riesiger Baum überschattet. Warum bist Du nie auf den Gedanken gekommen, daß diese Anrede nicht dem wirklichen Verhältnis zwischen uns entsprach?

Ich liebe dich, Herr
Aus tiefer Not schrei ich zu dir
Herr höre meine Stimme
Ach Herr, laß dein lieb Engelein
Herr, Gott, du bist unsere Zuflucht für und für
Was für Stimmen kommen aus mir, wenn ich an Dich schreibe
Herr Jesus Christ, erhöre mich, ich will dich preisen ewiglich.

Ich bin nahe an Tränen, denn mir wird bewußt, daß die von mir mit Inbrunst und viel Gefühl in der Kirche gesungenen Lieder mich nicht dem abstrakten Gott nähergebracht haben, sondern Ausdruck meiner ganz persönlichen Einsamkeit und Verzweiflung waren. Auch der Ausdruck meiner tiefen Sehnsucht nach Deiner menschlichen Anwesenheit, nach Deiner Ansprache und Wärme, nach einem Dialog mit Dir.

Ich habe während des Gottesdienstes mitten unter den Gemeindemitgliedern in meiner Einsamkeit und auf der Suche nach Dir meine Hände erhoben, und diese Geste war die des verlassenen Jungen nach seinem Vater. Ströme von Tränen liefen mir übers Gesicht, und ich wußte damals nicht, warum ich so weinen mußte. Heute weiß ich um das ganze Ausmaß meiner Verzweiflung, die Zeit meines Lebens in mir steckte. Aus meiner tiefen Einsamkeit heraus streckte ich die Hände nach Dir aus, um getröstet, beruhigt, in den Arm genommen zu werden. Es war mein Flehen: Wo bist Du, Vater, warum tröstest Du mich nicht, warum beschützt Du mich nicht?

Wer hat Dir nur dieses Herz aus Stein gegeben? Keine Tränen in Deinem Gesicht, keine Lebensfreude, keine Lust, keine Gefühle. Wieso ein richtender, erziehender, predigender Vater? Wieso Du da oben auf der Kanzel? Wieso diese Härte, diese gnadenlose Härte? Wieso hast Du mich eingesperrt in diese Hölle aus Verboten, Christentum und Gefühlskälte? Wie bist Du so zu Eis geworden? Warum hast Du Dir eine Frau genommen, die ebenso eiskalt war?

Du Priester, der nichts anderes konnte, als Gewalt ausüben. Du warst gewalttätig Deinen Kindern gegenüber und hast sie fast verrecken lassen. Gewalt und Macht hast Du ausgeübt, innerlich dabei ein armes Würstchen mit Minderwertigkeitskomplexen. Du bist ins Schlafzimmer gegangen, um zu furzen, hast Dich niemals nackt gezeigt. Du hast Theater gespielt, den Offizier gespielt, Dich immer nur kontrolliert.

Deine Fassade war so dick, meterhohe Mauern waren um Dich herum. Du hast die Hand befehlend ausgestreckt, damit ich Dir gute Nacht sage. Du hast meine Gefühle für Dich vergewaltigt, meine Liebe und Zuneigung zu Dir. Hinter Deinem Schreibtisch hast Du Dich verschanzt, hinter Deinem Pfaffentalar. Hirnwichser Du!

Von oben herab hast Du den Leuten gepredigt und

sie widerlich manipuliert. In der Kirche hast Du die Bibel erhoben und einen Raum voll Menschen zum Aufstehen gebracht. Daß Dir dabei keiner abgegangen ist, wage ich zu bezweifeln. Was hast Du mit Deiner Geilheit gemacht? Wo hast Du sie hingesteckt? Du Schwein warst nicht besser als alle anderen Nazis. Vom Krieg hast Du geschwärmt, von Deinen heldenhaften Offizieren. Wie oft mußte ich mir diesen Schwachsinn anhören. Auch Dein arrogantes Gerede über den Adel. Du wärst am liebsten ein Von-so-und-so gewesen. Vom Reiten hast Du geschwärmt.

Meine Geburt hast Du Penner verschlafen. Null Gefühl hattest Du Berserker für mich, du gefühlloser Krüppel. Deine Umgebung hast Du in die Knie gezwungen, wo Du nur konntest, ob Kinder, Konfirmanden oder Angestellte. Kümmerte man sich in einem Restaurant nicht um Dich, bist Du sofort unruhig geworden.

Nie hast Du Dich für etwas entschuldigt. Mich hast Du als Knaben und als Jüngling gedemütigt, wo Du nur konntest. Wie oft mußte ich mich entschuldigen, wenn Du Dich daneben benommen hattest. Deine Gebote zu übertreten war eine Todsünde.

Ich will erbarmungslos mit Dir abrechnen, genauso erbarmungslos, wie Du zu mir gewesen bist, der ich Dir gnadenlos ausgeliefert war.

Wenn ich neben Dir stand, stand ich neben meinem Richter. Was hatte ich Dir getan, daß Du anklagend und mit stechendem Blick auf mich hinunter sahst? Ich war doch zart und klein, Dir völlig unterlegen. Ich zitterte neben Dir vor Angst. Hast Du das denn nie gemerkt?

Warum hast Du mich so streng zur Rechenschaft gezogen, wenn ich ein bißchen Zucker aus Mutters Speisekammer genascht hatte? War es ein so schweres Vergehen, daß Du mir Höllen-Schuldgefühle machen mußtest? Als ich einmal das Damenfahrrad von Frau Fritze benutzt hatte und damit so unglücklich gestürzt war, daß das Glas des Vorderlichts zerbrach, hatte ich so Angst vor Dir und Deiner Bestrafung, daß ich mich nicht mehr nach Hause traute.

Ich war allein, mutterseelenallein auf der Welt. Ich fühlte mich so verlassen und war so ängstlich, daß ich häufig nicht wußte, wohin mit mir. Deine Frau, meine Mutter, war für meine kindlichen Sorgen ebenso wenig ansprechbar.

Einmal, als ich schon elf Jahre alt war und als Fahrschüler nach Marburg fuhr, hast Du, als ich heimkam, darüber gewacht, daß ich mein Essen esse. Ich erinnere mich noch ganz genau, wie Du mich zwangst, fettes Wellfleisch zu essen. Ich kämpfte mit Brechreiz und sah Dich flehentlich an, mir das zu ersparen. Du aber wütetest gegen mich. Was hatte ich Dir bloß getan? Warum mußtest Du mich immer in die Knie zwingen? Hat Dir das Spaß gemacht? Hast Du denn nicht gemerkt, daß ich ein zarter Junge war, der Verständnis und Zuwendung gebraucht hätte?

Mein Zorn ist grenzenlos, wenn ich an Dich denke. Dein eitles, aufgeblasenes Offiziersgebaren, stocksteif, maschinenhaft, auftrumpfend, herrisch, besserwisserisch. Dein lauter, ununterbrochener Redefluß, andere Meinungen hast Du Dir gleich gar nicht angehört.

Meine kleine Rache: Wenn Du Dir beim Essen den Schlips bekleckertest, habe ich mich innerlich diebisch gefreut. Aber ich schwieg. Ich sprach nie mit Dir. Was sollte ich Dir als Jüngster auch erzählen? Ich hatte zu gehorchen. Hatte ich einen Wunsch, wurde er mir abgeschlagen. Häufig wurde ich gefragt: »Steffen, wie war es in der Schule?« Das sollte nach Interesse aussehen. Ich haßte dieses Ritual.

Oft hämmerten Deine Befehle bei Tisch nur so auf mich nieder: »Iß, Junge!« »Klecker nicht!« »Leg die Hand auf den Tisch!« »Sitz gerade!« »Wisch dir den Mund ab!« »Nimm doch das Messer!« Einmal murmelte ich: »Nächstens sagst du mir, wieviel ich auf die Gabel nehmen soll…« Dafür schlugst Du mich, links und rechts auf den Kopf. Wie immer zog ich den Kopf ein. Unsere Mahlzeiten ein einziger militärischer Drill. Ich laboriere heute an einer verkrümmten Halswirbelsäule.

Du brachtest der Familie bei, die Butter nur von einer Seite zu nehmen, ebenso, daß man die Teewurst sauber abschneidet, nicht darin herumbohrt. Ich tat letzteres, Du herrschtest mich an, ich gab eine trotzige Antwort. Mit Mühe behieltest Du Deine Beherrschung. Nach dem Essen verlorst Du die Fassung, brülltest mich an und zogst Dich dann mit Herzschmerzen ins Schlafzimmer zurück. Auf Befehl von Mutter mußte ich zu Dir und mich entschuldigen. Eine Moralpredigt folgte, daß ich den Familienfrieden störe. Zerknirscht schlich ich davon. Das waren die schlimmsten Demütigungen meines Lebens, ich habe sie in vielfachen Abwandlungen erlebt.

Eine der vielen demütigenden Geschichten, beim Friseur: Ich war sechs Jahre alt, Du gingst mit meinem Bruder und mir zum Haareschneiden und gabst die Anweisung: kurz, kein Scheitel und alles aus dem Gesicht! Ich sah schrecklich aus und schämte mich. Die anderen Kinder grinsten, es war ein Spießrutenlaufen. Der ganze Ort erkannte mich als Sohn des Pfarrers, als Deinen Sohn.

Ich habe heute keine Haare mehr, einen ganz ungeschützten Kopf, was mir oft Schamgefühle beschert. Nehme ich in der U-Bahn den Hut ab, erwarte ich Gelächter und Spott, obwohl ich kaum jemals auf meinen Kahlkopf angesprochen werde.

Du hast nie gemerkt, wie ich gelitten habe. Ich hätte mich am liebsten immer nur versteckt. Du hast uns stigmatisiert wie Juden mit dem Judenstern. Die Scham reicht bis heute.

Meine Konfirmation mit vierzehn, endlich stand ich einmal im Mittelpunkt der Aufmerksamkeit der Familie, der Tanten und Onkel, bekam Geschenke, fühlte mich wohl. Beim Festessen saß ich am Kopfende der Tafel und wurde gewürdigt. Die Gläser wurden mit Rotwein gefüllt. Ich wartete auf das Zuprosten. Plötzlich sahst Du mich mit dem Rotweinglas in der Hand und griffst panisch danach. Als sei ich im Begriff, eine tödliche Droge zu mir zu nehmen. Du schüttetest das Glas aus, sagtest erregt etwas von dem Kind, das in Gefahr sei. Du hast mich vor der ganzen Runde gedemütigt. Die Verwandten versuchten, Dich zu beschwichtigen, konnten Dich nicht von Deinen »verantwortungsvollen« Absichten abbringen. Ich versank in den Boden, tiefrot mein Gesicht, ich wagte keinen Widerspruch. Ich fügte mich Deinem Befehl, ging in die Knie. Damit war das Fest für mich verdorben. Ich schämte mich furchtbar.

Noch heute bin ich Übergriffen hilflos ausgeliefert, die Scham steckt mir tief in den Knochen. Immer warst Du präsent, auch wenn Du gar nicht da warst. Ich war ganz und gar Sklave, der schon beim Gedanken an etwas, das Spaß machen könnte, Schuldgefühle bekam. Scham- und Schuldgefühle wurden zu den Hauptgefühlen in meinem Leben. Sie haben alle anderen Gefühle verbrannt.

Wenn ich im Bad oder unter der Bettdecke onanierte, war ich voller Schuldgefühle. Entstand ein Fleck, verwischte ich panisch die Spuren. Ich wurde zur Heimlichkeit erzogen. Alles, was ich gern tat, tat ich im Verborgenen.

Welche Befriedigung verschaffte es Dir, mich zu demütigen, zu beschämen, mich in Angst zu versetzen, mich geduckt und mit schlechtem Gewissen vor Dir zu sehen? Von liebevollen und weichen Gesten keine Spur, kein Vertrauen, keine Zuneigung, keine Liebe.

Auch Du stammtest aus einer Pfarrersfamilie, Militärpfarrer war auch Dein Vater, unter dem Du gelitten, ihm aber bis zu seinem Tod die Treue gehalten hast. Und Dein Vater schrieb in seinen Erinnerungen, wie er sich in seiner Kinderzeit nach liebevollen Gesten seiner Erzieher gesehnt hatte! Hast Du Dich nie nach einem liebevollen Vater gesehnt? Was wart Ihr nur für Menschen?

Ade,
Dein Steffen.

Brief des großen Steffen an den kleinen Steffen

Lieber kleiner Steffen,

ich spüre Deinen großen Jammer, der nicht enden will, und sehe und fühle Deinen Schmerz mit Dir,

ich weine mit Dir und halte Dich fest in meinen Armen und wiege dich,

ich wische Dir die Tränen von den kleinen Kinderwangen,

ich streichle Dir ganz zart über Deinen Kopf und beginne ganz leise ein Lied,

ich lasse Dich nie mehr allein.

Wenn Du Deine kleinen Arme und Hände nach mir ausstreckst, werde ich Dich hochnehmen, Dich beruhigen und trösten.

Immer wenn Du mit Deiner zarten Stimme nach mir rufst, komme ich an Dein Gitterbett, setze mich neben Dich und nehme Deine kleine Hand in meine große Hand.

Du wirst ruhig werden und wieder einschlafen.

Ich werde noch lange an Deinem Bettchen sitzen und Deinen Schlaf begleiten.

Wenn Du aufwachst, bin ich da und sehe Dich liebevoll an.

Ich beschütze Dich, wie Du mit vier Jahren, im Alter des kleinen Max, auf der Flucht von Königsberg in Richtung Westen tapfer neben dem Leiterwagen hermarschiert bist.

Ich halte Dich in der Höllennacht von Dresden des 13. Februar 1945, deren Wahnsinn Du nicht begreifen kannst.

Ich will Dir eine Heimat geben in mir, in der Du Dich geborgen fühlen kannst.

Ich werde mit Dir die Welt erkunden.

Ich werde mit Dir fröhlich sein und lachen.

Ich werde mit Dir zu den anderen Kindern gehen.

Du wirst Dich auf sie freuen, und sie freuen sich auf Dich, wenn Du kommst, und nach Dir fragen, wenn Du nicht da bist.

Sie werden Dich vermissen und Dich brauchen.

Ich liebe Dich sehr!

Dein großer Steffen.

Alex Roth

Ich bin fünfunddreißig Jahre alt, geschieden, zur Zeit ohne feste Partnerschaft. Ich habe Speditionskaufmann gelernt, danach längere Zeit im Strafvollzug gearbeitet und bin, nach einem Jahr Tätigkeit am Gericht, wegen einer psychosomatischen Erkrankung pensioniert worden. Ich studiere heute Erziehungswissenschaften, Psychologie und Medienwissenschaften. Ich bin als Einzelkind in sogenannten geordneten bürgerlichen Verhältnissen groß geworden. Das Verhältnis zu meinem Vater war in den letzten Jahren sehr distanziert.

Lieber Vater,

ich schreibe an Dich, um unsere Beziehung zu verstehen und ihre Folgen zu erkennen. Ich beschäftige mich noch nicht lange mit Dir. Schon vor vielen Jahren habe ich eine Distanz zwischen uns gelegt. Ich war der Ansicht, wir beide kämen damit gut zurecht.

Als ich vor ein paar Monaten auf einer Reise zwei Männer sich über ihre Väter unterhalten hörte, kamen plötzlich Gefühle in mir hoch, die ich längst vergessen hatte. Ich spürte Trauer, und in mir reifte die Erkenntnis, daß unsere distanzierte Beziehung gar nicht das ist, was ich mir wünsche. Mir wurde klar, daß meine ewige Suche nach Anerkennung mit unserer Beziehung zu tun hat. Und ich spürte den Wunsch nach einer besseren, näheren Beziehung zu Dir, den Wunsch, mit meinen wirklichen Schwierigkeiten und Ängsten gesehen zu werden, verstanden zu werden, Unterstützung und Trost zu bekommen.

Als meine letzte Freundin sich von mir trennte, warst Du besorgt um mein Auskommen, wegen der Wohnung. Meine Verlassenheit, mein Grübeln über die Gründe der Trennung, mein Schmerz, das alles blieb unausgesprochen. Aber ich möchte auch Dich deutlicher sehen, mehr von Dir und von Deinen Gefühlen wissen. Es wird Zeit brauchen.

Es ist etwas in Bewegung gekommen. Neulich, an Deinem Geburtstag, hatten wir ein ganz ungeplantes Gespräch, mein erster Versuch, mit Dir wieder in Beziehung zu treten. Über die Jahre ist eines nie ganz verloren gegangen, so etwas wie die familiären Bande. Du bist mein Vater, und ich weiß, wenn Du in Not bist, würde ich Dir helfen. Das habe ich Dir an Deinem Geburtstag gesagt. Und Du hast mir das gleiche gesagt. Allerdings hast Du mir auch das Gefühl vermittelt, daß Du Manns genug seist, Dir selbst zu helfen, es sei denn, es ginge nicht mehr anders.

Im Lauf der Jahre hatte ich das Gefühl bekommen, Du würdest nichts mehr fordern, wenn Du mir hilfst. Das war nicht immer so. Früher war ich nur Deiner Unterstützung gewiß, wenn mein Verhalten Deinen Vorstellungen entsprach. Ich erkenne Deinen guten Willen an, aber Deine Art, mit mir umzugehen, gab mir wenig Spielraum. Ich hatte nie die Energie, Dir zu widerstehen, wollte aber auch nie Deinen Weg gehen.

Ich habe nur noch wenige Erinnerungen an meine

Kindheit. Zu meiner Konfirmation wolltest Du mir zum Beispiel eine Uhr kaufen, eine gute, eine besondere, zu tragen bei besonderen Anlässen. Es mußte eine goldene Uhr sein. Ich wollte kein Gold tragen. Du bestandest darauf, ich würde es sonst später bereuen. Ich nahm die goldene Uhr. Deine Schwester schenkte mir einen passenden goldenen Siegelring, immerhin durfte ich die Form aussuchen. Später ärgerte ich mich über Dich, weil Du meinen Geschmack nicht hast gelten lassen, aber ebenso über mich, weil ich mich nicht durchgesetzt hatte. Ich habe beides selten getragen und später mit schlechtem Gewissen verkauft. Hätte ich nur darauf bestanden, eine silberne Uhr zu kaufen! Ich hätte es nicht bereut.

Ebensowenig hätte ich bereut, in einer Bluesband mitzuspielen. Du fandest es keinen guten Umgang für mich. Ich lernte gerade Gitarre, ein langhaariger Mensch aus der Straße hatte mich gefragt, ob ich Lust hätte, in der Band mitzuspielen. Da ich mich mit dem klassischen Unterricht schon länger quälte, hätte es mir Spaß gemacht. Aber ich hatte nicht den Mut, ja zu sagen. Heute kann ich nichts mehr auf der Gitarre spielen, habe auch die Noten verlernt.

Ich wußte immer, daß Dir an einer näheren Beziehung zu mir gelegen war und ich meinerseits mich an Dir orientieren, in Dir ein Vorbild sehen wollte. Dennoch habe ich mich in der Pubertät in mich zurückgezogen, nicht nur vor Dir. Immerhin lernte ich so, für mich allein zu entscheiden und mit allem fertig zu werden. Aber so entwickelte ich gleichzeitig auch die Unfähigkeit, mir Hilfe zu holen, mich unterstützen zu lassen.

Obwohl ich darüber heute besser Bescheid weiß, sind meine früheren Prägungen alles andere als verschwunden. Noch immer beschäftige ich mich eher mit den Problemen anderer, versuche sie zu unterstützen, und sehe meine eigenen Schwierigkeiten nicht so deutlich. So suchten auch meine verdrängten Aggressionen sich eigene Wege, konnten nicht von mir gesteuert werden. Dazu gehören meine Lust am Risiko, meine Art, Auto zu fahren, mein exzessives Rauchen, meine Spielleidenschaft, auch Ironie und Sarkasmus – gegen mich selbst gerichtete Aggressivität. Das hat Kraft gekostet, die ich nicht in meine eigene Entwicklung investierte.

Noch heute habe ich das Gefühl, daß ich viel mehr aus meinen Fähigkeiten hätte machen können. Da in unserer Familie Gefühle kein Thema waren, habe ich mich auf diesem Gebiet immer sehr unsicher gefühlt, konnte Gefühle schlecht zeigen, annehmen, aushalten. Gefühlsbetonte Menschen waren mir unheimlich. Kontaktschwierigkeiten hatte ich nie – aber Beziehungsschwierigkeiten.

Auch für den Umgang mit meiner Sexualität warst Du mir keine Hilfe. Ich erinnere mich an ein einziges Gespräch. Es war ein schöner Tag, wir saßen auf dem Balkon und schälten Birnen. Ich war wohl fünfzehn oder sechzehn Jahre alt. Mit Mädchen hatte ich noch keine Erfahrungen und war sehr unsicher, weshalb ich nie mit Dir darüber sprach. Ich wollte keine Schwäche zeigen. Nun sprachen wir, beide waren wir sehr nervös. Du sagtest etwas davon, daß ich aufpassen und mich nicht mit der Zeugung eines ungewollten Kindes unglücklich machen sollte. Das war schon alles.

Bis ich meine erste sexuelle Begegnung mit einer Frau hatte – bezeichnenderweise erst mit einundzwanzig Jahren –, bezog ich mein Wissen zu diesem Thema aus Zeitschriften und pornographischen Erzeugnissen. Mit Gefühlen hatte das nichts zu tun, um so mehr mit frauenfeindlichen Tendenzen.

Du warst mir nicht nahe genug, um schwierige Gefühle oder Entscheidungen besprechen zu können. Lange Jahre hatte ich niemanden dafür. Ich hatte immer das Gefühl, vor Dir bestehen zu müssen. Ich fühlte mich nicht akzeptiert, meine Wünsche und Vorstellungen wurden abgelehnt. Relativ spät traten in der Schule Lernschwierigkeiten auf, so daß ich das Abitur nicht bestand.

Das wog schwer, behinderte meine weitere berufliche Entwicklung. Ich war nicht zu dumm dafür gewesen, aber nun wurde ich nur ein kleiner Beamter, der sich in der Umgebung von studierten Leuten klein vorkommt. Mit Sarkasmus, meinem Mittel, Menschen auf Distanz zu halten, begegnete ich diesem Minderwertigkeitsgefühl, vergrößerte bissig die Bedeutung anderer, kokettierte damit, daß ich kein Abitur hatte, und wunderte mich, wie so mancher es zu Abitur und Karriere gebracht hatte. Einer, mit dem ich aufs Gymnasium gegangen war und der keinen besonders intelligenten Eindruck gemacht, aber das Abitur gerade so geschafft hatte, wurde später ein hoher Vorgesetzter. Ich schlug mich lange mit dieser destruktiven Eifersucht herum.

Im Berufsleben bin ich ein wenig weiter, lerne die Leistungen anderer mehr und mehr auch als Ansporn zu sehen. Allmählich beginne ich, meine eigenen Werte und Fähigkeiten anzunehmen und zu schätzen.

Vater, Du bist ein handwerklich sehr geschickter Mensch. Aber es gibt nur einen richtigen Weg: Deinen. Für Dich hatte ich zwei linke Hände, und es gelang mir nicht, Dich vom Gegenteil zu überzeugen. Noch heute scheint mir alles, was andere machen, besser als das Ergebnis meiner eigenen handwerklichen Aktivitäten.

Du hattest auch Ideen, mich auf Deinen Weg zu bringen. So hast Du mir zum Beispiel das doppelte Taschengeld in Aussicht gestellt, wenn ich nachweisen könne, wo es blieb, also Buch führen würde. Ich hatte schon damals kein Verhältnis zum Geld und immer mehr ausgegeben, als ich hatte. Ich verzichtete aufs doppelte Taschengeld, weil ich Deine Mißbilligung fürchtete, wenn Du erfahren würdest, was ich mit meinem Geld mache.

Heute wünsche ich mir manchmal, so sparsam und zielstrebig zu sein wie Du. Zwar muß ich heute nicht mehr alle emotionalen Entbehrungen mit materiellem Glück kompensieren, aber sparsam bin ich nie geworden. Dagegen sind Dein Ordnungssinn und Dein Hang zur Perfektion direkt auf mich übergegangen, manchmal mehr, als mir lieb ist. Aber es ist gut, daß ich das von Dir mitbekommen habe.

Deine Ausstrahlung war immer eine sehr männliche, zuweilen harte. Auch gegen Dich selbst warst Du hart. Man schafft, was man will. Der Wille ist das Maß. In der Familie warst auch Du es, der für Strafen zuständig war. Deutlich habe ich aber auch immer Deine weichen Seiten gespürt. So zum Beispiel, als

Du einmal am Ostersonntag in mein Zimmer kamst und verkünden mußtest, daß ich kein Geschenk bekomme, weil ich irgend etwas ausgefressen hatte. Als erstes empfand ich Mitgefühl für Dich, weil ich merkte, wie unwohl Du Dich in der Situation fühltest.

Deine Vorstellung von Gut und Böse, von Recht und Unrecht habe ich sehr verinnerlicht, sie ist aber während meiner Arbeit im Strafvollzug ins Wanken geraten. Deine Lebensphilosophie verbot Dir, Dinge in Frage zu stellen, was möglicherweise zur Konsequenz gehabt hätte, sich ändern zu müssen. Du warst überzeugt davon, daß der kleine Mann überall nur beschissen wird und daß dagegen nichts zu tun sei. Du hast Dich möglichst mit allem abgefunden, warst kein Freund des Risikos.

Ich füge mich zwar nicht mehr in jedes Schicksal, habe aber von Dir tendenziell das Abwägende, Kalkulierende, manchmal Zögernde übernommen. Aber ich bin im Unterschied zu Dir beweglicher geworden. Du gehst von einem einmal beschrittenen Pfad nicht mehr ab, zum Beispiel arbeitest Du, bis Du nicht mehr kannst. Diese Arbeitsmoral ist bewunderungswürdig, aber auch fragwürdig.

Mit dieser Einstellung würde ich noch heute im Strafvollzug arbeiten, mich acht Stunden am Tag quälen und meine Freizeit nutzen. So wie Du. Meine Einstellung, daß ich der Arbeit Sinn und Lust abgewinnen wollte, war Dir immer fremd. Ebenso mein Entschluß, mich mit fünfunddreißig Jahren pensionieren zu lassen, um noch eine Lebensperspektive zu haben, um nicht weiter leiden und durchhalten zu müssen. Mittlerweile bist Du an Deine gesundheitlichen Grenzen gestoßen und zeigst ein bißchen mehr Weitsicht und Vernunft.

Wir stehen am Anfang, aufeinander zuzugehen. Es fällt mir nicht leicht. Ich habe mich über Dein Gesprächsangebot sehr gefreut. Die Wut, die ich früher auf Dich hatte, empfinde ich nicht mehr. Es ist eine Menge Trauer geblieben, aber das Verständnis ist gewachsen. Wir müssen noch über vieles sprechen, was in diesem Brief noch keinen Platz gefunden hat. Nehmen wir uns die Zeit, die wir brauchen, wieder aufeinander zuzugehen.

Alex.

Kurt Hart

Ich wurde 1963 als erstes von drei Kindern in
Schleswig-Holstein geboren. Bis zum Abitur
lebte ich bei meinen Eltern. Ich studierte Physik in Kiel und seit 1987 Luft- und Raumfahrt
in Berlin, wo ich mit meiner Partnerin in eine
gemeinsame Wohnung zog. 1988 wurde unsere Tochter, 1990 unser Sohn geboren.

Papa!

Seit zehn Jahren lebe ich nun nicht mehr zu Hause,
also auch nicht mehr mit Dir. In diesen zehn Jahren habe ich versucht, meinen eigenen Lebensstil
zu finden. Inzwischen bin ich selber Vater von
zwei Kindern. Mein Leben ist geprägt von Arbeit
und zu wenig Geld. Eine Situation, die durchaus
mit Deiner in meiner Kindheit zu vergleichen ist.
Ich betone das, um klarzustellen, daß ich Deine Situation als Vater gut verstehen kann.

Die Geburt meiner Kinder und dann meine Aufgaben als Vater haben mich immer wieder mit meiner Kindheit konfrontiert. Es ist mir bewußt geworden, daß Dein Einfluß auf mich bis zu Deinen
Enkeln reicht, weshalb ich mich intensiv mit meiner Kindheit auseinandersetzen muß. Ich möchte
meine Kinder auf meine Art begleiten. Zwei Jahre
arbeite ich nun schon, mit therapeutischer Unterstützung, an mir und an meiner Kindheit. Ich will

versuchen, ein Resümee unserer Beziehung zu ziehen.

Leider ist es mir nie gelungen, Dir im Gespräch näher zu kommen. Du hast schon beim Verdacht leisester Kritik oder gar unverschleierter Beleuchtung durch aggressive Rechthaberei jedes Gespräch unmöglich gemacht, mit mir genauso wie mit anderen. Du hast gebrüllt und geschrien wie ein kleines Kind, um nicht mit der unangenehmen Wahrheit in Berührung zu geraten.

Ich lasse das nicht mehr zu. Wenn Du diesen Brief liest, ist es gesagt, geschrieben. Du kannst dann brüllen und schreien, aber nicht mehr unterbrechen. Den Brief kannst Du nicht unterbrechen. Dieses Mal wirst Du der Wahrheit ins Auge schauen müssen und kannst nicht flüchten. Die einzige Möglichkeit, die Du hast, ist, die Augen feige zu schließen. Aber dann wirst Du wissen, daß Du feige bist. Ich will, daß Du es weißt!

Ich gehe nun den Weg zurück in meine Kindheit, ein Weg, der für mich unendlich traurig ist. Folge mir ins Jahr 1963! Zu meinen ersten Erinnerungen gehört Omas Garten. Dort steht das Haus, in dem ich mit Omas Hilfe geboren wurde und in dem Ihr damals gewohnt habt. Ich erinnere mich an das Blätterdach im Hof, unter dem ich schlief. Ich fühlte mich in meinem Korbbett wohl und geborgen. Eine andere, weit zurückliegende Erinnerung ist an den kalten Winter 1963/64. Mama lief mit mir an einem kalten, sonnigen Wintertag am zugefrorenen Kanal entlang. Ich war warm verpackt und konnte den Kanal sehen.

Du hast in dieser Zeit keine Rolle für mich gespielt. Während ich das schreibe, wünsche ich mir ganz intensiv, daß es Dich nie gegeben hätte und ich noch einmal ohne Dich anfangen könnte.

Wir sind dann im Dorf in eine kleine Genossenschaftswohnung gezogen, da wurdest Du mir zum erstenmal bewußt, hattest aber immer noch keinen Stellenwert in meinem Leben. Es war eine kleine Welt, in der Du nur selten aufgetaucht bist. Ich glaube, ich war ganz glücklich. Man hat mir später gesagt, ich sei ein ruhiger Junge gewesen, der viel und am liebsten allein gespielt hat.

Zu den angenehmen Erinnerungen dieser Zeit gehört ein Blockwagen, den Du meinem kleinen Bruder und mir gebaut hattest. Bei der Übergabe im Keller fühlte ich mich von Dir sehr ernst genommen. Dieser Wagen war ein sehr wichtiges Spielzeug für mich. Leider weiß ich nicht, was aus ihm geworden ist. Das war das erste und auch gleich das vorletzte Mal, daß Du etwas für mich gemacht hast. Das zweite und letzte Mal war es ein Modellflugzeug, bei dessen Bau Du geholfen hast. Es wurde ein sehr schönes Flugzeug. Du warst ein begnadeter Handwerker. Warum hast Du nicht mehr daraus gemacht? Dein Geschick hätte eine Brücke zwischen uns werden können. Das war überhaupt das einzige, wo ich in Dir ein Vorbild sah, und es tat gut, daß Du irgend etwas konntest, was Bedeutung für mich hatte. Aber für unsere Beziehung war das etwas zu wenig.

Noch einmal das Modellflugzeug damals: Ich hatte alles Material gekauft, es fehlte nur der Motor und die Fernsteuerung, die ich mir nicht leisten konnte. Ich konnte Dich nicht dazu bringen, mir das Fehlende noch zu kaufen. Es fehle uns das Geld, sagtest Du. Ich wußte, wieviel Geld Du in der Kneipe versoffen hast!

Das Saufen war Dir wichtiger als ich, das schwachsinnige Gelalle in der stinkigen Kneipe war Dir mehr wert als die Begegnung mit mir. Wie habe ich sie gehaßt, diese Dorfkneipe. Der Wirt, der Dir noch einen Schnaps einschenkte, obwohl Du schon völlig besoffen warst, war für mich ein skrupelloses Arschloch, das an Deiner Schwäche noch verdiente. Er wußte, daß Du zu oft bei ihm warst und wir am Rand der Armutsgrenze lebten. Einmal hast Du mir erzählt, wie Du zum Bier fünfzehn Miniwürstchen gegessen hast – für fünfzehn Mark. Aber für eine Fernsteuerung war kein Geld da. Ich kam mir so entsetzlich wertlos vor!

Zurück zu dem Blockwagen. In dieser Zeit bist Du fast jeden Abend drei Häuser weiter zu Nachbarn gegangen, wo privat Bier verkauft wurde, und hast Dir einen angetrunken. Es war dann zu Hause immer miese Stimmung.

Ich sah bei anderen, daß die Väter mit ihren Kindern Basteleien machten, Ausflüge, Sport, Urlaub gab es da oder einfach einen, den man nach allem Möglichen fragen konnte. Mit Dir ging das nicht, ich merkte, daß es Dir am liebsten war, wenn man Dich nicht ansprach. Du wärest gestört worden in Deiner Feierabendruhe, die Du angeblich brauchtest. Du wolltest nichts mit uns zu tun haben. In meinen dreißig Lebensjahren ist mir keiner begegnet, der so konsequent faul war wie Du. Arbeiten, saufen, essen, motzen und schlafen, das war alles. An mehr erinnere ich mich nicht.

In mir wuchs die Sehnsucht nach einem männlichen Vorbild. So schloß ich mich immer mehr anderen Familien an, aber da war ich immer nur das fünfte Rad am Wagen. Es war unbefriedigend, ich kam mir überflüssig vor, ein Gefühl, das ich bis heute nicht verloren habe.

Ich glaube, daß meine unbefriedigte Sehnsucht nach einem Vorbild, nach mehr als dem, was Du mir geboten hast, die Ursache für mein späteres Leid war. Früher habe ich noch versucht, Dir von meinen kleinen Abenteuern, meinen Wünschen und Vorstellungen zu erzählen. Aber ich denke, Du warst verletzt, daß Du nicht die wichtigste Person in meinem Leben warst und daß ich mit sechs Jahren Pilot und nicht Schlosser werden wollte. Ich habe mir oft abends im Bett ein Cockpit gebaut und bin davongeflogen.

Ja, Du warst verletzt, daß mir dieser desinteressierte, faule und versoffene Vater kein Vorbild war. Ich habe daraus gelernt und versuche, meinen Kindern vorzuleben, daß es sich lohnt, Ziele zu haben.

Warum warst Du nicht vom Sofa runterzukriegen? Warum war Dir Dein Mittagsschlaf wichtiger als ich? Warum bist Du am Sonntag nicht einmal nüchtern geblieben? Es wäre so schön gewesen, wenn Du einmal mit mir einen Ausflug mit dem Fahrrad gemacht hättest. Was alles hast Du mir und Dir vorenthalten!

Du hast nicht erlebt, wie schön es ist, wenn die Kinder der Nachbarschaft sich darum streiten, die Laterne an der Hand des Vaters ihres Freundes zu tragen. Oder wenn ein Kind zu Dir kommt und sagt: »Ich habe dich ganz lieb!« Heute weiß ich um den Wert solcher Erlebnisse, solcher Belohnung der eigenen Bemühungen, als Kind wußte ich nichts davon.

Wir haben irgendwann die kleine Welt des Dorfes verlassen und sind in ein Industriegebiet gezogen. Dort hattest Du als LKW- und Kältemaschinenschlosser eine bessere Arbeit gefunden. Es war eine spannende, neue Welt für mich. Nach der Schule bin ich zu Dir in die Werkstatt und habe den Umgang mit dem Werkzeug von Dir lernen wollen, aber mein mehr theoretisches Interesse hat Dir vermutlich Angst gemacht.

Schon mit dreizehn wußte ich mehr vom mechanischen und elektronischen Hintergrund als Du. Ich dachte, Du wärst stolz auf mich, weil ich schon so viel wußte. Du hast mich aber nur einen theoretischen Klugscheißer genannt. Bald merkte ich, daß ich mich dumm stellen mußte, um Dir näher zu kommen. Das hat dann ganz gut geklappt, aber ich bin dabei fast verrückt geworden und schlug mich mit Alpträumen und Magenschleimhautentzündungen herum.

Ich bin sicher, Du wußtest nichts davon. Genauso wenig übrigens wie meine Lehrer, die mich für ein bißchen komisch hielten, wenn ich gekrümmte Flächen durch kleine Dreiecke zu bestimmen versuchte. Mein Physiklehrer bescheinigte mir, ich hätte kein physikalisches Verständnis, als ich ausrechnen wollte, wieviel Arbeit ein Mensch braucht, um eine bestimmte Masse zu halten. Später beim Studium bestätigte mir ein Professor, daß meine diesbezüglichen Ideen gar nicht so dumm gewesen waren.

Warum hast Du nur solche Angst vor meiner Wissensgier gehabt? Heute sagst Du stolz, daß Dein

Sohn Luft- und Raumfahrt studiert – Dein Beitrag dafür war Behinderung und Erniedrigung, die ich überwinden mußte. Nachdem ich bei Dir keinerlei Anteilnahme gefunden hatte, zog ich mich mehr und mehr zurück, machte meine Experimente und Erfindungen ganz allein. Hast Du jemals mitgekriegt, was ich alles damals gebaut habe?

Mit dreizehn war ich überzeugt davon, daß Du mich haßt, weil ich ein Sohn war, der Testpilot werden wollte. Ich erinnere mich noch gut daran, wie Du ausgeflippt bist, als ich in der neunten Hauptschulklasse nach dem üblichen Betriebspraktikum die angebotene Lehrstelle als Maschinenschlosser ablehnte. Vor die Tür wolltest Du mich setzen, weil ich Mittlere Reife und Abitur machen wollte. Du wolltest nicht weiter für mich zahlen müssen, wobei Du außer Essen und einem Bett sowieso nichts für mich bezahltest, nicht einmal Taschengeld bekam ich.

Wie hast Du mich erniedrigt und gequält! Ich kann mich beim besten Willen an kein einziges gutes Wort von Dir erinnern. Du bist nur ein armseliger, besoffener, schlaffer Sack mit schlechten Manieren gewesen. Dünne Arme, dünne Beine, nach Alkohol stinkend, wenn Du mich nachts aus dem Bett holtest. Ich hatte Angst vor Dir, wenn ich Dich kommen hörte. Ich schämte mich dafür, daß ich vor einem wie Dir Angst hatte. Es war mir peinlich, der Sohn eines solchen Haufens von Feigheit, Dummheit und Gemeinheit zu sein. Und es hat mich beschämt, daß Du so viel Macht über mich hattest, daß ich mich so schlecht wehren konnte. Ich habe mir angewöhnt zu tun, als könntest Du mir nichts anhaben, habe keine

Schmerzen gezeigt, wollte Dir den Spaß verderben. Entsprechend gemeiner wurden Deine Methoden.

Beim Abendbrot hast Du mir, wenn ich die Wurst mit den Fingern nahm, mit dem Messer auf die Hand geschlagen. Einmal hast Du mir ein Fingergelenk kaputt geschlagen. Ich habe nicht gezeigt, wie schrecklich weh es tat, und niemandem davon erzählt.

Habe ich einmal protestiert: »Das finde ich fies von dir«, hast Du gedroht: »Soll ich mal richtig fies werden?!« »Auch du wirst dich anpassen müssen!« war eine Deiner Lieblingsweisheiten. Es hat Dich zur Weißglut gebracht, daß ich es nicht tat. Du wolltest mich brechen. Du wolltest nicht täglich damit konfrontiert werden, daß ich mehr wollte. Du wolltest mich vor Angst zittern sehen, ich sollte so werden wie Du. Meine größte Angst war, so zu werden wie Du. Oft habe ich mir gewünscht, Dir Vorbild sein zu können. Aber das klappte natürlich nicht. Die Versuche haben mich viel Kraft gekostet und viel zerstört.

Deine Sauferei war das schlimmste. Der sonntägliche Frühschoppen, der ein Sonntagsvormittagsbesäufnis war, hat in mir immerhin die Fähigkeit entwickelt, beurteilen zu können, wieviel jemand intus hat. Kamst Du heim, hast Du entweder den Sonntag verschlafen oder Stunk gemacht, vor allem mit mir. Schlimm war immer der Augenblick, wo Du heimkamst. Ich hatte immer Angst davor.

Ich sehe Dich noch im Delirium das, weil Du spät kamst, verschmorte Sonntagsessen in Dich hineinfressen. Die Soße tropfte Dir aus dem Mund, mit der Gabel fuhrwerktest Du herum, weil Deine Bewegungen Dir nicht mehr gehorchten. Obwohl Du verspätet kamst, mußten wir am Tisch sitzen bleiben, bis Du satt warst, und Dir zuschauen. Es war widerlich und ekelhaft. Wenn wir Glück hatten, hast Du dann auf dem Sofa Deinen Rausch ausgeschlafen. Aber wir durften nicht mucksen, Du brauchtest Ruhe. Wir konnten dann nicht im Wohnzimmer spielen oder fernsehen. Wärst Du wenigstens ins Bett gegangen! Aber nein, Du mußtest uns noch schlafend Deine Macht demonstrieren. Es gab mächtig Ärger, wenn Du durch uns aufgewacht bist.

Abends hast Du mich, wenn Du aus der Kneipe heimkamst, öfter noch aus dem Bett geholt, und ich mußte noch etwas aufräumen. Du hast gestunken und entsetzlich rumgebrüllt. Oft traute ich mich nicht einzuschlafen, eh Du daheim warst und im Bett lagst. Ich wollte nicht von Dir geweckt werden. So bin ich nicht selten im Sitzen eingeschlafen. Noch heute leiden meine Kinder darunter: Ich werde immer sehr aggressiv, wenn ich geweckt werde, und es dauert immer eine Zeit, bis ich merke, daß mir niemand Böses tun will.

Du hast uns an den Rand unserer Existenz gebracht. Einmal hattest Du Matthias und mir Prügel angedroht, wenn Du aus der Kneipe kommst. Wir wollten Dich in eine Falle locken. Hinter der Zimmertür haben wir auf Dich gewartet. Matthias hatte eine Bratpfanne in der Hand, ich ein Küchenmesser. Wir wollten beherzt zuschlagen, fest entschlossen, Dich zu töten. Wir hörten Dich kommen, aber Du hast das Zimmer nicht betreten, bist an der Türe umgekehrt. Was bist Du für ein Arschloch, daß Deine Kinder zum Mord an Dir entschlossen waren!

Irgendwann beschloß ich, einfach schnell stärker

zu werden als Du. Ich bin dreimal die Woche zum Schwimmen gegangen und habe Karate gelernt. Mit sechzehn hatte ich es geschafft, ich war Dir körperlich überlegen und konnte mich erfolgreich zwischen Dich und Mama oder meine Schwester stellen, um sie vor Dir zu schützen. Es kam daraufhin zu endlosen Streitereien, sinnlos, unangenehm und peinlich, aber ich hatte keine Angst mehr vor Dir.

Mich hat diese Rolle sehr belastet. Denn eigentlich wollte ich fort, aber ich mochte meine Schwester nicht ohne Schutz lassen. Mit siebzehn habe ich Dich in einer Rauferei bezwungen, weil Du Mama schlagen wolltest. Mir war danach sehr elend.

Das waren die Jahre, in denen ich meine Schulabschlüsse nachholte. Zweimal die Woche wolltest Du mich vor die Tür setzen. Mama hat tapfer dagegen gehalten. Dann hatte ich mein Abitur. Ich war sehr stolz und froh, nun ein Sprungbrett zu haben, die soziale Schicht verlassen zu können. Es war das erste Abitur in unserer Familie überhaupt und das erste eines Hauptschülers von Westerrönfeld. Ich sehnte mich so nach einer kleinen Anerkennung, nach einem kleinen Geschenk von Dir!

Hier beende ich meine Reise in die Vergangenheit. Ich habe sie aufgeschrieben, damit Du meine Kindheit nicht vergißt. Ich frage mich immer wieder, womit ich Dich verdient habe. Ich war ein kleines Kind und habe Dir nichts getan. Du besoffenes und schwankendes Arschloch hast die Flamme meiner kindlichen Lebensfreude und Kreativität ausgepißt.

Dieser Sumpf ist noch da, aber ich habe Freunde gefunden. Und sie versuchen immer wieder, den noch feuchten Docht meiner Lebenskerze anzuzünden. Ich bin noch voller Mißtrauen allen Freundlich-keiten gegenüber. Es dauert sicher noch Jahre. Aber irgendwann kriegen sie die Flamme wieder an!

Ich will, daß Du Dich bei mir entschuldigst.

Ich will, daß Du meine Kindheit, die Du versoffen hast, nicht vergißt.

Ich will, daß Du meine verlorene Kindheit be-weinst.

Ich will, daß Du mir meine Kindheit wiedergibst.

Ich habe väterliche Freunde gefunden. Dennoch wünsche ich mir immer noch, daß Du noch ein Vater wirst. Ich weiß, daß das ein vergeblicher Wunsch ist. Vielleicht wird irgendwann doch noch etwas aus uns. Nur werde ich nicht mehr Deine Aufgaben übernehmen. Es kotzt mich zwar an, daß ich Dir schon wieder die Hand hinhalte, aber ich möchte Frieden machen mit Dir – nur einen ehrlichen Frie-den, der viel Arbeit von Dir und mir voraussetzt. Ich werde Dir nicht irgendwann einfach verzeihen, auch nicht auf Deinem Sterbebett. Du kommst nicht so leicht davon.

Ich fühle mich als Sohn meiner Freunde, eine lange Liste von Vätern. Wenn Du Deinen Namen hinzufü-gen willst, liegt noch viel vor Dir. Ich bin noch weit entfernt.

Warum nur warte ich auf Dich?

Kurt.

Jochen Wolters

Ich bin fünfundvierzig Jahre alt, Studienrat,
geschieden, lebe allein, habe seit eineinhalb
Jahren eine feste Beziehung. Ich bin das jüngste von drei Kindern, meine Schwester ist fünf
Jahre, mein Bruder sechs Jahre älter als ich. In
der Familie gab es wenig Entfaltungsmöglich-
keiten für mich, auch weil ich von Kindheit
an im elterlichen Betrieb arbeiten mußte.

Vati,

ich halte seit Jahren Trauer, Tränen, Wut und Haß
zurück, weil ich die Erinnerung an unsere gemeinsame Zeit nicht ausgraben wollte, weil ich Angst
hatte, daß es mich zu sehr quält. Du warst ein Haus-
tyrann. Nach außen warst Du ein ausgesprochen
freundlicher, zugewandter, liebevoller und jovialer
Mann. Alle mochten Dich, nur Deine Frau und
Deine Kinder nicht. Die hattest Du alle gegen Dich.
Sie arbeiteten, angeführt von Deiner Frau, unablässig gegen Dich, bis Du mit fünfundfünfzig Jahren am
Herzinfarkt gestorben bist. Ich war zweiundzwanzig Jahre alt.

Es wäre besser für mich gewesen, wenn Du das
Rückgrat gehabt hättest, Dich von Deiner Frau, mit
der Du wenig gemeinsam hattest, zu trennen. Wahrscheinlich bliebst Du nur der Kinder wegen.

Ich liebte und verehrte Dich. Bis ich sechs war,

warst Du kaum zu Hause, nur an wenigen Wochenenden. Ich platzte jedesmal vor Stolz auf Dich und freute mich riesig, wenn Du kamst. Wenn Du mit dem LKW voller Erdbeeren zu uns kamst, sind wir Dir schon kilometerweit auf der Landstraße entgegengelaufen, um Dich zu begrüßen. Ich wollte Dich beschützen vor meinem Opa, der schlecht über Dein Auto sprach. »Arschloch« habe ich zu ihm gesagt und mir dafür eine Ohrfeige eingefangen.

In diesen Jahren war vor allem mein Bruder Deinen sadistischen Angriffen ausgeliefert. Er war schwach in der Schule. Warum wohl? Du hast mit ihm ausgehandelt, daß es bei jeder Zwei fünf Mark gab, bei jeder Fünf den Arsch voll. Er bekam immer den Arsch voll.

Du lebtest sechshundert Kilometer von uns entfernt. Als ich sieben war, zogen wir zu Dir nach Krefeld. Ich war begeistert, hatte mich sehr darauf gefreut. Da aber begann der wahre Horror.

Was hattest Du mit meiner Schwester angestellt? Du hast sie Deinem geilen und widerlichen Schwager ausgeliefert, damit er herausfindet, ob sie »mannstoll« ist. Was hast Du altes Arschloch Dir dabei gedacht, als Du das zarte vierzehnjährige Mädchen diesem Fiesling ausliefertest? Ich kann nur ahnen, was er mit ihr angestellt und wie er an ihr rumgefummelt hat, der geile Sack. Angeblich soll er Dir dann berichtet haben, daß sie nicht mannstoll ist. Sie durfte in die Tanzstunde. Du hast meine Schwester indirekt sexuell mißhandelt! Ich erinnere mich an eine Äußerung von Dir: »Nimm du sie dir, ich mag sie nicht, sie ist mir viel zu fett.« Du hast sie nur gedemütigt. Interessiert hat sie Dich nicht, da Du sie nicht in Deinem Betrieb einsetzen konntest, anders als meinen Bruder und mich.

Wir waren Deine Sklaven und haben bis zur Erschöpfung geschuftet. Seit ich zehn war, mußte ich jeden Tag vier Stunden im Keller Kartoffeln abpakken. Du hast mich gezwungen, körperlich sehr hart für Dich zu arbeiten.

Manchmal versuchte ich, mich davonzustehlen. Aber Dein schriller Pfiff rief mich zurück, wie ein geprügelter Hund machte ich kehrt, trottete mit hängendem Kopf, voller Angst vor Deiner Gewalt zurück, um meine Pflicht zu tun. Außerdem mußte ich sonnabends die Straße fegen, den Müll abtransportieren, Rasen mähen und so weiter. Auch sonntags mußten wir pünktlich um sieben Uhr abends im grauen Kittel im Keller stehen und Dir helfen.

Du hast Deine Söhne als Sklaven ausgenutzt und mich immer nur klein gemacht, bis ich keinen eigenen Willen und kein Rückgrat mehr hatte. Kinderarbeit ist strafbar. Man hätte Dich anzeigen müssen. Ich habe meine »Aufzugskosten« bereits in meiner Kindheit voll eingearbeitet. Du hast finanziell von mir profitiert. Noch mehr von meinem älteren Bruder, fünf Jahre länger hast Du an Lars verdient.

Groß angegeben hast Du vor Bekannten und Verwandten, daß Deine Kinder alle Unterstützung für ihre Ausbildung bekommen. Welch eine Lüge! Denn Lars hast Du die finanzielle Unterstützung verweigert, und mich hast Du vom Gymnasium genommen, um Dir spätere Studienkosten zu ersparen.

Im Gymnasium kam ich nicht mehr mit. Mit zwölf blieb ich sitzen, eine Folge der Kinderarbeit.

Es war eine riesige Katastrophe für mich und die Familie. Du hast mich zwar nicht zusammengeschlagen, aber die ganze Familie gegen mich aufgehetzt und mir sechs Wochen Strafarbeit aufgebrummt: In den Ferien mußte ich vergammelte Zwiebeln schälen, Unkraut jäten, durfte keinen Kontakt zu Freunden haben. Kein Kontakt, kein Trost, nur Mißachtung.

Ich hielt es nicht aus und machte einen Selbstmordversuch. Ich aß drei Eßlöffel voll Unkraut-Ex. Ich wurde krank, aber niemand hat gewußt, wovon. Du kalter Kotzbrocken wärst der letzte gewesen, der sich um mich gesorgt hätte.

Ich hatte Todesangst vor Dir und Deiner Brutalität, deshalb log ich Dich bei jeder Kleinigkeit an. Weil Lügen aber für Dich in Deinen nebulösen religiösen Vorstellungen des Teufels waren, warst Du besonders darauf aus, sie mir auszutreiben.

Ich hatte zum Beispiel einmal abgestritten, Löcher in die Zahnpastatube gemacht zu haben. Nachdem ich es gestanden hatte, kündigtest Du mir an, mir um sechs Uhr abends im Keller eine Tracht Prügel zu verabreichen. Du bist dafür extra in die Gärtnerei gefahren, einen Rohrstock zu kaufen.

Es waren qualvolle Stunden, niemand stand mir bei, niemand sprach mit mir – und niemand brachte mich auf die einzig vernünftige Idee: abzuhauen. Stattdessen wartete ich völlig paralysiert, dem Schicksal ergeben und halb irr vor Angst auf meinen Schlächter. Er kam, er war böse, und er hatte meinen Bruder mitgenommen, damit er sieht, wie man mit einem Lügner verfährt. Er führte mich in den zehn Meter tiefen und kalten Keller, er brüllte mich an: »Willst du noch einmal lügen?« Und ich empfing als erstes Ohrfeigen.

Dann legtest Du mich übers Knie und prügeltest auf mir herum, bis Du nicht mehr konntest. Ich weinte. Du warst ein Tier mit wutverzerrter Fratze und schlugst mich noch ein paar Mal in mein verweintes Gesicht. Bald konnte ich nicht mehr weinen. Du verschwandest. Ich war leer und völlig gefühllos. Tagelang hast Du mich dann keines Blickes gewürdigt. Ich war ein minderwertiger Lügner. Ich war nichts. Meine Geschwister und Mutter machten mit. Ich fühlte mich dann auch entsprechend klein, einsam, ein Lügner, zu nichts mehr zu gebrauchen.

Du hast zugelassen, daß Deine Frau ihre Frustration über Eure Ehe jederzeit an mir auslassen konnte und mich öfter als Du verprügelt hat. Du hast mir die schwersten Stunden meines Lebens beschert. Du hast mir beigebracht, daß ich keinerlei Chancen und nichts zu sagen hatte. Du hast mir gezeigt, daß es nur in einem Inferno enden kann, wenn ich einen Konflikt heraufbeschwöre. Noch als Dreißigjähriger hatte ich ein Schmerzgefühl im Hintern, sobald irgendein Konflikt anlag. Immer noch die Angst vor Schlägen und vor Erniedrigung.

Du hast die Gefühle von Wut und Trauer, hast den Wunsch nach eigener Entscheidung aus mir herausgeprügelt. Ich hatte nur Deine Zuneigung, wenn ich bequem, freundlich und zugewandt war. War ich sauer, weil ich Deine verdreckten Schuhe putzen mußte, konnte ich nur sagen: »Aber gern, lieber Vati!« Seit wir in Krefeld lebten, mußte ich jede

Nacht daran denken, welch ein schönes Leben wir in Passau ohne Dich hatten.

Dann wolltest Du, daß ich Deinen Betrieb übernehme. Als ich siebzehn war, sagtest Du: »Du müßtest blöd sein, wenn du nicht dieses Geschäft übernimmst!« Ich habe Dir nicht widersprochen, aber bei mir gedacht: niemals! Jahrelang hatte ich nur ein Ziel: nichts wie weg!

Als ich fast achtzehn war, passierte etwas sehr Schlimmes. Mein Freund verunglückte tödlich mit dem Auto, es war ein schrecklicher Unfall. Ich war verzweifelt. Deine Reaktion: »Das habe ich doch immer gewußt, daß der sich mal die Rübe abfährt.« An diesem Abend war ich zum ersten Mal lauter als Du. Ich habe Dich angebrüllt, mir war alles egal. Aber Du bliebst ruhig. Nun dauerte es nicht mehr lange, bis ich das Haus verließ. Für Dich hatte ich nur noch das Gefühl von Mitleid.

Du warst völlig allein.

Deine Frau hatte Dich emotional verlassen.

Deine Kinder verschwanden und hatten kein Interesse mehr an Dir.

Keiner wollte Dein Geschäft haben, es schlingerte dem Konkurs entgegen.

Du hattest keine echten Freunde.

Vier Jahre später bist Du einsam und frustriert am Herzinfarkt gestorben. Ich konnte keine Trauer empfinden, habe keine Träne geweint. Das hattest Du mir ausgetrieben.

Lieber Vati, jetzt, fünfundzwanzig Jahre nach Deinem Tod, empfinde ich manchmal Trauer und warme Gefühle für Dich. Du warst ein kräftiger, imposanter Mann, sehr charmant, sehr beliebt. Ich bin oft mit Dir im Lastwagen unterwegs gewesen, um Obst, Gemüse und Margarine zu verkaufen. Alle haben gern bei Dir eingekauft.

Du warst zwar nicht besonders selbstbewußt, aber voller Kreativität, Ideenreichtum und Kraft, Deine Ideen auch in die Tat umzusetzen.

Neben Obst, Gemüse, Margarine auch Forellenzucht, Champignonzucht, Schweinezucht, dazu drei Pferde, Hund, Katze, Hühnerstall, Fasanerie, Enten, Schafe, und alles improvisiert, nie ganz rund, irgend etwas ging immer schief. Das Pferd latschte in Nachbars Garten, das Obst verfaulte, der Hund schiß ins Lager.

Deine Frau war eine erklärte Gegnerin all Deiner Ideen, von denen Du täglich neue entwickeltest. Sie machte sie ewig schmollend mit und brachte die Kinder gegen Dich auf. Ich habe oft Deine Angst vor dem finanziellen Desaster gespürt.

Mich als den Jüngsten hast Du am wenigsten drangsaliert und Dich, als ich vierzehn war, sogar um mich gekümmert. Da dachtest Du wohl, daß die Erziehungsarbeit beginnt. Du besorgtest mir eine Lehrstelle und botest mir an, später den Betrieb zu übernehmen.

Einmal haben wir zwei sogar einen viertägigen Urlaub zusammen verbracht. Es war toll. Du warst ganz weich, hast Karl May gelesen, den Hut im Nacken, die Füße im Bach. Wir waren uns in diesen Tagen sehr nah! Und einmal sind wir mit meinem Bruder und Pferd, Wagen und Hund ins Elsaß gefahren. Ich war vierzehn und Du hast mir sehr viel zugetraut, ich konnte am besten mit Pferd und Wagen umgehen. Das sind fast meine schönsten Erin-

nerungen mit Dir. Ich werde diese Tage nie vergessen.

Ich bedaure es sehr, daß ich über die schlimmen
Erinnerungen erst heute sprechen kann und daß ich
mit Dir nicht mehr über meine Vorwürfe ins Gespräch kommen kann. Vielleicht hätte ich mich dann
schneller und mit weniger Schmerzen zu dem entwickeln können, was ich heute bin – ein erwachsener
Mann.

Jochen.

Kurt Reichard

Ich bin fünfunddreißig Jahre alt, verheiratet,
Vater eines fünf Jahre alten Sohnes. Ich bin
Geschäftsbereichsleiter in einem größeren In-
dustrieunternehmen. Nach Abitur und Bundeswehr Ausbildung zum Bankkaufmann,
dann Studium der Betriebswirtschaft und
nach einer vierjährigen Assistentenzeit an der
TU Berlin Promotion. Der Vater ist Hoch-
schullehrer, die Mutter Hausfrau. Ich habe einen vier Jahre älteren Bruder.

Lieber Vater, lieber Papa,

ich möchte diesen Brief an Dich schreiben, um mir
selber klarer zu werden, wer Du für mich bist, was
Du für mich bedeutest und bedeutet hast. Auch
möchte ich Klarheit darüber bekommen, was ich für
Dich bedeute und bedeutet habe. Unsere Beziehung
ist heute getrübt, verwischt und nicht offen. Ich will
es nicht so, es macht mich traurig und wütend.

Warum ist unsere Beziehung so beziehungslos?
Wieso unterhalten wir uns fast nur über Dinge, die
uns kaum verbinden, die uns eigentlich nicht betreffen? Politik, meine berufliche Situation, Deine berufliche Situation. Daß wir uns mögen, spüre ich
durchaus, aber es steht so viel Unausgesprochenes
zwischen uns. Ist es nicht verrückt, daß zwei Menschen, die sich nahe sind, im vollen Bewußtsein über

das Leben des anderen so aneinander vorbeileben und die Themen, die beide betreffen, vermeiden?

Neben Mutter prägte mich kein Mensch so stark wie Du. Am Telefon werden wir noch heute verwechselt, weil unsere Stimmen so ähnlich sind. Die Grundzüge Deiner Handschrift habe ich übernommen – übrigens auch von anderen vaterähnlichen Menschen. Mein Charakter, meine Art, mit Menschen umzugehen, mein Umgang mit meiner Liebespartnerin, mein Berufsweg, mein Sein und Fühlen als Vater, meine Sehnsüchte, Wünsche und Ziele, das alles ist stark von Dir bestimmt.

Ich bin Dir für vieles sehr dankbar. Ich denke tatsächlich manchmal, daß ich mit Dir als Vater Glück gehabt habe. Aber ich empfinde auch Trauer und Wut darüber, was Du alles von mir gefordert und in wievielen Situationen Du mich allein gelassen hast.

Du hast mich Kritikfähigkeit gelehrt. Ich weiß noch gut, daß Du mir schon früh die Dinge des Lebens ausführlich erklärt und mit mir besprochen hast. Es war zwar immer ein bißchen viel, es waren immer Vorlesungen, aber Du bist schließlich Wissenschaftler. Aber das wichtigste, Du warst für mich da und hattest Zeit für mich. Dabei habe ich auch Deine Wärme gespürt. Ich habe gelernt, daß Dinge Ursachen haben, daß man sie erklären kann, daß man sie nicht einfach hinnehmen muß. Man kann sie auch verändern. Daraus habe ich gelernt, daß man auch sein Leben gestalten kann.

Aber wo warst Du, als Mutter, Deine Frau, ihren Jungen so voll in Beschlag genommen und mich unermüdlich bearbeitet hat? Ich war ihr hilflos ausgeliefert. Du mußt das doch gemerkt und gespürt haben. Du wolltest es nicht wahrhaben, weil Du selbst mit ihr nicht klargekommen bist. Du hast sie und Eure Situation nicht verstanden und Dich in Deinen Beruf verabschiedet.

Du hast Dich zu Hause bemüht, hast für (halbwegs) gute Laune und reine Luft gesorgt. Meist, wenn Mutti frustriert, verärgert, verletzt war, weil Du Dich nicht um sie gekümmert hast und sie auch sonst keine Freunde fand. Aber wann warst Du schon zu Hause? Warst Du zwar da und hilflos, oder warst Du gar nicht da? Ich erinnere mich nicht mehr.

Meinen Bruder und mich hast Du allein gelassen, hast uns zugemutet, was Du selber nicht aushalten konntest, was Du, der sonst alles wußte, nicht erklären konntest. Du hast Dich bemüht, uns Mutters Verhalten zu erklären, mehr noch mir als meinem Bruder, der sich schon lange und für fast immer von der Familie zurückgezogen hatte.

Ich mache Dir keinen Vorwurf daraus, daß Du die familiären Probleme nicht lösen konntest. Aber warum hast Du mich damit so allein gelassen? Und warum verweigerst Du bis heute das ehrliche Gespräch darüber?

Als ich geboren wurde, seid Ihr gerade wegen Deines Berufes umgezogen. Ab da hast Du Tag und Nacht gearbeitet und Mutter mit ihren zwei Söhnen allein gelassen. Ich war wie Mutters erstes Kind, weil mein Bruder die ersten Jahre bei den Großeltern aufgewachsen war. Sie hatte mich für sich allein.

In mir kommt (noch gebändigte) Wut auf, daß Du mich da so im Stich gelassen hast. Ich hätte Dich sehr gebraucht. Du hättest mir zeigen können, wie man sich gegen jemanden wehrt, der einen vereinnahmt, wie man seine eigene Person schützt. Du hättest mich lehren können, meine eigenen Wünsche entwickeln und vertreten zu können, wie man zwischen den Wünschen und Begierden eines anderen und den eigenen trennt.

Statt dessen habe ich gelernt, daß ich meiner Mutter und damit jeder Frau hoffnungslos ausgeliefert bin, daß ich völlig abhängig bin von »der Frau«. Ich habe gelernt, daß es meine Aufgabe ist, für die Frau dazusein, ihr Retter und Helfer zu sein. Ich mußte mich bereits als kleines Kind in eine Frau einfühlen, die auch nicht nur halbwegs meine Gefühle und Bedürfnisse erahnt hat.

Warst Du nicht auch mal ein Junge? Hast Du meine Interessen nicht sehen können? Deine Mutter ist früh gestorben und Du mußtest, glaube ich, früh Verantwortung übernehmen. Deshalb hättest Du doch fühlen müssen, wie es mir ging, wie es mir oft noch heute geht!

Papa, Du bist ein einfühlsamer Mann. Es ist doch nicht möglich, daß Du das alles nicht mitbekommen hast. Wie abhängig warst Du von Deiner Frau! Warum hast Du mir nicht gezeigt, wie man sich von einer Frau abgrenzt? Deine Lösung war weg sein, wegschauen, unehrlich sein. Aber das ist keine! Oder war das alles am Ende passend für Dich, für Deine Ziele, Deine Karriere?

Ich will Dich nicht verdammen. Ich schätze Dich und bin froh über vieles, was Du mir gegeben hast. Aber ich muß meine Gefühle zu Dir ergänzen mit der Wut und Traurigkeit, die ich bis heute nicht loswerde.

In meiner Partnerschaft bin ich oft unfähig, klare

Distanz und liebevolle und respektvolle Nähe zu schaffen. Klebrig und einengend sind die Muster, die ich mitgenommen habe aus meiner Kindheit. Ich habe lange gebraucht, bis ich das Einengende in der Partnerschaft als eine Übertragung der Mutter-Sohn-Beziehung erkannt habe und daß ich das ändern kann. Aber es fällt mir noch immer schwer, aus der Abhängigkeit von Frauen herauszukommen. Deshalb lasse ich Frauen kaum an mich herankommen.

Von Dir habe ich auch gelernt, Frauen nicht ernst zu nehmen. Ich meine damit nicht die offene Frauenverachtung, wie sie üblich ist. Du hattest Respekt vor Frauen. Ich meine mehr diese subtile Nichtachtung: »Frauen sind anders.« »Frauen sind unlogisch und emotional.« »Laß mal, sie kriegt sich schon wieder ein.« Und immer den Frauen alles erklären wollen...

Aushalten habe ich auch von Dir gelernt, wie schlecht auch immer. Du hast Mutter, mehr schlecht als recht, ausgehalten. Es macht mich so traurig, daß Männer sich nicht anders verhalten, daß Du Dich nicht anders verhalten hast. Aushalten, durchhalten, nicht nur in der Familie, sondern auch im Beruf, das bedeutet, sich alles gefallen lassen, kein Gespür haben für die eigenen Wünsche und Bedürfnisse. Erfolgreich sein, gesellschaftlich in gehobene Stellung kommen, dafür habe ich eine Menge ausgehalten.

Ja, Papa, Du hast es sehr früh schon geschafft. Du bist ein anerkannter Wissenschaftler. Hast Du aber dafür nicht viel geopfert, ausgehalten, in Kauf genommen? Auch ich bin erfolgreich, wie Du ohne Wissen um das rechte Verhältnis zwischen Arbeit und Entspannung, Muße und Anstrengung, Geben und Nehmen. Ich habe von Dir nicht gelernt, wie der Sinn des Lebens abseits der beruflichen Erfüllung aussehen kann.

Klug sein, logisch denken, analysieren können, ehrlich sein, fleißig sein – gegen diese Tugenden habe ich nichts. Auch warst Du eher bescheiden, hast mehr durch Deine Persönlichkeit als durch Machtgehabe oder Geldgeprotze gewirkt. Auf der Strecke ist dabei geblieben, sich Muße zu gönnen, mit anderen Menschen in Ruhe eine Beziehung aufzubauen, Lebens- und Liebeslust zu genießen.

Beim Schreiben dieses Briefes spüre ich Trauer und Dankbarkeit Dir gegenüber. Ich beginne, mich an das Ungenügende zu erinnern, sehe aber wieder mehr die angenehmen Momente. Du hast mir zum Beispiel zu meinem dreißigsten Geburtstag geschrieben, daß auch Du mit Dankbarkeit an die gemeinsamen Jahre zu Hause zurückdenkst. Da wünsche ich mir sehr, daß wir offener miteinander umgehen und über uns sprechen könnten.

Ich weiß nicht, ob ich schon stark genug bin, um auf Dich zuzugehen. Zu oft habe ich mich früher von Dir nicht ernst genommen gefühlt und fühle mich auch heute noch als kleiner, ängstlicher Junge. Hast Du die Kraft, auf mich zuzugehen?

Dein Kurt/Sohn.

Wilfried Wieck

Ich bin sechsundfünfzig Jahre alt, Psychotherapeut und Männerforscher, Gründer von Männergruppen, denen ich viel verdanke, auch dieses Buch. Mein Vater war Dozent an einer Ingenieurschule und starb mit zweiundfünfzig Jahren, als ich vierundzwanzig war. Meine Mutter starb 1980, ich habe in meinem Buch ›Männer lassen lieben‹ von ihr erzählt.

Carl Eugen Wieck,

dieses wird kein Liebesbrief an Dich. Ich bin ein enttäuschter Sohn, auch ein ge-täuschter. Weil ich nicht davon ausgehe, daß ich Dich liebe, und schon gar nicht sicher bin, daß Du mich geliebt hast, will ich diesen Brief nicht mit »Lieber Vater« beginnen. Zum Schreiben dieses Briefes benötige ich mehr Distanz als gewöhnlich. Denn ich befürchte Ähnlichkeiten zwischen uns, schäme mich Deiner Charakterzüge. Franz Kafkas Brief an seinen Vater aus dem Jahr 1919 hat mich nicht nur auf seinen Vater wütend gemacht, sondern auch auf Franz selbst.

Ich schreibe, um Dir etwas zuzumuten, aber noch mehr: um etwas zu bewirken. Ich will versuchen, unsere Beziehung zu verändern. Ich will nicht nur Dich, sondern auch mich besser verstehen. Dir mag das gänzlich hirnrissig erscheinen. Aber Du bist nicht der einzige Vater, der wie Du ist, und ich nicht der einzige Sohn, der fühlt, wie ich fühle. Lohnt der Versuch einer Änderung? Meine briefliche Bemühung ist enorm anstrengend, ich spüre Lähmung und Trostlosigkeit dabei, aber auch immer wieder Zuversicht, daß es nicht zwecklos ist.

Ich will Väter wie Dich bedrängen, sie beunruhigen, bewegen. Manchmal spüre ich die Fähigkeit und Kraft dazu, manchmal fühle ich mich dieser Aufgabe nicht gewachsen. Meine ganze heutige Arbeit ist ein kräftiger, lebenswichtiger Gegenentwurf zu Deinen »väterlichen« Haltungen und Werten.

Du mußt Dir vorstellen: Ich sitze hier und grüble über der Frage, was hat dieser Mann dir gesagt? Wann hat er dir etwas gesagt? Wie hat er sich dabei gefühlt? Wie habe ich mich dabei gefühlt? Ich kann mich nicht erinnern, jemals ernsthaft von Dir angesprochen worden zu sein. Mir fällt nichts ein. Dabei haben wir doch zweiundzwanzig Jahre in derselben Wohnung gelebt. Mir will, trotz angestrengten Nachdenkens, keine einzige Formulierung einfallen, die Du an Deinen sogenannten Sohn gerichtet hast. Wovon war die Rede in unserer beziehungslosen Beziehung?

Deine Ehefrau, meine Mutter, hielt Dich anfangs für geeignet, mein Vorbild zu sein. Darin war sie kurzsichtig. Du hast ihr nicht widersprochen, hast ihr nicht gesagt: »Ich kann ihm kein Vorbild sein, mir fehlt das Menschliche.« Du hast nichts gesagt, außer wenn es um meine »Ungeschicklichkeit« ging, bei technischen Vorgängen, beim Radfahren, bei Schularbeiten. Mein Ungeschick habe ich gewiß nicht von Dir »geerbt«, das sollte der mütterliche Anteil gewesen sein.

Ich will Väter wie Dich nicht nur bedrängen, ich möchte sie konfrontieren, ihnen helfen, ihnen widersprechen, sie fragen und zu der emotionalen Bemühung provozieren, sich mit ihren Söhnen auseinanderzusetzen. Hätte ich das schon früher getan, wärst Du womöglich in der Lage gewesen, mir standzuhalten. Ich war schüchtern.

Du hast mir nie Gehorsam abverlangt. Das ist mir erst später bewußt geworden. Ich rechne es Dir hoch an, auch wenn es vielleicht eher Deiner Schwäche als Deinem Toleranzbewußtsein zuzuschreiben war. Hätte ich Dich kritisiert, hättest Du mich wohl kaltschnäuzig in Schach gehalten, nach dem Motto: »Das prallt an mir ab wie ein Popel am Panzerschiff.«

Ich habe Dir gegenüber starke Ressentiments. Weil ich den Vater noch immer suche? Wo kann ich ihn finden? Wo soll ich suchen?

Ganz nach Deiner Art frage ich: Wirst Du meinen Brief beantworten? Das habe ich sicher bei Dir abgeguckt: Du liebtest die pathetische Übertreibung. Als Dozent hast Du gerne und ohne echte Verbindlichkeit geredet und brilliert. Wer anders als Du könnte aber diesen Brief und meine Fragen beantworten? Wer kann meinem Zorn über den fehlenden Vater begegnen? Wer kann meine Trauer mildern und mich trösten? Vielleicht werden Menschen reagieren, von denen ich es nicht erwarte. Du würdest mich gewiß wie gewöhnlich im Stich lassen.

Du bist vor zweiunddreißig Jahren gestorben, ich war gerade vierundzwanzig Jahre alt. Heute bin ich schon vier Jahre älter als Du bei Deinem Tod. Würdest Du noch leben, würde ich Dich nicht mehr in Ruhe lassen. Ich fühle, daß Du heute von mir lernen könntest.

Ich stelle mir bisweilen vor, daß ich Dich, den etwas jüngeren und nicht gerade weisen Geschlechtsgenossen, Dozent an einer Ingenieurschule, besuche und Dir eine Beziehung anbiete. Männer wie Du kommen heute in meine Sprechstunde, und manche lernen tatsächlich, mit ihren Söhnen nicht wie mit Feinden umzugehen. Meine Phantasie stellt uns beide in diese aufregende Situation, aber ich komme nie recht weiter. Ich kann mir nämlich nicht vorstellen, wie Du reagieren, wie Du antworten würdest. Das schmerzt und bringt mich zur Verzweiflung.

Ich erinnere mich an Deine Beerdigung. Ich empfand keine Trauer, nur Erleichterung. Jetzt konnte ich in Ruhe studieren, ohne Deine autoritäre, aber müde Frage, wann ich endlich fertig wäre. Zu Deiner Beerdigung erschien auch Deine Geliebte. Eine merkwürdig verwaschene, schmuddelige Blondine, mir blieb schleierhaft, warum Du gerade sie ausgewählt hast.

Ich hatte Dich nicht mehr auf Deinem Totenbett sehen wollen, ich hatte Angst davor. Noch Jahre lang habe ich bezweifelt, daß Du nicht mehr da bist. Es hätte mich nicht gewundert, wenn jemand gesagt hätte, daß der jetzt irgendwo in Südamerika lebt, sich aus dem Staub gemacht hat, weil er diese Familie, diese Frau und diesen Sohn, nicht mehr aushielt.

Vieles von Dir habe ich verdrängt, selbst Dein Äußeres. Du warst nicht sehr groß, dunkelblond, trugst eine Brille. Auf einem frühen Foto fand ich Dich toll: auf einem Bootssteg, braungebrannt, weißer Anzug, schwarzweiße Schuhe. Ein markanter, hübscher Mann, lässig, freundlich, elegant, geradezu erotisch. Später, als ich in Dir das Vorbild suchte, war Dein Blick stumpf geworden, irgendwie seelenlos, unaufmerksam. Du hattest kein Feuer mehr, kein Interesse am Leben und an anderen Menschen. Dein Bauch wurde dick, der Rest schien auszutrocknen. Dazu paßte Deine Speichelsteinoperation: Die Flüssigkeit verließ den Lebensmüden. In der Familie warst Du immer müde. Aber es muß noch etwas in Dir lebendig geblieben sein, draußen lief noch einiges ab, Schlüpfriges.

An zärtliche Berührungen von Dir erinnere ich mich nicht. Du hast mich nicht gefüttert, gebadet, mich nicht mit ins Bett genommen, bist nicht mit mir spazieren oder zum Laufen oder Schwimmen gegangen. Ich lernte erst jemanden in den Arm nehmen, als ich die Großgruppe meines anderen, beruflichen Vaters verließ. Dort war ich nicht zuletzt deshalb gelandet, weil Du den kleinen, zu lang geratenen Sohn nie auf den Schoß genommen und ein wenig gehalten und gewärmt hast.

Ob meine Trauer über diese unwiederbringlich ungelebte Beziehung zwischen uns jemals nachlassen wird? Du hast Dich auf perfekte Weise nicht um mich gesorgt, warst nicht anwesend für mich und meine Sorgen. Wollte ich überhaupt einen Vater? Einen wie Dich sicher nicht.

Statt bei mir warst Du in Deiner Ingenieurschule. In einer Gedenkrede anläßlich Deines Todes, sprach ein Kollege von Dir über den »lieben Freund«, von den Kollegen geachtet und von den Studenten verehrt, der, einer natürlichen Neigung folgend, die

Technik den Menschen vorgezogen habe. Dein Menschenbild stammte aus der Fabrik. Menschen waren für Dich Sender und Empfänger, ohne Platz für Gefühle und seelisches Wachstum. Du hast mir einiges beizubringen versucht, aber streng seelenlos. Um meine Angst vor Menschen loszuwerden, sollte ich am Kurfürstendamm in elegante Restaurants gehen, durchspazieren und den speisenden Gästen in die Augen schauen.

Als Dich Dein sogenannter Freund in der Gedenkrede strebsam nannte, sagte er nicht die ganze Wahrheit. Denn um die Vollkommenheit Deiner menschlichen Fähigkeiten hast Du nie gerungen. Bei Siemens und Halske warst Du mit wehrwirtschaftlichen Aufgaben unterwegs in den von den Deutschen besetzten Gebieten. Wenn ich überhaupt etwas davon hörte, waren es nur Prahlereien über Deine Erfolge.

Auch hat er vorgeschwärmt, daß Du ein Selfmade-Mann gewesen seist, von der Pieke auf »gedient«, nie aufgehört, an Dir selbst zu arbeiten. Du und Deine Kollegen, Ihr habt alle dieselbe jammervolle Weltanschauung gehabt: Technik, Betriebswirtschaft und deren »tieferer« Sinn, der sich in materieller Freiheit erfüllen sollte und durch »schöpferische Kraft«, durch »scharfsinnigen, erfinderischen Geist« erfüllt wurde. Folgerichtig war Dein kalkulierendes, spekulierendes und organisierendes Denken lobenswert. Als erster Dozent in Deiner Akademie fuhrst Du einen Volkswagen – den ich oft, vier Stunden lang, polieren helfen mußte. Vier Mark habe ich dafür bekommen.

Ein lebensbejahender Mensch, der lachen und lachen machen konnte, seist Du gewesen, meinte Dein Freund außerdem. Mich schüttelt die Heuchelei. Wart Ihr alle einfach nur dumm und ungebildet? Oder wart Ihr schlechte Schauspieler im Fach »Mann«, in unechten Rollen?

Dich interessierte unsere Familie nicht, Du brachtest nur nicht den Willen auf, sie zu verlassen. In gewisser Hinsicht standest Du allein im Leben, wußtest nicht um Deine kindischen Anteile, hattest nie richtige Freunde. Du hast Dir Männer gesucht, denen gegenüber Du Dich überlegen fühlen konntest. Deine sogenannten Freunde waren alle kraftlose Schlaffis, verschlafen, vertrottelt und stumpf, manche davon allerdings gewitzte Ausbeuter. Du hast Deine Depressionen durch ätzende Arbeitssucht kaschiert, zu Hause warst Du voll im Entzug, sauer und unausstehlich.

Du merkst, ich kann Dich nicht gerecht beurteilen. Mir fällt nur Negatives ein. Du hast mich unentwegt entmutigt, »Junge, bist du ungeschickt!« Und Deine sexuelle Aufklärung bestand aus einem einzigen Satz: »Schlafe nie mit einer Frau, die du nicht im Notfall auch heiraten könntest.« Carl Eugen Wieck: Dein Notfall war ich! Diese scheinbar blöde Banalität hat Dich entlarvt!

Du hast nicht gewußt, daß ich onaniere und dabei Angst und Schuldgefühle habe. Daß ich mich nicht an Mädchen herantraue, die mir gefallen. Daß ich nicht wage, mich zu verabreden, weil ich die Worte dafür nicht kenne. Davon war zwischen uns nie die Rede – aber dann diese Geschmacklosigkeit mit dem »Notfall«.

Als Junge wußte ich nicht, daß es Charakterstärke

und Persönlichkeit gibt, daß man an Gefühlen arbeiten, sie verändern kann. Hätte ich eine Wahl gehabt, ich hätte mir Dich nie als Vater ausgesucht. Heute würde ich Dich dazu auffordern, die ungeliebte Frau nicht länger an Dich zu binden, Dir Männer zu suchen, die wirkliche Freunde sind und Freundschaft als lebenslange Aufgabe begreifen. Außerhalb der Familie wurdest Du gepriesen für Dein Temperament, Deine Heiterkeit, Lebhaftigkeit und Aktivität. Warst Du bei Deiner Frau und Deinem Sohn, verwandeltest Du Dich in einen ganz und gar gefühllosen Mann, melancholisch, cholerisch, autoritär und gewalttätig.

Deinen kleinen Sohn hast Du mit einem Riemen geschlagen, den Du theatralisch aus dem Schrank geholt hast. Als ich mit acht Jahren eine gleichaltrige Freundin nicht »ritterlich« genug behandelte, hast Du mich außer Dir vor Wut vor ihren Augen so verprügelt, daß ich durch die Luft flog. Verstanden hatte ich rein gar nichts, denn warst Du »ritterlich« zu Deiner Frau? Ekelhafte Doppelmoral!

Als ich meine kleine Schlafkammer renovierte und Du mir helfen mußtest, den Schrank wieder an seinen Platz zu rücken, hast Du wütend und unachtsam meine frisch geklebte Tapete ruiniert. Ich war neunzehn und habe Dich zum ersten Mal in meinem Leben so laut angebrüllt, daß Du sofort verschwunden bist. Ich rettete mich daraufhin in den Park und weinte eine halbe Stunde lang. Endlich hatte ich dem Sohnesfeind Widerstand geleistet, sogar erfolgreich, meiner Entwicklung förderlich, denn Du wurdest zurückhaltender, hast mich fortan mit vielem Quatsch verschont.

Deine Entmutigungen wurden subtiler, Deine Lieblingsbeschäftigung blieb der Wettbewerb. Die Konkurrenz zu mir hat Dich immer stimuliert. Schach hast Du mit mir nur so lange gespielt, wie Du gewonnen hast. Habe ich laut etwas vorgelesen, kamst Du reingestürmt, es sei nicht zum Aushalten. In der Schule bekam ich sehr gute Noten fürs Vorlesen! Logisches und Mathematisches interessierte Dich. Wir brüteten über knifflligem Denksport – bis ich besser war als Du. Das alles hat mich unfähig gemacht zur Solidarität mit Männern, ich war durch Dich zu einem zu guten Konkurrenten geworden.

Ich erinnere mich an eine Geschichte gnadenloser Rivalität. Ich hatte ein neues Fahrrad, selbst verdient, und wollte Dir meine Schnelligkeit beweisen. Ich behauptete: »Hindenburgdamm Ecke Schloßstraße bis Glienicker Brücke in einer halben Stunde!« Du dagegen: »Das schaffst du nie!« Wir wetteten, ich strampelte. Am Ziel atemlos in die Telefonzelle: »Papa, ich bin hier, guck auf die Uhr.« Du: »Woher weiß ich denn, von wo aus du anrufst!« Du hattest mir die Anerkennung verweigert, aber wirklich schlimm und grausam war, daß Du mir zutrautest, Dich zu belügen. Das untergrub mein Vertrauen zu Dir, denn ich spürte, daß Du im Unterschied zu mir zu einer solchen Lüge durchaus in der Lage gewesen wärst.

Dein Wettbewerb war Ausdruck feindseliger Gesinnung. Er diente dazu, mich kleinzuhalten. Es gab kein freundschaftlich ermutigendes mit- oder gegeneinander Ringen. Ich beurteilte eigentlich immer mißtrauisch jede Deiner Aufforderungen in dieser Richtung. Das fing schon beim Fahrradfahren an, das ich mir lieber von Großvater beibringen ließ, war nicht anders beim Schwimmen, Tennisspielen, Autofahren.

Meine Skepsis Dir gegenüber war für mich Vorschule der Menschenkenntnis, die ich mir später erworben habe. Von Dir habe ich nicht nur Vorbehalte vielen Menschen gegenüber gelernt, Deine ekelhaften Vater-Attitüden haben in mir auch die Sehnsucht nach einem älteren, erfahrenen Mann entstehen lassen, der mich liebevoll anleiten kann. Da ich nicht wußte, woran ich ihn erkennen könnte, geriet ich immer wieder an diese gräßlichen Vaterfiguren, die mich nicht anerkannten, sondern unterschwellig bekämpften. Lehrer, Universitätsprofessoren und ein bekannter Großgruppentherapeut gehörten dazu. Auch noch nach massiven Enttäuschungen durch diese eifersüchtigen Kontrahenten träumte ich nachts weiter von ihrer freundlich-väterlichen Zuneigung, die es tatsächlich kaum gab.

Dir verdanke ich diese Sucht nach Anerkennung, danach, geliebt und nicht weggeekelt zu werden. So fiel ich immer wieder naiv auf Vatermasken herein, ließ mich hinhalten, demütigen, ließ mein Vertrauen mißbrauchen, mir verlockende Angebote machen, die zurückgenommen wurden, um besonders hart zu treffen. Würdest Du noch leben, müßtest Du die Verantwortung dafür übernehmen.

Ich äußere mich hier rachsüchtig. Wenn Deine brave Tochter meint, Du hättest mich doch geliebt, ich würde meine Kindheit zu düster sehen, ich müßte es doch besser wissen, da ich Psychotherapeut sei, erwidere ich: »In die Fresse hauen würde ich ihm, wenn er noch lebte!« Ich weiß, ich würde es nicht tun, weil meine Abscheu gegen Gewalt viel zu groß ist. Deine Tochter wiegelt ab, wenn ich sie auf Deine Fehler als Vater hinweise, fordert mich auf, großzügig über Kleinigkeiten hinwegzusehen.

Nein, ich bin Dir nicht dankbar, muß Schlechtes über Dich sagen, Deine Verzweiflung übersehen dürfen. Der verlogenen Direktive meines zweiten, beruflichen Vaters: »Versöhnen Sie sich mit Ihren Eltern« kann ich nicht mehr folgen. Ich kann kein Mitleid mit Dir empfinden, denn ich habe unter Dir gelitten, nicht umgekehrt.

Solche Derbheiten erleichtern mich, helfen Kräfte zu sammeln, um selbst ein besserer »Vater« zu werden – oder zumindest ein Mann, der mit Männern human umgehen und ihnen Verständnis entgegenbringen kann.

Während ich Dir schreibe, kommen wieder alle Gefühle auf, die ich seit Deinem Tod zur Abwehr benötigte. Vielleicht sollte ich Sie einfach siezen, Herr Ingenieur, es fällt mir schwer, »Du« und »Dich« zu benutzen. Wut kommt auf, jahrelang war ich beherrscht von Empörung und Zorn, wenn es um Dich ging. Unter dieser massiven Schicht angreiferischer Affekte schlief im Verborgenen die Trauer, die ich erst wahrzunehmen begann, als mir freundliche Gesprächshilfe angeboten wurde. Ich stürzte in hochgradige Verwirrungen der Gefühle, weinte heiße Tränen, lachte über gar nicht Lachhaftes und verkrampfte mich im Versuch, damit zurecht zu kommen.

Unter der Trauer lag in einer noch tieferen Schicht die Sehnsucht nach der Liebe des Vaters vergraben. Ich gönnte Dir nicht den Triumph, daß ich nach Deiner Zärtlichkeit gesucht hätte. Das hättest Du nur als Sieg empfunden, mich dafür verachtet, wie Du meine Ungeschicklichkeit und meine allzu große Zartheit verachtet hast. Obwohl ich heute ahne, daß Du selbst als Kind nicht schwach und hilfsbedürftig sein durftest, kann ich mich nicht dazu durchringen, Dir zu verzeihen.

Deshalb wohl gehe ich auch mit mir selbst immer noch nicht liebevoll genug um, was auch damit zusammenhängt, daß ich an Dich nie Bedürfnisse, Ansprüche, Hoffnungen herantragen konnte. Nicht die einfachsten Dinge und Handreichungen, schon gar nicht Impulse wie Trauer mit Dir oder die Suche nach Trost. Ich bat Dich nicht, ich warb nicht um Dich. An diesem Verhalten hatte sicher Mutter einen noch größeren Anteil. Sie verwöhnte mich, las mir die Wünsche von der Stirn ab, manipulierte mich. Ihrer »Erziehung« hast Du nichts entgegengesetzt.

Ich versuchte verzweifelt, mich an positive Erlebnisse zu erinnern. In meiner frühen Kindheit existiertest Du nicht. Ich konnte mich nicht erinnern, daß Du mich jemals vor den Übergriffen meiner Mutter geschützt hättest. Eine ganz frühe Erinnerung bringt mir einen ungeschickten und grollenden Vater ins Gedächtnis, dem es nicht gelingt, einen kleinen medizinischen Eingriff an meinem Fuß zu bewerkstelligen. Es kommt mir vor, als sei es das erste Treffen überhaupt gewesen. War meine Ungeschicklichkeit eine Projektion? Eine selbsterfüllende Prophezeiung? Denn Du warst auch später so, ungeduldig, hektisch, unfreundlich. Immer voller Vorwürfe, desinteressiert, mürrisch abgewandt. Kein Wunder, daß sich meine Phantasie unermüdlich damit befaßte, es Dir heimzuzahlen, gegen Dich zu kämpfen, Dich zu verletzen – aus dem sicheren Abstand der Phantasie heraus.

Lange dachte ich, daß ich überhaupt keine erfreulichen Kindheitserinnerungen mehr ans Licht brächte, bis ich mich männlichen Freunden öffnete. Joachim, mit dem ich zehn Jahre zusammenarbeitete, bot mir an, im Kreis einiger Männer aus meinen Gruppen über Dich zu sprechen. Sie führten mich in die angenehmere Kindheit hinein. Das danke ich ihnen besonders, denn in meiner zehnjährigen Charakter- und Lehranalyse war im Grunde niemals von Dir die Rede gewesen. Mein Lehrer vermied als Psychologe das Vater-Thema, weil er Dir so ähnlich, eifersüchtig auf tüchtige Söhne war und die Mitarbeiter durch Rivalität anstachelte.

In der Gruppe meiner eigenen Analysanden, Kollegen und Freunde erfuhr ich zum erstenmal in der Sache »Vater« eine liebevolle Zuwendung von Männern. Sie fragten mich sehr viel, so daß ich endlich weiter vordringen konnte.

Sie fühlten, wie sehr ich mich bemühte, Deine Anerkennung zu bekommen, und fragten mich, ob Du attraktiv für mich gewesen seist. Ich entdeckte, daß ich Dich zwar bewunderte, Dein Konkurrenzzwang aber diese Bewunderung weitgehend verstummen ließ. Ich brauchte Dich. Ich fürchtete Dich! Wie gern hätte ich Dich vergöttert und umworben. Warum hast Du meine verklemmte Liebe nicht gespürt?

Sie fragten mich, ob Du mit mir gespielt, mich ins Bett gebracht hast. Was war, wenn Du abends nach Hause kamst? Was an den Sonntagen? Als Lutz mich fragte, ob Du mir Gute-Nacht-Geschichten vorgelesen hast, kamen mir die Tränen. So wichtig warst Du mir. Daß ich wieder weinen konnte um den Verlust des Vaters, erleichterte mich und brachte Dich näher. Die Männer fragten mich auch, ob Du zärtliche Gefühle mir gegenüber gehabt hast, die meine Mutter verhinderte.

Über Politik, Literatur oder Philosophie haben wir nicht gesprochen. Nie hast Du mich ins Kino, Theater oder Konzert mitgenommen. War das nur die ganz normale Unbildung eines vielbeschäftigten Technikers?

Allmählich erinnerte ich auch angenehme Aspekte meiner Vater-Episode. Um in Deiner Nähe zu sein, paßte ich die Nachmittage ab, an denen Du zu Hause Klausuren korrigiertest. Ich saß dabei und feilschte mit Dir um bessere Zensuren für Deine Studenten. Manchmal hatte ich Erfolg. Ich warb für andere – nicht für mich. Immerhin entstand so eine sehr indirekte Art von Rendezvous zwischen Vater und Sohn. Lange habe ich nachgedacht, warum Du mich »Söcki« nanntest, was so zärtlich klang. Aber Du hast mich auch »Schweißfußindianer Stinkende Socke« geheißen, doch nicht so zärtlich.

Leistungsmäßig gab es Positives. Du warst ja Konstrukteur, der technisch zeichnen konnte. Ich sollte für die Schule T-Träger zeichnen, Aufriß, Grundriß und Seitenriß. Da warst Du geduldig und gewissenhaft! Monatelang lagen dann die Zeichnungen bei mir im Zimmer, bis der Lehrer darauf bestand, daß ich sie mit in die Schule bringe. Ich bekam viel Anerkennung, es waren die besten Zeichnungen in der Klasse. Warum hatte ich sie nicht in die Schule bringen wollen? Weil ich sie zu Deinen und nicht zu meinen Leistungen zählte.

Es gibt Fotos aus der Kindheit, auf denen ich einen stolzen und glücklichen Vater sehe. Ich krabbele auf einem sonnenbeschienenen Tisch, Du faßt mich leicht am Arm, ich bin neun Monate alt. Es gibt mehrere Fotos, auf denen Du mich auf dem Arm hast und mich freundlich betrachtest. Auf späteren Bildern gucke ich ängstlicher. Auf einem wollte ich Dich »graulich machen«, wie Mutter daneben schrieb, Dir Angst machen. Warum? Wollte ich Dir etwas zurückgeben?

Du warst wohl ein freundlicher Vater, als ich sehr klein war. Wodurch veränderte sich das? Wurde ich Dir zu groß? Zu stark? Warum ist der liebevolle Vater so schnell verschwunden?

Vom »positiven« Vater kamen doch allmählich Eindrücke zurück: Dein würziger Tabak, Dein männliches Parfüm, Deine starke, warme Hand. Du hast mir übers Haar gestrichen, mich nachts vom einen Bett ins andere getragen. Als diese Erinnerungen kamen, wurde mir warm ums Herz. Aber ich konnte sie nur schwer festhalten, schnell verflüchtigten sie sich hinter Wut, Trauer und Sehnsucht. Ich gestatte ihnen nicht zu existieren. Aber winzige Keime von Mitleid mit Dir regen sich.

In der freundschaftlichen Gruppe wurde ich gefragt, ob ich wisse, warum ich die Gruppentherapien für Männer machte. Ich sah erst nicht den Zusammenhang, und mir fiel nichts dazu ein, ich begriff langsam, daß das etwas mit Dir zu tun hatte – etwas aufbauen, was ich als Sohn vermißte. Irgendwann einmal muß es auch Wärme mit Dir gegeben haben, mußt Du für mich dagewesen sein. Wie kam es zu dem Bruch?

Ich hatte immer gedacht, daß ich Dir ähnlich sehe. Heute entdecke ich im Spiegel eher meine Mutter – dieses weinerliche, resignierte, tragikomische Gesicht. Warum sehe ich Dich immer seltener im Spiegel? Hast Du mich auch körperlich verlassen? Ich kann übrigens sehr traurige Männer viel schlechter trösten als die forscheren. Auch machen mir die langen Kerle, die mir zu ähnlich sind, Mühe.

Zum Schluß möchte ich einige Wünsche formulieren, die Dich nicht mehr als Forderungen erreichen, aber mir helfen, den Bruch zwischen uns aufzuklären.

Bleib öfter bei mir, geh nicht so schnell wieder weg. Konkurriere nicht mit mir, hilf mir statt dessen, unterstütze mich. Sei nicht so hart mit mir, so gewalttätig. Ich bin nun einmal langsam, scheu, zart und brauche liebevolle Behandlung. Wehre Dich gegen die Mutter, die mich autoritär verwöhnt. Sieh meine Sehnsucht nach Dir, auch wenn ich sie verstecke. Liebe meine Schwester nicht mehr als mich. Unterdrücke nicht Deine Schwächen.

Wie glücklich hätte ich als Junge sein können, wenn ich vermocht hätte, solche Wünsche auszusprechen!

Sohn wird man bei der Geburt, aber Vater nicht bei der Zeugung. Vater wird ein Mann durch die intensive und tatkräftige Bemühung um Menschlichkeit und Gefühl. Vater wird, wer lebenslänglich leben lernt, wer beunruhigt bleibt, weil er immer wieder neu die Verantwortung für den Stil des eigenen

Lebens übernehmen muß. Vater kann nur sein, wer seinen Sohn nicht sterben sehen möchte. Ich arbeite an mir, um ein solcher Vater zu werden.

Wilfried.

Holger Kaltofen

Ich bin dreiundvierzig Jahre alt und von Beruf Lehrer. Ich bin verheiratet und lebe mit meinem dreizehnjährigen Sohn zusammen. Mein Brief ist die nicht gehaltene Rede beim Begräbnis meines Vaters.

Liebe Gäste!

Schön, daß ihr gekommen seid, um gemeinsam Abschied zu nehmen. Meine Geschwister und ich nehmen Abschied vom Vater, ihr vom Ehemann, vom Verwandten oder Bekannten. Jeder hat eine eigene Geschichte mit ihm.

Ich selbst habe mit meinem Vater zweimal im Leben echten Kontakt gehabt, zweimal haben wir wirklich miteinander gesprochen. Ich habe öfter den Versuch dazu unternommen, aber es war jedesmal an seiner Einsilbigkeit gescheitert, auch an seiner Erinnerungslosigkeit, als ich ihn bat, mir zu erzählen, wie er mich als Kind erlebt hatte. Letzten Herbst gelang es mir, daß er von sich erzählte, als ich etwas über seine Kindheit hören wollte. Und im vergangenen Juli hatten wir ein sehr schönes gemeinsames Erlebnis, vielleicht sein letztes dieser Art. Wir machten einen Ausflug ins Briesetal.

Ich hatte Brote und die von ihm immer so geschätzten Wanderkarten dabei. Ihm ging es schon nicht mehr sehr gut, aber es kam zu für mich sehr überraschenden warmen und rührenden Gesten. Er hat mir zum Beispiel übers Haar gestrichen und gefragt, ob es jemand gäbe, der das auch manchmal tut. Und er hat von seinen ersten sexuellen Erlebnissen erzählt. Ich hatte nicht danach gefragt, er sprach von alleine davon.

Ihm gelang es plötzlich, die zahlreichen Klippen seiner schroffen und zynischen Bemerkungen zu umschiffen, die er gewöhnlich auftürmte. Ich konnte, wo es sein mußte, ihm deutlich widersprechen, und er konnte es akzeptieren.

Es wird nun nicht mehr möglich sein, diesen Kontakt zu vertiefen und weiter zu entwickeln. Mir sind nun einige Fragen übriggeblieben, die ich meinem Vater noch gern gestellt hätte. Ich richte sie nun an euch, vielleicht bekomme ich von euch Antworten.

Warum, so hätte ich fragen mögen, hast du, Vater, diese Beziehungslosigkeit zwischen uns zugelassen? Was hast du unternommen, mit mir Kontakt aufzunehmen? Warum sind Versuche dazu gescheitert? Was hast du dabei gefühlt, was hast du darüber gedacht? Warum hast du mit mir nie darüber gesprochen? Reicht es, die Fremdheit hinzunehmen, zu resignieren, die Verantwortung dafür anderen zuzuschieben?

Kann es sein, daß ein Vater, du hast das selbst gesagt, mit allen Menschen besser als mit dem eigenen Sohn reden kann? War es wirklich so, daß du mit allen, nur nicht mit mir, reden konntest, oder konntest du eigentlich mit niemandem richtig sprechen? Warst du überhaupt mit dir selbst im Gespräch? Reicht es aus, in Sprachlosigkeit zu verharren?

Auch hätte ich gerne gewußt, ob es genügt, bei

dem stehen zu bleiben, was man in seiner Kindheit und Jugend gelernt hat. Daß für alle Zeit Polen nun mal Polacken sind und es eine schreckliche Vorstellung ist, schwul zu sein? Du hattest die Befürchtung, schwul zu sein, so daß ich nicht einmal deine Hand nehmen und dich führen durfte, als du nicht mehr allein laufen konntest.

Mochtest du deinen Körper? Mochtest du meinen? Warum bist du grundsätzlich nie zum Arzt gegangen? Reicht es aus, sich unempfindlich zu stellen, nichts spüren zu wollen?

Reicht es aus, wie du mir erklärt hast, daß man nur den Erziehungsstil der Eltern ganz selbstverständlich zu übernehmen und fortzusetzen braucht? Alles übernehmen, wie du es getan hast, und das nach der Prüderie in deiner Familie, nach dem Nationalsozialismus, nach einem Weltkrieg?

Bist du zufrieden gewesen mit deinem Leben, mit deiner Ehe, mit Familie und Beruf?

Reicht es aus, den einmal eingeschlagenen Weg eines Offiziers einzuhalten, nach dem Motto Befehl und Gehorsam nie davon abzuweichen, obwohl du die Laufbahn ursprünglich gar nicht angestrebt hattest?

Reicht es aus, nach der Pensionierung die Zeit nur noch mit alltäglichen Banalitäten totzuschlagen, obwohl du vorher lauthals großartige Pläne für deinen Ruhestand verkündet hattest?

Und reicht es aus, noch auf dem Totenbett deinen Sohn, also mich, danach zu fragen, was es Neues gibt, so wie du früher immer gefragt hast? Und dabei nur Äußerlichkeiten wissen zu wollen, zum Beispiel, ob ich genügend verdiene?

Solche und noch viel mehr Fragen fallen mir ein. Und meine Antwort heißt: Nein, es reicht nicht aus!

Keine Trauer und keine Gefühle? Doch, sehr viel Trauer, und zwar darüber, daß ich keinen verständnisvollen, fürsorglichen Vater gehabt habe. Wenn ich einen Film sehe oder ein Buch lese, in dem ein Vater sich liebevoll und einfühlsam zu seinem Sohn herabbeugt, sich ihm zuwendet, kann ich nur heulen.

Ich fühle Einsamkeit, wenn ich an meinen Vater denke. Ich fühle, daß die Angst vor dieser Einsamkeit einen dazu bereit macht, alles im Leben hinzunehmen, nur um nicht den womöglich letzten Menschen in seiner Nähe zu verlieren.

Ich spüre meine eigene Todesangst, die Beklemmung über mein mögliches Ende, über das Endgültige, so daß ich kaum Luft bekomme und mir der Atem stockt. In einem Traum habe ich das Sterben meines Vaters noch einmal geträumt und dabei vor Entsetzen laut geschrien.

Habe ich überhaupt das Recht, Fragen zu stellen? Unverständnis und Groll zu verspüren im Angesicht des Todes? Ich sage: Ja, ich habe das Recht!

Kann ich überhaupt Einsicht, Selbstkritik, Verständnis, Bemühung von meinem Vater erwarten? Ich sage: Ja, das kann ich!

Ich stelle nicht nur meinem Vater die Fragen, ich stelle sie mir auch selbst, und ich stelle sie euch. Und ich erwartete nicht nur von ihm sehr viel, sondern auch von mir selbst.

Wenn wir hier heute Abschied nehmen, dann bedeutet das, die Vergangenheit und die Erinnerungen noch einmal aufleben zu lassen. Aber nicht nur das. Es bedeutet auch, sich der Zukunft zuzuwenden.

Ich wünsche mir und euch, daß wir bessere Väter sind oder werden, daß wir die Kraft finden, Fehler zu erkennen und nötigenfalls unser Leben zu korrigieren. Vor allem wünsche ich uns, daß wir in Kontakt mit uns selbst und unseren Familienmitgliedern und Freunden sind. Daß wir in offenem Austausch sind und Hilfe bekommen, nehmen und auch geben können.

Ich will besser leben als mein Vater, intensiver, kräftiger, gefühlvoller, beziehungsreicher, fürsorglicher und selbstfürsorglicher, ich möchte nicht einsam sein. Ich will mich zumindest bemühen, das immer besser zu lernen, auch wenn es mir schwer fällt.

Das wünsche ich genauso euch – ausdrücklich gerade hier und heute.

Rolf Schafferath

Ich bin neunundzwanzig Jahre alt, ledig, lebe aber in einer langjährigen Partnerschaft. Ich studierte Energie- und Verfahrenstechnik und schloß 1994 mit dem Diplomingenieur ab. Bis 1987, als ich nach Berlin umzog, lebte ich mit Mutter und Großmutter in einem Haushalt.

Lieber Vater oder Vati oder aber auch nur schlicht:
Lieber Rudi!

Ich weiß nicht, wie ich Dich heute, neunundzwanzig Jahre, nachdem Du bei einem Verkehrsunfall ums Leben kamst, nennen würde. Du warst tot, ehe ich geboren wurde. Deshalb konnte ich mich nie als Dein Sohn fühlen, lange Zeit nicht einmal als Produkt einer Zeugung zwischen Mann und Frau.

Entsprechend schwer fällt mir ein Brief an Dich, einen unbekannten Menschen. Ich hatte es schon vor ein paar Monaten versucht, aber mir standen bereits bei den ersten Zeilen die Tränen in den Augen. Ich fühlte mich Dir plötzlich so nahe, und es machte mich traurig, daß der Gedanke fiktiv war, Du könntest diesen Brief lesen.

Ich empfand Trauer, wußte aber nicht, worüber ich Dir schreiben sollte. Seither ist mir die Trauer über meine Vaterlosigkeit immer bewußter geworden. Ich spüre immer stärker, wieviele wichtige Erfahrungen ich gar nicht habe machen können. Ich habe keine Möglichkeit, mit Dir zu sprechen, Dich zu berühren, Dich in die Arme zu schließen. Ich habe keine Möglichkeit, Dein Sohn zu sein.

Du erscheinst mir wie in der Bewegung erstarrt: Stolz läßt Du Dir in Marokko die Schuhe putzen. Du sitzt im Bademantel, von drei gutaussehenden und jungen Frauen umgeben als Hahn im Korb. Du stehst glücklich lachend am Ostseestrand, Hand in Hand mit meiner Mutter. Alles schwarzweiß oder in Farbe vor Jahren auf Fotopapier gebannt. Sekundenbruchteile Deines Lebens.

Du warst mir auf den Fotos von Anfang an sympathisch, Dein runder, wohlgeformter Bierbauch, von dem es immer hieß, Du hättest ihn beim sonntäglichen Frühschoppen in Form gehalten, zum Ärger meiner Mutter, die mit dem Essen auf Dich wartete. Noch heute zeigt sie mir Deine Stammkneipen, aus denen sie Dich wutentbrannt geholt hatte.

Du erwachst für mich zum Leben nur durch die wenigen Erzählungen der Menschen, die Dich kannten.

Mein Brief an einen ohne Adresse ist ein Brief an mich selbst. Ich kann nur die Geschichte meiner Suche nach Ersatz für Dich erzählen. Ich möchte Dir von meiner Suche nach meiner männlichen Identität erzählen, jenseits der Abziehbilder und Klischees.

In meiner Kindheit war meine Familie – ohne Dich – nicht anders als andere Familien. Wurde ich von Gleichaltrigen gefragt, wo Du bist, welchen Beruf Du hast, antwortete ich ohne weitere Berührtheit, daß Du vor meiner Geburt gestorben bist. Daß Du Chauffeur eines EWG-Präsidenten warst, worauf ich hätte stolz sein können, war aber nie weiter wichtig für mich.

Bei uns ging eben die Mutter als Kauffrau morgens aus dem Haus zur Arbeit und kam abends zurück. Die Großmutter versorgte mich und den Haushalt. Wärst Du am Leben geblieben, wären wir eine ganz normale Familie gewesen – mit vielen Kindern, denn man erzählte mir, Du hättest sie gerne wie die Orgelpfeifen gehabt. So bestand die Familie aus zwei Frauen mit ihrer Rollenverteilung und dem kleinen Jungen. Das war normal für mich.

Meine Großmutter war streng und verwöhnte mich gleichzeitig. Eine resolute Frau mit harten Gesichtszügen, bedürfnislos, die alles für mich und meine Mutter aufopferte. Sie tat alles Erdenkliche für uns und arbeitete mit ihr auch in dem Tabak- und Schreibwarengeschäft, das Du noch geplant hattest. Noch heute ist die Arbeit ihr Sinn und Lebenszweck und hält sie am Leben. Daß sie mich liebevoll in die Arme genommen hat, habe ich selten erlebt. Wenn ich aber die harte und entbehrungsreiche Lebensgeschichte meiner Großmutter bedenke, kommt in mir das Gefühl der Trauer auf.

Als Kind hat sie mich mit ihrer Reinlichkeit und pedantischen Ordnung tyrannisiert. Ich mußte gehorchen und bekam für das letzte Wort die eine oder andere Ohrfeige, denn das letzte Wort stand ihr zu. Hatte ich im Keller aus Versehen das Licht brennen lassen, rief sie mich herunter, obwohl sie neben dem Schalter stand. Ihre spitzen Fingernägel habe ich noch heute bedrohlich vor Augen. Sie trieb meine Mutter und mich mit ihrer sturen und unbelehrbaren Art nicht selten an den Rand des Wahnsinns. Sie konnte nicht anders erziehen, als sie es selbst erlebt hatte.

An die ersten zehn Jahre meiner Kindheit erinnere ich mich nicht gern. Ich spüre viel Widerstand, der Bericht gerät verworren, zäh und schwerfällig.

Ich sehe mich auf alten Fotografien als Vorzeige-püppchen, das Baby im Allerweltsblau des Jungen, später in eleganten hellen Hosen mit dunklem Jäck-chen und Seitenscheitel, reif für die Kindermoden-schau am sonnigen Nordseestrand. Der Stolz auf ih-ren kleinen Begleiter, auf ihr männliches Ersatzob-jekt, dem ihre geballte Liebe galt, funkelt aus den Augen meiner Mutter. Alle Bilder gleichen sich und jagen mir Schauer über den Rücken: stramm durch-gedrückte Knie, Beine geschlossen, Arme eng ange-legt.

Mit ungefähr dreizehn begann ich zu rebellieren. Nicht länger zog ich die bereitgelegten oder neu ge-kauften Hemden und Hosen an.

Ich hatte etwas Besseres werden sollen. Das be-gann mit Nachhilfeunterricht, damit ich es in der Schule zu etwas bringe, und wurde mit Klavier-, Tennis- und Judostunden fortgesetzt. Ich mußte den Ehrgeiz meiner Mutter befriedigen. Gegen die Emp-fehlung meiner Klassenlehrerin meldete sie mich an einem katholischen Jungen-Gymnasium an, rein zu-fällig dem besten der Gegend. Ich wurde zu meinem Glück abgelehnt.

Ich kann meine Mutter teilweise verstehen, sie hatte Schuldgefühle und hat sie heute noch. Ich hatte meinen Vater, sie ihren Mann verloren. Ihr Arbeits-tag bestand aus zwölf Stunden und mehr, in der we-nigen Zeit, die blieb, verwöhnte sie mich um so intensiver. Sie beteuert noch heute, daß sie nur mein Bestes wollte. Sie wollte mich mit niemandem teilen und blieb, von wenigen halbherzigen Versuchen abgesehen, auch weiterhin ohne Mann.

Daß ich Mutter oder Großmutter jemals nach der Bedeutung eines Vaters gefragt hätte, ist mir nicht in Erinnerung, noch weniger, daß ich mir jemals eine realistische Vorstellung von den Vätern in anderen Familien gemacht hätte. Die wenigen, die ich kannte, erschienen mir nebulös, konturenlos, streng und ohne Anteilnahme. Da waren mir die mich verwöhnenden Frauen dreimal lieber.

Vermißt habe ich Dich in meiner Kindheit nicht, vielleicht auch, weil ich Deinen Tod gefühlsmäßig nicht begriff. Meine Mutter hat Deinen Tod ganz von mir ferngehalten. Ich habe kein einziges Mal erlebt, daß sie Deinen Tod beweinte. Nicht weil sie nicht getrauert und Dich nicht geliebt hätte, sondern weil sie mich wohl schützen wollte. Ich war ihr Trostspender und ein und alles nach Deinem Tod. Erst sehr spät hat sie mir Bilder gezeigt und von Dir erzählt. So habe ich mich lange überhaupt nicht mit Dir befaßt.

Ganz wenige Augenblicke gab es, in denen ich in meinem Zimmer lag und weinte und mir wünschte, Du wärest noch am Leben und könntest mir in Konflikten mit den beiden Frauen tatkräftig zur Seite stehen und mich vor ihnen in Schutz nehmen. Meistens bin ich ihnen aber ausgewichen und habe mich in mein Zimmer und meine Phantasien geflüchtet.

Irgendwie werde ich den Mangel an Männlichkeit gespürt haben, war ich doch nur von Weiblichkeit umgeben. Sehr begeistert war ich von Winnetou-Filmen und zur Karnevalszeit von Verkleidungen als Cowboy oder Indianer. Ganze Tage spielten meine Freunde und ich mit kleinen Plastikfiguren Krieg, schwerbewaffnete Heerscharen standen sich gegenüber und kämpften bis zum letzten Plastikmann. Harte Männer, Krieg, Gewalt und tausendfacher Tod im Kinderzimmer.

Ich kann mich nur an wenige Male erinnern, daß ich mit anderen Kindern aus dem Kindergarten Vater-Mutter-Kind gespielt habe, in einer Höhle aus Tischen, Stühlen und Decken. Den Vater spielte ich, und zu meiner realitätsgerechten Vorstellung der Rolle gehörte, daß ich die Mutter der »Familie« zum Schlafengehen küßte, was der davon betroffenen »Mutter« gar nicht gefallen hatte. Mir hatte die Anschauung gefehlt.

Meine Mutter und Großmutter machten einen weiten Bogen um meine sexuelle Aufklärung. Heute meint meine Mutter zu ihrer Entschuldigung, sie sei auch nicht aufgeklärt worden. Du hast mir gefehlt, um mir meine Fragen zu beantworten. Sie hoffte auf die Schule, wo ich aber in den wenigen Aufklärungsstunden vor der Türe stand, da ich den Unterricht gestört hatte. Ich war sehr allein mit meiner erwachenden Sexualität. Ich hätte Dich gebraucht, damit mir einer sagt, wie ich mich zum Beispiel selbst befriedigen kann. Aber auch, wie man sich rasiert, ohne sich zu schneiden. Ich fühlte mich sehr allein gelassen mit meinen Ängsten.

Die Sexualität war völlig tabu und außerdem angstbesetzt, wenn es um Homosexualität ging. Die Großmutter hatte sich ernstlich gesorgt, ich könnte körperliche Liebe zu Jungen entwickeln. Berührungen unter Freunden galten als verwerflich, und meine Mutter erzählte von Dir, Du hättest Homosexuelle auf zehn Meter Entfernung erkennen können. Schon als Kind versuchte ich, schwule Männer auf der Straße an ihrer Kleidung und ihren Bewegungen auszumachen, um es Dir gleichzutun. Meine Mutter beantwortete meine Fragen nicht, sie hätte mich, hättest Du gelebt, sicher an Dich verwiesen. So stand ich, ohne Dich, allein da, ins Leere geschickt und abhängig von meinen eigenen Erfahrungen. Meine sonst so fürsorgliche Mutter konnte nicht über ihren Schatten springen.

Mit der Pubertät suchte ich unbewußt immer intensiver nach Männlichkeit und männlicher Identität. Mein Patenonkel, zwanzig Jahre älter, wurde für mich zu einem männlichen Vorbild. Wenn er von Dir erzählte, kam immer Begeisterung zum Ausdruck, er hatte Dir sehr vertraut. Du hattest ihm, als er gerade den Führerschein gemacht hatte, Dein Auto geliehen, damit er für einen Becher Sahne kilometerweit zum Bäcker fahren konnte. Er erzählte, daß Du viel und gern lachtest und verschmitzt und stolz gesagt hast, meine schwangere Mutter hätte einen Fußball verschluckt. Manchmal stelle ich mir vor, ihr seid Euch ähnlich gewesen und Du seist für ihn gewesen, was er heute für mich ist.

Er war der erste Mann, der sich intensiver auf mich einließ. Seine Art der Zuwendung und Zuneigung, gepaart mit Humor und Kumpelhaftigkeit, haben in mir das Gefühl erweckt, so werden zu wollen wie er. Ich suchte seine Nähe, wo immer sich die Gelegenheit dazu bot. Ich muß wie eine Klette an ihm gehangen haben. Er war der Conférencier unserer Familienfeste, bestach durch seinen Witz und seine fröhlich-lockere Art. Für mich war er der Inbegriff eines souveränen, unbeirrbaren, im Leben stehenden Mannes. Er war groß und kräftig, spielte Baß in einer Band, war Ingenieur und technisch versiert, begeistert für den »ollen Marx« und bei vielen Frauen begehrt.

Mit seiner radikalen politischen Meinung brachte er viel Sprengstoff in unsere bieder westfälische, bigott konservative Familie. Es gab heftige Auseinandersetzungen mit Geschrei und Türenschmeißen. Er galt als linksradikaler Idealist und ewiger Student. Wir schrieben uns seitenlange Briefe oder telefonierten stundenlang miteinander über Gesellschaft und Politik.

Stolz schickte ich ihm meine Abschlußarbeit der zehnten Realschulklasse über Kernenergie – und bekam einen achtseitigen massiven Verriß zurück! Ich hätte nur die öffentliche Meinung wiedergegeben und es an eigenen kritischen Gedanken fehlen lassen. Die erwünschte Anerkennung zollte er nur dem Umfang meines Machwerks. Ich war damals sehr enttäuscht und tief verletzt. Von ihm angestachelt, begann ich die von ihm empfohlene Literatur zu lesen, um mir eine eigene, kritische Meinung zu bilden, die vermutlich dann doch mehr die seine war.

Immer öfter verbrachte ich meine Schulferien bei ihm in Berlin, wo ich mich unwahrscheinlich wohl fühlte. Wir gingen gemeinsam in Konzerte, ins Kino, in Kneipen. Wir bauten zusammen Wandschränke, wechselten Bremsbeläge oder kochten abends chinesisch. Unvergeßlich die Nächte, die wir bis zum Morgengrauen mit Gesprächen über Frauen, Sex und Liebesbeziehungen zubrachten. Sehr stolz war ich immer, wenn ihm in einer Kneipe jemand zuraunte, daß er gar nicht gewußt habe, daß er einen Sohn hat. Ich sah ihm damals auch ein wenig ähnlich und war stolz darauf. Ich hätte nichts gegen seine verheimlichte Vaterschaft gehabt. Eine vorsichtige Anfrage bei meiner Mutter erbrachte aber nur Kopfschütteln.

Für mich waren die vielen Gespräche und daß ich ihn mit seiner Lebensgefährtin erlebte sehr wichtig. Das prägte mein Frauen- und Männerbild, meine Vorstellungen von Partnerschaft und Freundschaft.

Nach den Ferien war ich zu Hause dann das perfekte Imitat. In der Schule und im Freundeskreis lebte ich nach, was ich in Berlin erlebt hatte. Ich berlinerte wie er, erzählte seine Witze, lud abends Freunde zum Kochen ein, spielte Klavier und Baß, übte mich im Bau von allerlei Nützlichem aus Holz und Glas und vertiefte mich in die marxistisch-leninistische Gesellschaftskritik, was mir bei meinem konservativen Geschichtslehrer nicht gut bekam.

Heute sehe ich, daß das keine natürliche Entwicklung meiner Männlichkeit war. Die wenigen Männer meiner Umgebung waren mir eher fern oder für mich und meine Wünsche nicht erreichbar. Mir blieb nur die Nachahmung meines Patenonkels, der den großen, leeren Raum in mir füllte. Viel von meiner Unsicherheit versteckte ich, indem ich sein Verhalten, seine Art zu sprechen, zu gestikulieren und sogar sich zu kleiden, zu meiner machte. Das war nicht wirklich ich, der da auf dem Schulhof stand, sondern eine wilde Mischung aus meinem Patenonkel und meinem unsicheren Ich. Wäre ich gezwungen worden, die Maske abzulegen, wäre ich hilflos gewesen. Entsprechend vermied ich zu große Nähe, damit man meine innere Zerrissenheit nicht bemerkte.

In den letzten Jahren wurde mir die enorme Verinnerlichung seiner Person immer bewußter, und die Zweifel an mir und den kopierten Verhaltensweisen wuchsen. Die alten einstudierten Mechanismen schienen zu Beginn der Beziehung zu meiner jetzigen Freundin nicht mehr zu funktionieren. Ich verlor die Orientierung, ein schmerzlicher Prozeß der realistischeren Wahrnehmung begann.

Seine Ideale und Maßstäbe, die mich lange daran hinderten, eine eigene Identität aufzubauen, sind heute meine Altlasten. Ich übernahm von ihm auch, mich mit anderen Männern zu vergleichen. Er besaß aber im Unterschied zu mir viel größeres Selbstwertgefühl. Zumal ohnehin ehrgeizig, mußte ich zwangsläufig an meinen überzogenen Ansprüchen scheitern.

Er verstand es nicht, mich behutsam an seiner Seite wachsen zu lassen, er erkannte nicht meine Überforderung und meine Ängste. Er kritisierte mich gern, ich erntete nicht selten Hohn und Spott für mißlungene handwerkliche Versuche. Er verunsicherte mich oft. Wenn ich heute in seiner Schmiede zum Schweißgerät greife, brauche ich viel Energie dafür, seiner möglichen Entmutigung standzuhalten.

Auch kann ich nicht gut mit ihm darüber sprechen. Er zeigt sich unberührbar, ganz ohne Selbstzweifel, blockt hartnäckig Gefühle ab, so daß kein Platz für meine Gefühle zu sein scheint.

Sympathie, Zuneigung, Fürsorge, Liebe sind für mich keine Konstanten, sondern Variable, die unter

Sollwert fallen können. Ich muß mich ihrer immer wieder aufs neue vergewissern.

Trotz allem durchfließt mich beim Gedanken an meinen Patenonkel immer ein wonnig-warmes Wohlgefühl. Unbeschreibliche Freude, tief empfundene Liebe und der Wille, diese Beziehung, frei nach seinem Lieblingsautor, vom Kopf auf die Füße zu stellen, herrschen vor. Ich will versuchen, weiter an seiner Seite zu wachsen, ich will mich notwendigen Konflikten stellen und mich nicht einschüchtern lassen.

Daß ich heute in der Lage bin, Dir das alles zu schildern, liegt daran, daß ich Hilfe bei anderen Männern fand, die ihre männliche Rolle in Frage stellen, sich mit ihren gewalttätigen, anteilnahmslosen oder abwesenden Vätern auseinandersetzen und sich auf die Suche nach neuen Antworten begeben haben. Es ist eine meiner bislang wertvollsten Erfahrungen, in direkter Umgebung Männer mit ihren Problemen und Ängsten zu erleben. Mittlerweile lerne ich von ihnen, ahme sie nicht mehr nur blind nach.

Dadurch ist auch die Männerwelt für mich greifbarer geworden, sie ist nicht mehr so undurchsichtig, unberechenbar, macht mich nicht mehr so einsam. Manchmal noch verwandele ich mich in das sehnsüchtige Kind, aber ich habe auch gelernt, mit meiner Angst vor der Autorität väterlicher Freunde umzugehen. Immer besser gelingt es mir, meine übermäßige Vorsicht abzulegen und die kontrollierenden Selbstzweifel zu verlieren, die unermüdlich in meinem Kopf surren und mein »richtiges« oder »falsches« Verhalten überprüfen.

Es bleibt die Frage, was gewesen wäre, wenn Du nicht gestorben wärst. Hier überschlägt sich der Konjunktiv. Ich hätte vieles von Dir erhalten, aber vieles wahrscheinlich auch nicht. Vielleicht wärst Du genau das Gegenteil von dem gewesen, was ich ersehnte. Vielleicht wärst Du nicht liebevoll, sondern gewalttätig gewesen, nicht zugewandt, sondern abwesend, nicht stärkend, sondern schwächend, nicht Vorbild, sondern Abbild.

Was ist besser, einen Vater zu haben oder keinen?

Sicher ist, daß ich, wärst Du nicht gestorben, bei meiner Mutter nicht hätte als Dein Ersatz herhalten müssen. Die übermäßige Nähe und die abschnürende Umklammerung wären durch Deine Anwesenheit relativiert und korrigiert worden. Alle weiteren Gedanken aber sind schiere Mutmaßungen. Die Wünsche eines Sohnes an seinen Vater sind für mich abstrakt, nicht greifbar. Solche Wünsche und Bedürfnisse erlebte ich nur durch meine Ersatzväter, und meine väterlichen Freunde waren für den vaterlosen Sohn das größte Glück und ein Geschenk.

Überall gibt es Artikel und Bücher zum Thema, in Berlin findet gerade ein Kongreß über die neue Rolle der Väter statt. Ich bin froh darüber und hoffe, daß das alles die Väter erreicht und anregt, auch solche, die es noch werden, fürsorgliche Väter von Töchtern und Söhnen zu sein. Vielleicht werde auch ich das eines Tages sein.

Mein Brief an Dich ist zu Ende. Er hat mich viel Kraft gekostet. Ich bin froh, durchgehalten zu haben.
Dein Dir unbekannter Sohn.

PS: Heute, glaube ich, würde ich Rudi zu Dir sagen.

Wolfgang Conrad

Ich bin 1956 geboren, erst Ausbildung zum Kaufmann, dann zweiter Bildungsweg, Studium der Medizin, heute Arzt in einer Berliner Klinik. Geschieden, habe einen Sohn, zur Hälfte alleinerziehender Vater bei geteiltem Sorgerecht. Seit 1986 kein Kontakt mehr zum Vater, seit zwei Jahren kaum mehr Kontakt zur Mutter. Ich bin vaterlos aufgewachsen. Mein Vater, Amerikaner, trennte sich, als ich geboren wurde, von meiner Mutter. 1994 beschloß ich, an meinen Vater zu schreiben. Der Brief ist nicht in seiner ursprünglichen Länge abgedruckt.

Vater. Ein Wort, das mir so fremd ist wie die Person. Vater, ein Wort, das auszusprechen meine Lippen nicht gewohnt sind, allenfalls als »dein Vater«, »sein Vater«, »euer Vater«, selten: »mein Vater«. Das nur, wenn ich gefragt wurde, wo er sei, ob er noch lebe. Nie habe ich es im fragenden Tonfall ausgesprochen: »Vater? Hast du einen Moment Zeit?« Nie in der Ansprache: »Vater! Bitte kannst du...« Vater war ein Wort, das ich immer nur dachte, ebenso wie Du ausschließlich in meinem Geist, nicht in meiner täglichen Umgebung existiert hast.

Du wirst einwenden, daß das nicht so war, als ich 1973 drei Monate bei Dir in Amerika war. Damals habe ich Dich einmal Vater genannt. Du hattest Dich darüber gefreut, weil Dir aufgefallen war, daß ich Dich sonst nie so nannte. Wie ich reagiert habe, weiß ich nicht mehr. Aber Du hattest recht, ich konnte Dich nicht Vater nennen.

Ich bin mit siebzehn zu Dir nach Amerika gekommen, um endlich den kennenzulernen, den ich mir in der Kindheit erträumt und ersehnt hatte – meinen leibhaftigen Vater, aber ich konnte Dich dann nicht Vater nennen. Ich vermied, Dich anzusprechen, wartete, bis unsere Blicke sich begegneten, oder legte meine Hand auf Deine Schulter. »Vater« ging mir nicht über die Lippen, und Deinen Vornamen wollte ich nicht benutzen. Mittlerweile verstehe ich besser, was mir solche Probleme gemacht hat. Doch ich will jetzt erst einmal von vorne beginnen: Wie bin ich eigentlich zustande gekommen?

Dich habe ich nie danach zu fragen gewagt, und meine Mutter wich meinen Fragen meist aus. Sie hat mir wiederholt erzählt, Du habest sie verlassen, weil Du kein Kind wolltest. Wegen mir seist Du, der Mann, den sie liebte, weggegangen. Schon als Kleinkind hat sie mir nahegelegt, daß ich Dich vertrieben habe. Dreißig Jahre lang nahm ich diese Schuld ernst, bis ich – selbst in ähnlicher Situation – zu fragen und zu verstehen begann.

Eine Frau, mit der ich einmal geschlafen hatte, eröffnete mir, daß sie schwanger sei. Sie wollte das Kind, ich nicht. Ich wollte allenfalls mit einer Frau, die ich liebte, mit der ich leben wollte, ein Kind. Das war sie nicht. Es war ein schrecklicher Gedanke, daß ihr Kind ein Teil von mir sein würde. Es machte mich verrückt, daß ich ihrer Entscheidung ausgeliefert war. Ich hatte Glück. Sie rief mich an, nicht ich, sondern ihr Freund sei der Vater. Manchmal beschleichen mich heute noch Zweifel.

Durch dieses Erlebnis begann ich zu ahnen, wie das bei Dir und meiner Mutter war, daß ich nicht das Monster war, das, noch ungeboren, einen erwachsenen Mann in die Flucht getrieben hatte. Vielmehr muß das Fragwürdige zwischen Dir und meiner Mutter der Anlaß für Dein Verschwinden gewesen sein. Warum hast Du nie mit mir darüber gesprochen? Warum mußte ich weiterhin die Schuld an ihrem Unglück tragen?

Auch meine Mutter wehrt gequält ab, wenn ich sie danach frage. Ich bin die Folge Eurer Verantwortungslosigkeit, Eurer Inkonsequenz, Eurer Gefühllosigkeit, eine menschgewordene Folge, die darunter litt und leidet. Du hast bei Deinem Gehen meinen Vater mitgenommen, der mir hätte helfen können auf dem Weg ins Leben! Du hast mich zurückgelassen in der Obhut einer Neunzehnjährigen, die selbst kaum der Kindheit entwachsen war und der es bis heute – mit fünfundfünfzig! – nicht gelungen ist, erwachsen zu werden, sich durchzusetzen, sondern die ängstlich und beziehungsunfähig in ihrer Nische dahinlebt. Sie konnte mir nicht zeigen, wie ich mein Leben anpacken muß.

Du bist anders, beruflich erfolgreich, beliebt, wirst oft eingeladen, weil Du als unterhaltsamer und lustiger Mann giltst. Du hast viele Freunde, weil es Dir gelingt, Freundschaften zu pflegen. Ich zum Beispiel kann das nicht gut. Ich bin in einer »Familie« aufgewachsen, die wenige freundschaftliche Beziehungen unterhielt. Meine Mutter hatte ein paar Freundinnen, über die sie fortwährend nörgelte, mit denen sie sich aber doch immer wieder traf. In dieser Ambivalenz fand sie nicht zu fruchtbarer Beziehung, setzte sich nicht auseinander, kritisierte nicht, sondern beklagte sich nur hinter deren Rücken über die Freundinnen. Bei meiner Großmutter sah ich dasselbe, und ich fand es bei mir wieder.

Ich hatte einen Kommilitonen, der während des ganzen Studiums an mir klebte, mich, wie ich empfand, vereinnahmte. Ich wollte mich von ihm lösen, weil ich mich behindert fühlte, die kennenzulernen, die mir interessant erschienen. Zum Semesteranfang versuchte ich mich anderen Gruppen anzuschließen, aber dann stand er wieder neben mir, und wir waren für ein weiteres Semester aneinandergebunden. Aus Angst, allein und ohne Freunde zu bleiben, blieb ich viele Semester an ihn gekettet, zu feige, ihm zu sagen, er solle sich zum Teufel scheren. Ich hatte die Gangart meiner Mutter und Großmutter übernommen.

Ich glaube, von Dir hätte ich lernen können, meine Interessen wahrzunehmen, alleine zu stehen und auf andere Menschen zuzugehen, ohne die lähmende Furcht vor ihrer Ablehnung. Es wäre dann vielleicht so etwas wie Selbstwertgefühl in mir entstanden, so daß ich mich berechtigt gefühlt hätte, einen Platz in der Welt zu beanspruchen. So aber bin ich immer am Rande stehen geblieben und habe zugesehen, wie andere sich das vom Leben nahmen, was sie sich wünschten.

Mein Selbstwertgefühl konnte nicht wachsen. Zum einen mußte ich Dein Weggehen so verstehen, mußte glauben, daß Du mich nicht wolltest. Zum anderen gab mir meine Umgebung zu verstehen, daß ich ein Bastard war, der keine Ansprüche stellen durfte, weil er schließlich vaterlos war. Wenn ich etwas tun oder haben wollte, was mir von Mutter oder Großmutter verweigert wurde, und ich auf einen Freund oder Klassenkameraden verwies, bekam ich oft zur Antwort: »Der hat ja auch einen Vater.«

Man stelle sich einen Sechsjährigen vor, dem eine Entbehrung mit einer noch schwerwiegenderen Entbehrung begründet wird. Da dies völlig unverständlich und unlogisch ist, wird er die Gründe in der Minderwertigkeit seiner Person sehen und in der aberwitzigen Argumentation der Erwachsenen den versteckten Vorwurf hören, er sei selbst schuld daran. Er kann die Situation nicht ändern, also bleibt ihm nur, Verzicht zu üben und die anderen, die ihre Väter nicht in die Flucht geschlagen hatten, neidvoll zu beäugen.

Hatte ich mit anderen Kindern Streit, oder gab es Probleme mit Lehrern, bekam ich von meiner Mutter oder Großmutter mit glaubhaftem Bedauern zu hören, daß mir leider der Vater fehle, um mich vor Übergriffen zu schützen. Sie könnten nicht tatkräftig für mich eintreten, weil es ihnen als Frauen nicht zukomme. Es fehle einfach der Mann im Haus, dem Jungen der Vater. Da hat er eben leider Pech. Und außerdem fehlte der Vater, wenn ich ihrer Ansicht nach Prügel gebraucht hätte. Dabei züchtigten sie mich, wenn ich »ungezogen« war, mit einer Brutalität, die der eines Mannes in nichts nachstand. Sie schlugen mich mit der Hand, mit Teppichklopfern, Holzlöffeln. Ich spüre noch heute im Nacken den Schmerz, den schlanke Frauenhände dort verursachten. Aber noch einmal zurück zu meinen frühen Tagen.

Inzwischen habe ich eigene Erfahrungen gemacht, weiß, wie ich selbst war mit achtzehn, fünfundzwanzig, dreißig Jahren. Ich stelle mir den Anfang vor: Du fünfundzwanzig, sie achtzehn, und was ihr voneinander wolltet. Sie zitierte Dich einmal, als ich noch ein Kind war: »I don't love one woman – I love them all!« Das verletzte mich damals, ich liebte meine Mutter abgöttisch, Du hast sie herabgesetzt. Heute verstehe ich es als eine Andeutung auf Deine wirklichen Interessen. Du hast sie also nicht ernst genommen.

Sie erzählte mir auch, Ihr hättet nur einmal miteinander geschlafen – »miteinander gepennt« sagte sie aggressiv, genervt von meiner Frage, warum Ihr nicht verhütet habt. Ich wußte nicht, ob das stimmte, ich hatte immer den Eindruck, Ihr hättet Euch länger gekannt: Oft erzählte sie mir von Dir, zeigte mir Dein Fenster in der Kaserne, das Haus eines Freundes. Vor dessen Haustür hättest du einmal für Partydrinks Eisblöcke in einem Plastiksack zertrümmert und den Passanten zugerufen, in dem Sack sei Deine Frau. Sie hat erzählt, wie sie mit Dir im Club getanzt hätte, hat mir die Wege gezeigt, auf denen Ihr gewandert seid...

Ist das alles Romantik, meine Romantik, weil ich in Liebe entstanden sein möchte? Oder habt Ihr Euch wie zwei Straßenköter schnüffelnd umeinander gedreht, Euch gepaart und seid anschließend kläffend auseinandergerannt? Daß ich als Kind oft »Bastard« genannt wurde, legt letzteres nahe.

Wie bin ich also entstanden? Wie waren Eure Gefühle füreinander? Warum schweigt Ihr?

Als meine Mutter dich mit der Schwangerschaft

konfrontierte, schlugst Du eine Abtreibung vor, die sie ablehnte, in der Hoffnung – wie ich vermute –, daß Du des Kindes wegen, also meinetwegen, bleiben würdest. Als Deine Militärzeit zu Ende war und Du nicht bliebst, klammerte sie sich an die Hoffnung, Du würdest doch noch zurückkommen, und schlug das Angebot Deines Chefs aus, ihm das Kind zur Adoption zu überlassen. Ich war nicht Kind, sondern Funktion: Durch mich solltest Du zurückkommen. Ich versagte, denn Du kamst nicht zurück. Daraus machte sie »dein Vater wollte dich nicht« und bürdete mir ihr Schicksal auf.

Bei allem Verständnis dafür, daß Du nicht bei einer Frau bleiben wolltest, die Du nicht liebtest, fehlt mir heute jedes Verständnis dafür, warum Du mich völlig aus Deinem Leben verdrängt hast und nicht einmal per Post Kontakt gesucht hast, als ich dann lesen und schreiben konnte. Mir hätte schon das geringste Zeichen viel bedeutet, daß Du an mich denkst, daß Du nicht meinetwegen gegangen bist.

Das ist der Kern meines Vorwurfs an Dich: In siebzehn Jahren kein Wort von Dir, kein Zeichen, daß Du mich wahrnimmst.

Also habe ich Dir geschrieben. Mit sechzehn. Nach drei Monaten, als ich schon nicht mehr auf Antwort hoffte, kam ein charmanter Brief von Dir. Du lobtest mein »excellent English« und meine schöne Schrift, die ich selber so krakelig, wechselhaft und unsicher finde wie mich selbst, schriebst, daß Du mich kennenlernen und mir ein Flugticket schicken möchtest. Ich freute mich wie ein Schneekönig. Die Mutter eines Freundes brach in Tränen aus, als ich ihr davon erzählte. Nach siebzehn Jahren finden sich Vater und Sohn. Wie ein Hollywoodfilm. Doch es war kein Happy-End. Heute frage ich mich, was gewesen wäre, wenn ich Dir nicht geschrieben hätte. Dein Schweigen wäre ungebrochen.

Ich möchte, daß Du endlich weißt, wie ich unsere Begegnungen – vor allem die erste – und die Phasen unseres Zusammenlebens empfunden habe. Früher hatte ich nie den Mut, mit Dir darüber zu sprechen. Später hast Du dafür gesorgt, daß wir nie alleine waren, so daß kein nahes Gespräch zustande kam.

Es war im Oktober 1973, ich war siebzehn. Meine Mutter, ihr Freund, meine Großmutter und mein (Halb-)Bruder brachten mich nach Frankfurt zum Flughafen. Die erste Reise meines Lebens. Gedrückte Stimmung. Einerseits freute ich mich auf Dich, hatte andererseits aber das Gefühl, meine Mutter zu verraten, und Angst, alleine in die Welt zu fahren.

Kurz vor der Landung werde ich über die Bordlautsprecher aufgerufen, ich würde im Flughafen am Lufthansa-Schalter erwartet. Chicago, O'Hare Field, geschäftigster Flughafen der Welt, imposant. Du arbeitest hier. Paßkontrolle, Immigrationsbehörde, Zollabfertigung. Wieder werde ich aufgerufen, stehe mit meinem riesigen Koffer als fünfzehnter in der Schlange, kann die Abfertigung nicht beschleunigen. Die Zollbeamten durchwühlen jeden Koffer und jede Tasche.

Mein Blick fällt auf die Menschen, die oberhalb der Halle hinter einer Glasscheibe auf die Ankömmlinge warten. Einer jener Männer ist mein Vater. Ein warmer Schauer durchfährt mich, wenn einer zu mir hersieht. Ich weiß nicht, wie mein Vater aussieht.

Meine Mutter hatte Fotos von Dir, da warst Du fünfundzwanzig, jetzt bist Du dreiundvierzig. Nein, der Dicke mit dem Hut ist es nicht…, auch nicht der Glatzköpfige oder der in den fürchterlichen karierten Hosen. Der große Schlanke mit den blonden Locken und der Goldrandbrille ist vielleicht ein bißchen zu jung. Wieder werde ich über die Lautsprecher gebeten, zum Lufthansa-Schalter zu kommen.

Endlich bin ich an der Reihe, der Zollbeamte durchkramt meinen Koffer. Dann haste ich los durch das Flughafenlabyrinth und finde endlich den Schalter. Und da steht der Mann von vorhin! Jetzt ohne Brille. Ich gehe unsicher auf Dich zu und habe das Gefühl, in die Prüfung meines Lebens zu gehen. Meine Freude wird überlagert von meiner Befürchtung, keinen guten Eindruck zu machen.

Du machst einen Schritt auf mich zu: »Are you Wolfgang?« Ich nicke: »Yes, it's me.« Ich versuche zu lächeln. Du reichst mir die Hand. Du lächelst. Du nimmst meinen Koffer. Nebeneinander gehen wir zurück durch die Abfertigungshallen und Flure. Fahrstuhl. Tiefgarage. Dein Wagen, ein Buick Electra 225. Ich sitze neben Dir. Wir rollen ans Tageslicht auf eine breite Straße mit gelben Linien. Der Motor ist nicht zu hören, wir schweben geräuschlos dahin. Links und rechts flache Gebäude, bunte Reklameflächen. Die Ampeln hängen an Drahtseilen über der Straße. Der obere Rand der Windschutzscheibe ist getönt. Dadurch hat der Himmel ein bestechendes Blau. Ich bin in Amerika. Ich bin wirklich hier, und der Mann neben mir ist mein Vater.

Ich sehe Dich aus den Augenwinkeln an. Zum Fahren hast Du Deine Brille wieder aufgesetzt. Du fragst mich, wie der Flug war. Ich erzähle von Turbulenzen über Labrador und wie mir eine asiatische Stewardeß in den Schoß fiel. Wie unwirklich diese Situation ist. Als sähe ich einen Film und wäre gar nicht selbst hier. Gleichzeitig ein Geborgenheitsgefühl. Ich sitze neben Dir, und Du kennst den Weg. Du nennst mir die Namen der Straßen. Dann die Higgins Road, die mir vom Schreiben Deiner Adresse bekannt ist. Glenview Apartments, hier also wohnst Du. Große Rasenflächen mit Ahornbäumen zwischen den hübschen, vierstöckigen Häusern aus roten Klinkern mit weißen Feuerleitern.

Ich komme also in Dein Leben. Nicht Du in meins. In Deinem Schlafzimmer entdecke ich auf der Kommode ein Bild von mir, das meine Mutter Dir geschickt hatte. Ich, vierzehnjährig, anläßlich meiner Konfirmation, geschniegelt und gestriegelt, im ersten Anzug, mit unbeholfenem Grinsen. Ich spüre, daß dieses Bild nicht immer da stand, daß es anläßlich meiner Ankunft dahin gestellt wurde.

Ich also komme in Dein Leben. Der Umgang mit Dir war fremd und schwierig. Genau wie im Zusammenleben mit meiner Mutter achtete ich nicht auf meine Wünsche und Bedürfnisse, sondern stellte mich auf Deine Erwartungen und Ideen ein, die ich sensibel spürte und die Du deutlich ausdrücktest.

Ich war zu Dir gekommen, weil ich meine Sehnsucht, mit meinem Vater zu leben, erfüllen mußte. Das sagte ich Dir auch. Aber dies war nicht länger als ein halbes Jahr möglich, da ich ein auf sechs Monate begrenztes Besuchervisum und als unehelicher Sohn keinen Anspruch auf die amerikanische Staatsbürgerschaft hatte. Offiziell verband uns nichts. Meine

Mutter hatte Deinen Namen nicht beim Standesamt angegeben, er steht nicht auf meiner Geburtsurkunde.

Ich hätte nur länger bei Dir bleiben können, wenn Du nachträglich die Vaterschaft anerkennen würdest. Du beauftragtest einen Rechtsanwalt. Während der gemeinsamen Gespräche wurde mir bewußt, daß wir sehr verschiedene Vorstellungen über unsere zukünftige offizielle Verbindung hatten. Du schlugst die Adoption vor, die Dir einfacher erschien als die nachträgliche Anerkennung der Vaterschaft. Meine Idee war, daß Du mein Vater bist und ich Dein Sohn bin, daß wir natürliche Verwandte sind. Mir widerstrebte eine künstliche Verwandtschaft. Ich wollte nicht, daß Du mich adoptiertest: Schließlich warst Du schon mein Vater!

Mich verletzte es tief, daß Du darauf nicht eingehen wolltest. Durch eine Adoption hätte ich mich nicht anerkannt gefühlt, vielmehr spürte ich, daß bei Dir wirtschaftliche Angst dahintersteckte. Du fürchtetest, bei der Anerkennung der Vaterschaft noch nachträglich auf Alimente verklagt zu werden. Du hattest einmal eine Bemerkung gemacht, von sechzigtausend Dollar war die Rede. Wieder standest Du nicht zu mir, weil Du vielleicht Geld verloren hättest. Ich wollte kein Geld, sondern Dich, meinen Vater!

Adoptieren wollten mich schon andere. Zuerst bei meiner Geburt Dein Chef, weil meine neunzehnjährige Mutter zu jung für ein Kind gewesen sei. Später mein Freund Michael, der so alt war wie Du, sich sehr liebevoll um mich gekümmert hatte, als ich fünfzehn war. Er war der erste Erwachsene in meinem Leben, der mich ernst genommen hatte. Er hatte selbst drei Söhne und wäre sicherlich ein guter Vater gewesen. Aber ich wollte meinen Vater, ich wollte Dich, Dich, Dich!

Dir habe ich diesen Platz immer freigehalten und ihn verteidigt gegen die netten und wohlwollenden Bemühungen anderer Männer. – Und dann wolltest Du ihn nicht!

Und ich sollte Dich Vater nennen. Wolltest Du mein Vater sein? Damals litt ich still in mich hinein, konnte mit Dir nicht darüber sprechen, sondern richtete mich nach Deinen Wünschen.

Die Einverständniserklärung meiner Mutter zur Adoption war bereits eingetroffen, das Amtsgericht von Cook County hatte schon die vorübergehende Vormundschaft für mich übernommen. Die Kugel rollte auf ein Ziel zu, das sie nicht erreichen durfte! Wie gelähmt, konnte ich nicht »Halt!« schreien, blieb stumm und... sagte auch nicht »Vater« zu Dir.

Ich verhinderte das Unternehmen auf meine Weise, indem ich mich entzog. Eines Tages, Du warst bei der Arbeit, nahm ich ein Taxi, fuhr zum Flughafen und flog zurück nach Deutschland. Ich verschwand heimlich durch die Hintertür. Aber es gab noch andere Gründe. Dein Umgang mit mir war immer herrischer und gewalttätiger geworden.

Als ich einmal fluchte, ich hatte »Jesus« gesagt, tratst Du mir ans Bein. Ich war siebzehn und ohnehin bemüht, mir die derbe Teenagersprache abzugewöhnen. Aber Du mußtest noch sagen: »Du sollst den Namen des Herrn deines Gottes...« Was sollte ich mit dem pseudoreligiösen Scheiß! Dann kamst Du mir mit »Respect your elders!« »Du sollst deinen

Vater und deine Mutter ehren...« Ich dachte, diesen Müll kann er doch nicht ernst meinen, ohne rot zu werden, er, der meine Mutter gevögelt und sich einen Dreck um die Folgen gekümmert hat. Ich habe Deine Worte als opportunistisches, moralisierendes Geschwafel empfunden. Was Dich betraf, warst Du keineswegs moralisch oder religiös.

Einmal wollten wir im Regen vom Auto in ein Restaurant. Du warst wie ein Stier mit gesenktem Haupt losgerannt, ohne meinen Ruf, am Haus entlang könnten wir durch den Regenschatten laufen, zu beachten. Drinnen sagte ich Dir, wie wir trockenen Fußes hätten ins Restaurant kommen können. Du wehrtest barsch ab, es sei Unsinn. Ich versuchte, es physikalisch zu erklären. Da verfinsterte sich Dein Gesicht, und Du zischtest mich an: »I don't want to talk about it any longer!« Ich hielt den Mund und wußte nicht mehr, was ich sagen oder wohin ich sehen sollte.

Wie konnte ich da in weitaus wichtigeren Dingen anderer Meinung sein als Du? Ich konnte nichts riskieren, denn ich wollte nicht Deine jähzornige Reaktion: »Why don't you just go back to your mother?!« Das Recht war immer auf Deiner Seite. Du warst der Ältere, der Vater.

So verschwand ich durch die Hintertür.

Zurück in Deutschland, quälte mich mein Gewissen. Ich hatte die Adoption sabotiert. Das hat Dich Geld gekostet. Ich glaube, ich habe Dir einen Brief geschrieben, in dem ich meine Beweggründe erklärte. Das paßt zu mir. Ich bin ein Schreiber, kein Redner, einer, der erst in der Distanz den Mut findet, seine Gedanken mitzuteilen. Deinem Rechtsanwalt schrieb ich, er möge das Adoptionsverfahren abbrechen.

Ein Jahr später fuhr ich wieder zu Dir. Ich wollte mit Dir ins reine kommen. Als Du von der Arbeit heimkamst, stand ich unerwartet in Deinem Wohnzimmer. Ich hatte noch Deinen Schlüssel. Dir schien das Wichtigste zu sein, daß ich Dir diesen Schlüssel zurückgebe. Warum hatte ich ihn mitgenommen?

Am nächsten Tag schlugst Du vor, zu meinen Großeltern zu fahren. Wir fuhren. Einen Tag später gabst Du mir zu verstehen, es sei besser, ich bliebe bei den Großeltern. Ich blieb. Du hattest mich abgeladen, für Wochen und Monate sahen wir uns nicht mehr.

Bei unserer nächsten Begegnung warst Du der Vorsitzende des Familientribunals. Ich hatte Streit mit Großvater, weil er abends um acht Uhr die Haustüre abschloß, wonach niemand mehr hinausdurfte. Ich war neunzehn und verliebt in eine schöne Frau aus der Nachbarschaft, mit der ich abends auf dem Motorrad spazierenfuhr. Damit brach ich die Familiengesetze. Deine Schwester sprach es aus: »We would never do anything to hurt Grandma or Grandpa!«

Ich wurde ins Wohnzimmer beordert. Du, Onkel und Großvater auf dem Sofa mir gegenüber, als Zuschauer und Zeugen die Tante, Großmutter, Nichten und Neffen in den Sesseln an der Seite des Raums. Du brachtest die Anklage vor und vernahmst die Zeugen. Ich versuchte, mich zu verteidigen, aber stammelte nur. Dein Urteil lautete: »I don't care where you go. Just be gone.«

Ich sollte verschwinden, egal wohin. Ich akzeptierte Dein Urteil und erklärte, ich würde zu Freunden nach Louisiana fahren. Die Kosten für die Fahrt wolltest Du übernehmen. Anschließend saß ich mit Deiner Schwester auf der Hintertreppe. Sie weinte, ich tröstete sie. Am nächsten Tag wurde ich zum Bus gebracht. Als der Bus auf die Straße schaukelte, sah ich Euch alle winkend am Straßenrand stehen.

Sechsundzwanzig Stunden später stand ich am Busbahnhof von New Orleans mit Koffer, Seesack, Gitarre und zehn Dollar in der Tasche. Ich versuchte meine Freunde, Jim und Sharon, anzurufen, die einzigen Menschen, die ich hier kannte, doch ich erreichte sie nicht. Für den Weg zurück fehlte mir das Geld. Ich konnte also nur vorwärts, nahm einen Bus nach Gonzales in den Sümpfen des Mississippi-Deltas. Nach mehreren gescheiterten Versuchen erreichte ich meine Freunde doch telefonisch. Ein paar Minuten später holten sie mich mit dem Auto ab.

Erst heute spüre ich den Schmerz, den Du mir damals zugefügt hast. Ich mußte die Erinnerung daran viele Jahre später erst wieder mühsam ausgraben. Ich hatte abgeschaltet. Während des Familientribunals hatte ich aufgehört zu fühlen, war verschlossen und hart wie ein Stein geworden, weil ich den Schmerz nicht ertrug. Aber warum warst *Du* kalt wie ein Fisch? Es ist eine entsetzliche Vorstellung, meinen Sohn – und ich habe einen – ins völlig Ungewisse zu schicken.

Ich wollte in Amerika bleiben und meinen Lebensunterhalt verdienen. Aber ich hatte wieder nur ein begrenztes Visum und mußte mich mit der schlecht bezahlten Sklavenarbeit der illegalen Einwanderer durchschlagen. Ich fand einen Rechtsanwalt, der mir helfen wollte, meine Verwandtschaftsverhältnisse aktenkundig zu machen. Wir kamen gut voran, alle Eingaben waren gemacht, alle Anträge gestellt, als wir Dir die Urkunde zur Anerkennung der Vaterschaft zuschickten.

Du reagiertest nicht, auch nicht auf wiederholtes Schreiben. Ich dachte, daß Du Dich wieder wegen möglicher Unterhaltsansprüche verweigerst. Also ließ ich von meiner Mutter eine Erklärung unterschreiben, daß sie auf alle Ansprüche verzichte. Ihre und meine entsprechende Erklärung gingen Dir zu. Wieder keine Reaktion von Dir.

Nun waren die Fristen bei den Behörden abgelaufen. Ein Beamter kam zu mir, verlängerte meine Aufenthaltsgenehmigung um zwei Wochen, innerhalb derer ich abreisen müsse, andernfalls die Polizei mich ins Flugzeug setzen würde. Ich nahm alle Kraft zusammen und rief Dich an.

»Hello?«

»Dad! It's me, Wolfgang, please listen, I really need your help…«

»I'm sorry! You've got the wrong number!«

Aufgelegt. Ich war mir nicht ganz sicher, ob Du es wirklich warst. Dann wählte ich Deine Nummer noch einmal, diesmal Ziffer für Ziffer aus meinem Notizbuch. Und wieder dasselbe, ich brachte noch ein paar Sätze mehr unter, dann:

»I've already told you you've got the wrong number!«

Aufgelegt.

Ich konnte es nicht fassen! Mir wurde heiß und kalt. Du warst es. Der einzige, der mir helfen konnte, mein Vater, verleugnete sich! Mich packte eine ungeheure Wut.

Am nächsten Tag rief mich Sharon ans Telefon, ein Mann sei dran. Du warst es nicht, sondern mein väterlicher Freund Michael, von dem ich lange nichts mehr gehört hatte. Er hatte eine Farm und ein Hotel in Montana geerbt und mich ausfindig gemacht. Ich erzählte ihm, wie es mir ging, und er bot mir an, zu ihm zu kommen. Mein abgelaufenes Visum sei kein Problem, ich könnte immer wieder über die kanadische Grenze neu einreisen. Was mußte Mike nicht alles unternommen haben, um mich zu finden?

Mikes Anruf gab mir wieder ein bißchen Kraft. Ich reiste ab, um zu ihm zu fahren, fuhr jedoch noch bei meiner Tante vorbei, wurde aber diesmal nicht in der gewohnten herzlichen Weise, sondern reserviert und mit Vorsicht aufgenommen. Ich hatte ja durch meine bloße Anwesenheit an diesem Ort schon wieder gegen das Familienurteil verstoßen. Das kostete mich die letzte Kraft: Ich war nicht mehr in der Lage, meinen Plan, zu Mike zu fahren, zu verwirklichen. Mir fiel meine Freundin Terri in Deutschland ein und was ich alles vermißte, Wärme und Geborgenheit vor allem. Unendliche Müdigkeit und Sehnsucht überkamen mich.

Am nächsten Tag saß ich im Bus nach Chicago. Nachmittags um sechs ging das Flugzeug nach Frankfurt. Unterwegs hatte ich noch den Vorsatz, Dich im Flughafen zu suchen und Dir die Zähne einzutreten. Aber der Bus hing im Stau, und ich erreichte die Maschine gerade noch.

Zurück in Deutschland, gab es für mich keine Terri mehr, sie hatte sich in einen anderen verliebt. Meine Erfahrungen mit Dir konnte ich meiner Mutter nicht anvertrauen, sie hätte mich nicht verstanden, hätte Dich möglicherweise nur schlechtgemacht. Das wollte ich noch immer nicht, daß Dich jemand schlechtmacht.

Noch jahrelang versuchte ich, das erträumte Bild zu behalten, das ich mir von Dir gemacht hatte, ehe wir uns begegneten. Es war schwer für mich, Dich so zu sehen, wie Du wirklich bist, und nicht so, wie ich mir Dich wünschte. Das Vakuum, das Du hinterlassen hast, blieb unausgefüllt, und ich litt weiter an der Sehnsucht nach einem mir zugewandten Vater, der mich unterstützt.

Inzwischen bin ich selbst Vater und ertappe mich manchmal dabei, wie ich meinen Sohn um mich beneide. Ich weiß, daß Du nicht der gewesen wärst, den ich gebraucht hätte, sondern nur noch einer in der Familie, der auf mir herumgeprügelt hätte.

Mein Hang zu charismatischen älteren Männern verrät viel von meiner Sehnsucht. Da war ein Professor während des Studiums, dessen scheinbare Väterlichkeit mich in eine lähmende Befangenheit brachte. Ich war ihm erlegen. Nach dem Studium wollte ich in seiner Abteilung arbeiten, habe aber zwei Jahre gebraucht, um mich endlich bei ihm zu bewerben. Ich fürchtete eine Art Wiederholung des Flugs nach Chicago, an dessen Ende ich wieder abblitzen würde. Erst als ich erkannte, daß ich unterscheiden mußte zwischen der Arbeitsstelle und meinem verborgenen Vaterwunsch, konnte ich das Risiko eingehen, vielleicht nicht genommen zu werden. Über die Jahre hatte ich im Berufsleben mehrere ähnliche Erlebnisse.

Meine Mutter war unfähig, mich zu unterstützen. Kam ich mit Problemen, geriet sie in ängstliche Aufregung und versuchte, mich zum Aufgeben zu bewegen. Ich kann mich nicht erinnern, daß sie mir jemals bei den Hausaufgaben geholfen hätte. Sie hatte keinerlei Interesse an meinem schulischen Erfolg, wollte aus mir nur einen rechtschaffenen Arbeiter machen. Sie hielt mich auf der Hauptschule, und mit vierzehn Jahren mußte ich in die Lehre.

Nachdem ich nach der Rückkehr von Dir wieder auf die Beine gekommen war, beschloß ich, das Abitur nachzumachen, um Medizin zu studieren. Ich konnte das nur gegen den erbitterten Widerstand meiner Mutter tun. Diese – wie jede meiner expansiven Regungen – bezeichnete sie als »überspannt«. Sie versuchte unablässig, mich klein zu halten. Ich zog mit zwanzig aus. Du warst da anders. Du wolltest, daß ich aufs College gehe, wolltest mir eine Wohnung und ein Auto besorgen. Vielleicht wolltest Du mich damit auch nur loswerden.

Ein Elternhaus mit einem Dachboden, wo meine alten Schulhefte verstaut sind, ein Zuhause, wo ich meine Eltern finde, Wurzeln, die ins Tiefe reichen, habe ich nicht. Meine Mutter war mehrmals umgezogen und hat sich allen »Mülls« entledigt. Mein weiteres Leben war wie ein Leben in Hydrokultur. Als ich aus Amerika zurückkam, war kein Platz mehr für mich in ihrer neuen Wohnung. Ich wurde auf einer Klappcouch in der Küche untergebracht. Das Haus, in dem ich aufwuchs, ist meine einzige Heimat gewesen, aber heute leben andere Menschen dort, und die Spuren meiner Kindheit sind verschwunden.

Als Kind hatte ich einen Traum, der immer wiederkehrte: Es ist Nacht, und ich sehe am gegenüberliegenden Ufer eines schwarzen, gurgelnd dahinströmenden Flusses Häuser stehen, aus deren Fenstern warmer Lichtschein herüberleuchtet, und ich weiß, dort schlafen glückliche, liebevoll behütete Kinder. Im Traum war ich voller Sehnsucht, und schon als Kind wußte ich, daß dort drüben »Amerika« war. Oft stand ich zu Hause am Fenster und habe mir vorgestellt, wie ein großer, fremder Wagen in die enge Einfahrt rollt, aus dem Du aussteigst und mir zuwinkst.

Ich gründete eine eigene Familie. Als spürbar wurde, daß meine Frau und ich uns trennen würden, kämpfte ich lange und mit allen Mitteln darum, unserem Sohn die Familie zu erhalten. Es machte mich krank. Vier Jahre lang litt ich unter neurotischen Ängsten, erbrach jeden Morgen das Frühstück. Nach der Trennung kämpfte ich um das gemeinsame Sorgerecht, um meinen Sohn davor zu bewahren, seinen Vater zu verlieren, so wie ich meinen doch verloren habe.

Wie war die Zeit, die ich mit Dir verlebte? Während Du arbeitetest, hockte ich in der Wohnung herum. Zu Fuß konnte ich in dieser Autostadt Chicago nichts unternehmen. Ich saß in der Wohnung, spielte Gitarre, schrieb Briefe, malte oder sah fern. Dein großzügiges Taschengeld von wöchentlich zwanzig Dollar gab ich unten im Seven-eleven-Laden für Zigaretten und Eiscreme aus. Bis nachts um vier saß ich Eiscreme essend vor dem Fernseher und schlief bis in den Nachmittag. Nur abends kam ich raus, wenn Du mit mir in irgendein Restaurant zum Essen gingst. An den Wochenenden nahmst Du mich mit zu Partys, ich war Dein »verlorener Sohn«,

Du warst stolz und wurdest bewundert. Alle waren gerührt, daß sich Vater und Sohn gefunden hatten. Niemand fragte nach den Jahren vorher.

Ganz am Anfang, in den ersten zwei Wochen meines ersten Auftauchens, hast Du Dir freigenommen, mir die Gegend gezeigt und mich Deinen Freunden vorgestellt. Du hast mir die Haare kurz schneiden lassen, und alle waren begeistert, wie ähnlich wir uns sähen. Mich nervte das, ich wollte ich selbst bleiben, aber es gelang mir nicht.

Hinzu kamen Großeltern, Onkel, Tanten, Neffen, Kusinen, Großonkel, Großtanten, Großnichten und alle Who-knows-Whos. Auch darüber war ich nicht glücklich, ich wurde wie eine Puppe herumgereicht, fehlte nur noch, daß man mir ein Preisschild ans Revers heftete. Wie sehr wünschte ich mir Gemeinsamkeit mit Dir.

Einmal ging es um das Aufziehen der Winterreifen. Ich hätte das gerne in schmuddeligen Klamotten und mit einem Sechserpack Bier in einer Werkstatt mit Dir zusammen erledigt. Du hast es machen lassen, und wir haben währenddessen Kaffee getrunken. Du warst technisch eher ungeschickt, ich ein begeisterter Handwerker. Mit Großvater auf der Farm war es wunderbar. Er war ein unermüdlicher Tüftler, der seine Arbeit mit lustigen Anekdoten und knochentrockenem Humor begleitete. Ich habe ihn sehr gern gehabt und Dich um ihn beneidet. Niemand hat mich benachrichtigt, als er starb.

Dann warst Du eben technisch unbegabt, dafür konntest Du andere Dinge, zum Beispiel Dich gut kleiden. Niemals zuvor hatte ich einen Kleiderschrank gesehen wie den Deinen: zwei Meter Stangen links und rechts, an denen Anzüge mit farblich abgestimmten Hemden hingen und darunter am Boden die passenden Schuhe aufgereiht. Ich dagegen lief am liebsten in verwaschenen Jeans und Baumwollhemden herum und wartete im Bett ab, bis meine Lieblingsklamotten gewaschen und wieder trocken waren. Dir hat das überhaupt nicht gepaßt.

Ich werde nun noch auf das schwierigste Thema zu sprechen kommen. Beim Schreiben rennt es immer vor mir her, so daß ich es fast gewaltsam anpacken muß. Ich hatte schon sehr früh den Verdacht, Du seist schwul. Ich versuchte es als Vorurteil abzutun, weil Du mit einem Mann das Appartement teiltest, so sehr auf Dein Äußeres achtetest, Dein After Shave so aufdringlich roch. Einmal wachte ich nachts auf und war allein am Fußende Deines Bettes auf meiner Matratze. Die Türe war zu. Ich hatte sofort den Verdacht, der ist mit dem anderen Mann im Bett. Aber ich wollte keinen schwulen Vater, und ich selbst war doch der Beweis, daß Du nicht schwul bist.

Alles Mögliche wies auf Deine Homosexualität hin. Ich wollte es nicht wahrhaben, verdrängte alle Anzeichen. Heute frage ich mich, ob Du mich deswegen so schnell wieder loswerden wolltest, weil ich Dein Liebesleben behinderte. Ihr mußtet Euch vor mir verbergen.

Aber schon beim ersten Besuch, als Du mich meinen Großeltern vorstelltest, lagen wir zusammen im Bett, in Deinem Kinderzimmer. Du streicheltest mich, was mir unbehaglich war. Ich hätte gern in einem eigenen Bett geschlafen. Das konnte ich wieder nicht sagen, wußte auch nicht, ob diese Art der Berührung in Ordnung war. Ich wurde ganz steif, wehrte mich nicht. Irgendwann hast Du dann aufgehört. Oder hattest Du doch nicht aufgehört, und ich habe es verdrängt? Es ist fast so schlimm wie mit meiner Mutter: Ich kann mich an keine einzige Nacht erinnern, obwohl ich die ersten zehn Jahre meines Lebens mit ihr in einem Bett geschlafen habe.

Auf das weiße Blatt Deiner Abwesenheit hatte ich mir ein schönes Bild von Dir gemalt, das ich mir nicht durch die realen Erlebnisse verderben lassen wollte.

Bei einem meiner letzten Besuche hattest Du mit Jim ein Haus gekauft. Als ich im Wohnzimmer ›The Gay News‹ sah, blitzte ein altes Gefühl auf: Wir saßen nachts lange in der Küche, haben angenehm geplaudert. Dann hast Du mich ins Gästezimmer gebracht, gute Nacht gesagt, mich umarmt und geküßt. Dabei spürte ich Deinen Versuch, Deine Zunge zwischen meine Lippen zu zwängen.

In der Erinnerung kocht in mir Entsetzen. Ich erstarre und bin wehrlos. Die Flut der Wahrheit überspült die Dämme meiner Verdrängung und Beschönigung. Ich erkenne keine väterliche Liebe, sondern homoerotische Neigungen bei Dir. Du meintest nicht Deinen Sohn, sondern den jungen Mann. Hattest Du mich adoptieren wollen, weil Du Dich als natürlicher Vater durch eine homosexuelle Beziehung zu mir strafbar gemacht hättest?

Auch hierüber habe ich nie mit Dir gesprochen. 1985 sahen wir uns wieder, Du hast jede Gesprächsmöglichkeit verhindert. 1987 schrieb ich Dir und schlug einen gemeinsamen Urlaub vor. Du hattest keine Zeit, den Jahresurlaub schon genommen. Deine prompte Antwort beugte überdeutlich vor, daß ich nicht plötzlich vor Deiner Türe stehe. Seither habe ich Dir nicht mehr geschrieben und auch nichts mehr von Dir gehört.

Ich bin mein Leben lang hinter Dir hergerannt. Seit ich Dich nicht mehr vor mir schütze, kann ich über Dich nachdenken und das Bild, das ich mir von Dir gemacht habe, aufgeben. Ich kann auf Dich, so wie Du bist, verzichten und leben mit der Trauer um Verlorenes und Vorenthaltenes. Manchmal denke ich, ich bin mir selbst zum Vater geworden. Im nachhinein kann ich Mitgefühl und Verständnis für den kleinen Jungen, der ich einmal war, empfinden. Der Anblick trauriger Kinder im Kino oder auf Fotos hat mich immer zu Tränen gerührt. Heute weiß ich, wer da weint.

Fünf Jahre liegen zwischen meinem Entschluß, Dich für immer zu vergessen, und diesem Brief. Du wirst diesen Brief lesen müssen, Wort für Wort. Du wirst mir nicht antworten. Ich will nichts mehr von Dir. Du sollst nur lesen, was ich zu sagen habe. Das Loch, das Du in meinem Leben hinterlassen hast, muß ich nicht mehr füllen.

Mir bleibt aber die Möglichkeit, mich meinen Gefühlen zu stellen, meine Trauer zu empfinden, statt sie zu verdrängen zugunsten einer Projektion letztendlicher Erfüllung meiner Sehnsüchte in eine ferne Zukunft.

Peter Schellenbaum im dtv

Das Nein in der Liebe
Abgrenzung und Hingabe in
der erotischen Beziehung.
Warum der Wunsch nach
Abgrenzung für eine beständige
Liebesbeziehung notwendig ist.
dtv 35023

Gottesbilder
Religion, Psychoanalyse,
Tiefenpsychologie
dtv 35025

**Abschied von der
Selbstzerstörung**
Befreiung der Lebensenergie.
Heilung für Menschen, die das
Leben ein Leben lang vermeiden,
die sich verschließen und
anderen gegenüber abblocken.
dtv 35016

Die Wunde der Ungeliebten
Blockierung und Verlebendigung
der Liebe
dtv 35015

Tanz der Freundschaft
Faszinierend, zu entdecken,
was in unserem Leben Freundschaft ist und was sie sein
könnte.
dtv 35067

Homosexualität im Mann
Eine tiefenpsychologische Studie.
»Ein Buch, das aufräumt mit
dümmlichen, aus der Angst
geborenen Vorurteilen, das jeden
Mann einlädt, seiner geschlecht-
lichen Identität nachzuspüren.«
dtv. 35079

Nimm deine Couch und geh!
Heilung mit Spontanritualen.
Wer sich verändern will, muß
sich bewegen! Die Therapie-
methode der Psychoenergetik
in der Praxis.
dtv 35081

Eugen Drewermann
im dtv

Foto: Klaus Bäulke

Kleriker
Psychogramm eines Ideals
Die schonungslose Analyse des
inneren Zustandes der katholischen Kirche deckt deren
psychische Strukturen und
unbewußte Hintergründe auf.
dtv 30010

**Tiefenpsychologie und
Exegese 1**
Die Wahrheit der Formen
Traum, Mythos, Märchen,
Sage und Legende
dtv 30376

**Tiefenpsychologie und
Exegese 2**
Die Wahrheit der Werke
und der Worte
Wunder Vision, Weissagung,
Apokalypse, Geschichte,
Gleichnis
dtv 30377

**»Ich steige hinab
in die Barke der Sonne«**
Meditationen zu Tod und
Auferstehung
Quer durch die abendländische
Literatur-, Geistes- und Religions-
geschichte spürt Drewermann
dem uralten und seit je zentralen
Menschheitsthema Tod und
Hoffnung auf Unsterblichkeit,
auf Auferstehung nach.
dtv 30437

**Lieb Schwesterlein, laß mich
herein**
Grimms Märchen tiefenpsycho-
logisch gedeutet
dtv 35050

**Rapunzel, Rapunzel, laß dein
Haar herunter**
Grimms Märchen tiefenpsycho-
logisch gedeutet
dtv 35056

dialog
und praxis

Psychologie
Analyse
Therapie

Kathrin Asper:
Verlassenheit und
Selbstentfremdung
Neue Zugänge zum
therapeutischen
Verständnis
dtv 35018

Verena Kast:
Wege aus Angst
und Symbiose
Märchen psycho-
logisch gedeutet
dtv 35020

Mann und Frau
im Märchen
Psychologische
Deutung
dtv 35001

Familienkonflikte
im Märchen
Psychologische
Deutung
dtv 35034

Wege zur
Autonomie
Märchen psycho-
logisch gedeutet
dtv 35014

Frederick S. Perls:
Das Ich, der Hunger
und die Aggression
Die Anfänge der
Gestalt-Therapie
dtv/Klett-Cotta
15050

Frederick S. Perls,
Ralph F. Hefferline,
Paul Goodman:
Gestalttherapie
Grundlagen
dtv 35010

Gestalttherapie
Praxis
dtv/Klett-Cotta
35029

Jean Piager:
Das Weltbild des
Kindes
dtv/Klett-Cotta
35004

Das Erwachen
der Intelligenz
beim Kinde
dtv/Klett-Cotta
15098

Jean Piager:
Die Psychologie des
Kindes
dtv/Klett-Cotta
35030

Peter Schellenbaum:
Die Wunde der
Ungeliebten
Blockierung und
Verlebendigung
der Liebe
dtv 35015

Tanz der
Freundschaft
Eine ungewöhnliche
Annäherung an das
Wesen der
Freundschaft
dtv 35067

Claude Steiner:
Wie man Lebens-
pläne verändert
Das Skript-Konzept
in der Transaktions-
analyse
dtv 35053

Gesellschaft
Politik
Wirtschaft

Der Deutsche
an sich
Einem Phantom
auf der Spur

dtv

Zeitbombe Mensch
Überbevölkerung und
Überlebenschance

dtv

Jewgenia Albaz:
**Das Geheim-
imperium KGB**
Totengräber der
Sowjetunion
dtv 30326

Timothy Garton Ash:
**Ein Jahrhundert
wird abgewählt**
Aus den Zentren
Mitteleuropas
1980-1990
dtv 30328

Fritjof Capra:
Wendezeit
Bausteine für ein
neuesWeltbild
dtv 30029

Das neue Denken
Ein ganzheitliches
Weltbild im Span-
nungsfeld zwischen
Naturwissenschaft
und Mystik,
Begegnungen und
Reflexionen
dtv 30301

Graf Christian von
Krockow:
**Politik und
menschliche Natur**
Dämme gegen die
Selbstzerstörung
dtv 11151

Heimat
Erfahrungen mit
einem deutschen
Thema
dtv 30321

Dagobert Lindlau:
Der Mob
Recherchen zum
organisierten
Verbrechen
dtv 30070

John R. MacArthur:
**Die Schlacht der
Lügen**
Wie die USA den
Golfkrieg verkauften
dtv 30352

Gérard Mermet:
Die Europäer
Länder, Leute,
Leidenschaften
dtv 30340

**Der Deutsche an
sich**
Einem Phantom auf
der Spur
dtv 30406

Hans Jürgen Schultz:
Trennung
Eine Grunderfah-
rung des mensch-
lichen Lebens
dtv 30001

Dorothee Sölle:
Gott im Müll
Eine andere
Entdeckung
Lateinamerikas
dtv 30040

Roger Willemsen:
Kopf oder Adler
Ermittlungen gegen
Deutschland
dtv 30405

MenschenLeben

Die besten Geschichten schreibt das Leben selbst

Charlotte Gerber: LügenLeben
Die erschütternde Geschichte einer gutbürgerlichen Kindheit
»Ich habe meine Seele ausgekotzt« – Charlotte Gerber, Tochter einer Berner Beamtenfamilie, deckt schonungslos die verlogenen Strukturen ihrer gutbürgerlichen Kindheit auf, die durch Mißbrauch und Ausbeutung zum Trauma wurde.
30472 (Juni)

Renate Daimler: Verschwiegene Lust
Frauen erzählen von Liebe und Sexualität im Alter
›Verschwiegene Lust‹ bricht das Schweigen um ein Tabuthema: Liebe und Sexualität sind kein Privileg der Jugend, sondern Bestandteil unseres ganzen Lebens. Einundzwanzig Frauen über sechzig berichten, wie sie lieben und was sie fühlen.

Sie zeigen, daß »frau« sich nicht als »Alte« fühlen muß, und machen Mut zum Liebesleben jenseits der Fruchtbarkeit.
30473 (Juni)

Christa Jänicke: Mein Leben mußte warten
Der Weg einer trockenen Alkoholikerin (Originalausgabe)
Eine »trockene« Alkoholikerin gibt Rechenschaft über ihre Erfahrungen:
»Hundertprozentige Sicherheit vor den Gefahren eines Rückfalls wird es nie geben. Aber ich habe unendlich viele Möglichkeiten gefunden, daß die Bedrohung an Macht verliert. Und von diesen Möglichkeiten will ich berichten.«
30474 (Juni)

Christy Brown: Ein Faß voll Leben
Selbstbildnis eines irischen Jungen, den Sie »Krüppel« nannten

Der packende Bericht des schwerstbehinderten Christy Brown über seine Kinder- und frühen Jugendjahre im Dublin der vierziger Jahre – geschrieben mit außergewöhnlicher erzählerischer Kraft und bestem irischen Humor.
30476 (Juni)

Elisabeth van Hoesel: Liebesmüh mit alten Eltern
Aus dem Tagebuch einer guten Tochter
Was tun, wenn der einzigen Tochter nichts anderes übrigbleibt, als die alten Eltern bis zum Tod zu pflegen? Ein ehrlicher Rechenschaftsbericht in vielen alltäglichen Szenen.
30475 (Juni)

MannsBilder
im dtv

MannsBilder
Von Frauen

MannsBilder
Von Männern

Absender:
Dein Sohn
Briefe an den Vater
Herausgegeben von
Wilfried Wieck
dtv 30466

Philip Roth:
Mein Leben
als Sohn
Eine wahre
Geschichte
dtv 11965

Klaus Theweleit:
Männerphantasien
Band 1:
Frauen, Fluten,
Körper, Geschichte
dtv 30461
Band 2:
Männerkörper –
zur Psychoanalyse
des weißen Terrors
dtv 30462

MannsBilder von
Frauen
dtv 11720

MannsBilder von
Männern
dtv 11721

Camille Paglia:
Die Masken der
Sexualität
dtv 30454

Esther Vilar:
Der dressierte
Mann
Das polygame
Geschlecht
Das Ende der
Dressur
dtv 30072

David G. Gilmore:
Mythos Mann
Wie Männer
gemacht werden
Rollen, Rituale,
Leitbilder
dtv 30354

Wassilios E.
Fthenakis:
Väter
Band 1:
Zur Psychologie
der Vater-Kind-
Beziehung
Band 2:
Kind-Beziehung in
verschiedenen
Familienstrukturen
dtv 15046

Peter Schellenbaum:
Homosexualität
im Mann
Eine tiefenpsycholo-
gische Studie
dtv 35079

Loren E. Petersen:
Das Weibliche
im Mann
Eine Psychologie
des Mannes
dtv 35083